축제 정책과 지역 현황

－ 축제의 이론적 정립과 새로운 축제 모형 창출을 위한 학제적 접근 3 －

이 연구는 한국학술진흥재단의 2003년 기초학문 육성지원사업 인문사회분야(2003-074-AM0012)의 연구비 지원을 받아 이루어졌다.

축제 정책과 지역 현황

– 축제의 이론적 정립과 새로운 축제 모형 창출을 위한 학제적 접근 3 –

진인혜 · 남덕현 · 이현식
박동준 · 진대현 · 최경은

연세대학교 출판부

〈문화연구총서 10〉

축제 정책과 지역 현황

- 축제의 이론적 정립과 새로운 축제 모형
창출을 위한 학제적 접근 3 -

지은이 / 진인혜 · 남덕현 · 이현식
박동준 · 진대현 · 최경은

펴낸 곳 / 연세대학교 출판부
주 소 / 서울특별시 서대문구 신촌동 134
전 화 / 392-6201, 2123-3380~2
FAX / 393-1421
e-mail / ysup@yonsei.ac.kr
홈페이지 / http://www.yonsei.ac.kr/press
연세대학교출판부
등록 / 1955년 10월 13일 제9-60호
2006년 1월 10일 1판 1쇄
인쇄 / 태화인쇄주식회사

ISBN 89-7141-723-4(03380)
값 12,000 원

머 리 말

축제가 등장한 이래 시대별로 주제나 형태는 다양한 변화를 거쳐 왔지만 축제에 참여한 이들이 일상의 억압이나 사회적 규범에서 탈출하여 집단적 카타르시스를 즐긴다는 축제의 본질은 꾸준히 이어져 왔다. 그러나 현대에 와서는 이러한 축제의 본질이 많이 퇴색하고 구경거리이자 스펙터클로서의 축제가 중심에 놓이게 되었다. 그 결과 축제의 종류나 외형이 매우 확대되었고 시기나 장소에 상관없이 동시다발적으로 도처에서 축제가 양산되고 있는 실정이다. 우리나라의 경우 지난 10여 년간 엄청난 양의 축제가 새로 생겨났지만 그에 대한 이론적 작업이 이루어지지 않아 아직 지역 축제의 모델이나 정체성이 정립되지 못하였다. 이러한 문제점을 극복하기 위해 연세대학교 유럽사회문화연구소의 축제연구팀은 '축제의 이론적 정립과 새로운 모형 창출을 위한 학제적 접근'이라는 주제로 지난 2년간 다양한 측면에서 축제에 대한 연구를 진행하여 왔다. 그 연구의 결과를 이번에 세 권의 책으로 함께 펴내게 되었다. 제1권과 제2권에서는 축제의 이론, 축제의 문화적 성격과 철학적 의미 등과 같은 이론적 작업의 결과를 수록하였고, 제3권인 이 책에는 프랑스와 독일, 그리고 한국의 축제 문화정책과 한국 지역 축제 현황 및 평가 이론 수립 등과 같이 축제 현장과 관련된 연구를 모았다.

제일 앞에 실린 두 글은 프랑스와 독일의 문화정책을 살펴봄으로써 문화정책을 통해 축제를 어떻게 체계적으로 계발하고 지원할 수 있는지를 분석하고 있다. 프랑스에서는 문화부가 창설된 이후 앙드레 말로

André Malraux, 쟈크 뒤아멜Jacques Duhamel, 자크 랑Jack Lang이라는 세 문화부 장관을 중심으로 문화정책은 큰 변화와 발전을 보이고 있는데 이들이 추진한 정책의 요점과 한계를 중점적으로 분석하고 있다. 나아가 한국과 비슷한 환경인 독일의 경우 동서독 통일과 함께 유럽 통합, 그리고 세계화로 이어지는 역사적 흐름을 타고 어떻게 지역 축제가 지역 주민들의 문화적 정체성과 함께 통일 독일의 문화적 정체성을 만들어 나가는지 그리고 이 과정에서 문화정책이 어떠한 역할을 하였는지를 살피고 있다. 프랑스와 독일의 문화정책이 축제의 발전과 어떠한 관계를 지니고 있는가에 대한 이 글들은 궁극적으로 한국의 문화정책 수립에 다양한 시사점을 제공해 줄 수 있을 것이다.

한국 축제가 빠른 속도로 양산되고 있는 가운데 이에 대한 정보들이 분산되어 있어서, 한국의 지역 축제에 대한 정확한 통계조차도 아직 없는 편이다. 다음 논문에서는 한국의 지역 축제를 축제의 유형, 양적 변화, 시기, 예산 그리고 축제 정책 등의 다양한 측면에서 체계적으로 정리함으로써 앞으로 한국의 축제가 어떤 방향으로 나아가야 하는지에 대해 기본적인 토대를 제시하고 있다. 이에 덧붙여 다음 글에서는 혼란스러운 상황에 있는 우리나라 지역 축제의 명칭을 집중적으로 다루고 있다. 지방자치단체가 기획한 축제 중 적절하지 못한 명칭을 사용하는 경우가 허다하기에 축제의 성격과 고유한 특성을 부각시키지 못하고 성격마저 모호하게 만든다. 이 글에서는 축제 관련 명칭에 관해 외국의 사례와 함께 축제 명칭에 대해 구체적으로 고찰함으로써 축제의 유형과 성격에 따라 적절한 축제 명칭이 사용될 수 있는 토대를 마련하였다.

축제가 지금처럼 지역마다 일반화되고 일상화된 것은 고작해야 10년 이내의 기간으로 하나의 전통, 혹은 관습으로 정착되기에는 너무 짧은 시간이다. 한국 축제에 대한 이와 같은 상황 인식을 토대로 부평과 부천이라는 수도권의 인근 지역을 모델로 삼아 이 지역이 왜 축제를 필요로 했고 그것이 어떤 과정을 겪어 가며 변화, 발전, 굴절되는가를 살펴보았다. 비슷한 시기에 만들어진 풍물축제(부평)와 국제영화제(부천)의 성격은 매우 다른데, 두 도시의 연혁과 현황, 특성, 문화 정책, 제도적 여건, 축제를 기획하게 된 배경과 성과, 축제의 특성과 문제점을 비교 검토함으로써 오늘날 한국 축제가 당면하고 있는 문제점과 그 가능성에 대해 집중적으로 조명해 보았다.

다음에 이어지는 한국의 지역 축제 지원 정책에 대한 연구는 앞으로 지역 축제를 활성화시키기 위한 정책적 대안을 모색하는데 도움이 될 것이다. 공공 정책이 갖는 의미와 그것이 한국 현대사에서 갖는 특수성, 지역 축제와 관련된 한국 문화정책을 검토하는 동시에 모범적인 지역축제 지원정책(축제 추진 주체에 자율성과 전문성, 그리고 재정적 안정을 기할 수 있도록 관련 조례를 제정하는 작업)을 시행하고자 하는 일부 지방자치단체의 흐름이 지역 축제와 관련해서 정책의 주류를 형성할 것으로 보인다.

지역 축제를 발전시키고 내실화하기 위해서는 현재 벌어지고 있는 축제를 정확하게 평가해야 한다. 하지만 지금까지 우리는 지역 축제를 종합적 측면에서 다양하게 평가할 수 있는 평가 지표를 갖고 있지 못하다. 문화연대나 문화관광부가 개발한 평가 지표가 있긴 하지만 지역 축제의 특성과 문제점 그리고 개선 방향까지 포함하기에는 역부족이었다. 기존 지역 축제 평가 방식의 문제점을 보완하기 위해 연구진은 최근 기업의 경영 성과 평가를 위해 개발된 BSC(Balanced Scorecard: 균형성과표)를 지역 축제 평가에 응용 도입하여 새로운 평가 지표를 개발하였다. 이렇게 해서 도출된 평가 지표를 우리나라 지역 축제를 대상으로 실제 적용해 봄으로써 새로운 평가 지표의 활용 가능성과 평가 항목으로 제시된 여러 성과 항목간의 상관관계를 분석함으로써 BSC를 이용한 축제 평가 방식의 우월성을 보여주고 있다.

연세대학교 유럽사회문화연구소 축제연구팀은 기존 축제 연구가 지니는 이론 위주, 또는 현장 위주의 편파적 연구방식을 지양하고 이론과 실천, 문헌 분석과 현장 조사를 함께 병행하는 방식을 지향하였다. 이를 통해 종합적 문화현상인 축제에 대한 다층적인 시각과 나아가서 한국 지역 축제의 발전을 위한 초석이 마련되기를 바라며 이 연구서를 내놓는다.

연세대학교 유럽사회문화연구소
축제문화연구센터 책임교수
김 용 민

차　　례

축제와 문화 정책 – 프랑스

진 인 혜

1. 머리말

문화는 우리들 각자의 개인적인 선택인 동시에 또한 공공 서비스이기도 하다. 그러므로 국가는 모든 국민의 소유물이라고 할 수 있는 예술적인 재산을 보호할 의무가 있다. 프랑스에 있어서 이와 같은 정치와 문화의 밀접한 관계는 이미 오래 전부터 이루어져 왔으며, 뿌리깊은 논쟁의 주제가 되었다. 프랑스 문화정책의 시초는 1257년 로베르 드 소르봉에 의해 소르본을 창립하도록 한 카페 왕조 초기로까지 거슬러 올라간다고 말할 수 있다. 우선 문예학술 옹호의 차원에서 이루어진 프랑스 왕국의 문화정책은 특히 르네상스 시기부터 괄목할 만한 발전을 보인다. 프랑수아 1세가 최초의 국가 문화 기관인 콜레주 드 프랑스Collège de France를 세운 것도 바로 이 시기이고, 이로부터 문화 분야에 대한 국가의 개입이 본격적으로 이루어진다. 그리고 대혁명 이후, 특히 제3공화국에서부터 국가의 문화정책은 새로운 차원을 맞이하게 된다. 창작을 후원하고 선조로부터 물려받은 예술적 자산의 보호를 게을리 하지 않으면서, 또한 예술 교육을 책임지고 최대한 많은 수의 사람들이 문화의 풍요로움을 누릴 수 있게 하는 임무를 스스로 떠맡는다. 이와 같이 프랑스 정부는 정식으로 문화부가 창설되기 이전부터 이미 문화에 대해 국가가 능동적으로 참여하며 주관해 온 것을 알 수 있다.

문화정책이라 함은 국가가 문화활동의 근간으로 마련하는 행정적이고 재정적인 조치와 절차 등의 시행 원칙의 총체를 의미한다.[1] 물론 모든 나라에 적용될 수 있는 단 하나의 문화정책이란 있을 수 없다. 나라마다 문화적 가치나 목표에 따라서 그 나름의 문화정책을 결정해야 하는 것은 당연한 일이다. 그러나 문화예술의 측면에서 역사적으로 깊은 뿌리를 지니고 있는 프랑스 문화정책의 개념과 방법을 연구하고 공유하는 일은 우리의 문화정책 발전에 있어서 반드시 필요한 일이다.

하지만 그렇다고 하여 프랑스의 정부 또는 각 문화부 장관의 세세한 정책을 일일이 열거하는 것은 의미 없는 일일 것이다. 그것은 자칫 단순한 사실의 평면적인 나열로 그칠 우려가 있기 때문이다. 문화부가 창설된 이후 프랑스 문화정책의 흐름을 살펴보면 특히 앙드레 말로André Malraux, 쟈크 뒤아멜Jacques Duhamel, 자크 랑Jack Lang이라는 세 장관을 중심으로 큰 변화와 발전을 보인 것을 알 수 있다. 그러므로 이들 세 장관이 추진한 정책의 요점과 한계를 중점적으로 분석하고, 그러한 문화정책이 축제와는 어떠한 상관관계를 지니고 있는가를 고찰하고자 한다.

---

1) 김문환, 『미래를 사는 문화정책』, 166쪽.

2. 문화부의 탄생과 앙드레 말로의 문화정책 : 문화의 민주화

여러 부처에 분산되어 수행되던 문화 행정 업무를 독립적으로 추진할 뿐 아니라 문화적 임무를 확실하게 담당하는 문화부가 창설된 것은 1959년 2월 3일 드골 대통령 치하에서이다. 그리고 그 권한은 1959년부터 1969년까지 문화부 장관을 맡은 앙드레 말로에게 전적으로 위임된다. 국가를 재건하려던 드골이나 말로에게 있어서 20세기의 주요한 쟁점은 민족의 우위였는데, 그들은 민족의 우위란 우수성보다는 독특함을 통해서 드러난다고 생각했다. 독특함의 표현을 통해서 프랑스의 고유한 목소리를 지닐 수 있고 그로 말미암아 소속감이 강화될 수 있다고 여겼기 때문이다. 따라서 말로에게 있어서, 독특함을 표현하는 문화는 개인들을 동일한 사상으로 결합시키는 수단이었다. 즉 문화는 각 개인의 영혼을 고양시키는 것보다는 국민적 일치를 가능하게 해주는 것으로서 더 가치가 있었다. 문화가 소속감의 기초를 세우고, 동일한 신념과 가치를 공유하게 해준다고 생각한 것이다. 이와 같이 단결의 효과적인 수단으로 드골 이데올로기 속에 편입된 문화는 프랑스 운명의 기초를 이루는 것으로 그 중요성이 더욱 부각될 수밖에 없었다.

그리하여 말로는 정부가 시행 중이던 "경제, 사회 근대화 5개년 계획"에 문화를 포함시킴으로써 문화정책을 전 국가적인 차원으로 확대하며, "문화의 민주화démocratisation culturelle"라는 정책의 방향을 설정하고 그를 위한 제작과 보급의 활성화를 문화부의 목표로 삼는다. 말로에게서 예술작품은 일치를 실현하는 것이므로, 국가의 문화적 개입 정책은 예술적 차원에 근거를 두었다. 예술은 문화의 가장 강력한 요소이기 때문이다. 그것은 1959년 7월 24일의 칙령에 집약적으로 잘 나타나 있다.

> 문화부는 프랑스를 비롯해 인류의 주요 작품을 최대한 많은 프랑스인들이 접하게 하고, 우리의 문화적 자산에 광범위한 지원을 하며 그것을 풍요롭게 하는 정신과 예술작품의 창작을 촉진하는 것을 그 임무로 한다.[2)]

보다 많은 사람들에게 예술작품을 접하게 하려는 의지는 시설, 작품의 순환, 만남에 대한 자극, 보급의 조직화와 같은 체계적인 개입 없이는 이루어질 수 없다. 따라서 말로는 문화부의 새로운 목표를 달성하기 위해, 특히 보다 많은 수의 사람들이 문화를 가까이하게 하기 위해, 지방과 교외에 "문화의 집maisons de la culture"을 만들기로 결심한다.[3] 사회적인 정책의 도움 없이는 예술 접촉의 기회가 주어지지 않는 모든 사람들이 예술의 신성한 감각을 경험하도록 유도하자는 것이었다. 그것은 문화와 예술이 파리에 집중되어 있음으로 해서 빚어지는 지리적인 불평등을 해소하기 위한 지방분산화 정책이었다.[4] 또한 문화의 민주화를 이루기 위해서는 지리적인 불평등 이외에 사회적인 불평등도 해소해야 했다. 그런 까닭에 문화의 집은 사회적 계층에 좌우되지 않고 사회적 계급을 이유로 어느 누구도 배제되어서는 안 된다는 것이 전제되었다. 요컨대 문화의 집은 사회적 조건이 어떠하든 지리적으로 어떤 지역에 거주하든 누구나 가서 문화를 즐기는 곳으로, 여러 가지 형태의 예술작품이 전시되어 대중에게 아주 폭넓은 선택을 보장해주는 곳으로 설립되었다.

이와 같이 문화 민주화는 문화 교육이나 예술적 체험을 의미하는 것이 아니라 예술과 대중을 대면시키는 것으로 추진되었다. 즉 예술과의 만남의 개념이 말로의 정책에서 주된 골자를 이룬 것이다. 문화 활동의 임무는 이러한 만남을 고무하는 것이었다. 다시 말해 문화 민주화는 문화적 욕구의 형성이 아니라 수준 높은 문화를 제공하고 입장료, 개관 시간 등에 의해 그에 대한 접근을 용이하게 해주는 것으로 이루어졌다. 따라서 문화에의 접근이라는 개념은 거의 물리적인 의미를 지녔고, 문화의 집은 그러한 만남의 장소이어야 했다. 지방 분산화의 개척자들은 가장 수준 높은 문화적 작품들을 대중에게 제공해야 한다는 확신을 가지고 있

2) Journal Officiel, décret N. 59-889, 1959.

3) 문화의 집은 그후 계속 증가하여 1981년 12월 31일에는 16개로 늘어나고, 28개에 이르는 문화 활동 센터도 생긴다. Jean Caune, *La culture en action*, 127쪽.

4) 문화의 집뿐만 아니라 행정적인 분산을 위해 1969년에는 지방에 3개의 문화부 지부가 설치되고, 이후 10년에 걸쳐 22개의 지부가 더 신설된다.

었고, 이런 문화정책은 몇 년간 행복한 시기를 보낸다. 재정적인 혹은 정치적인 난관이 없지는 않았지만, 어떤 어려움도 이 정책의 뿌리를 흔들지는 못했다. 그리하여 문화의 집은 적어도 1968년에 이르기까지 사람들과 예술의 만남을 실현하는 탁월한 장소가 된다.

문화의 집을 통해 국가가 지방에 전문적인 예술 활동을 보급하는 동시에 문화 자산과의 만남을 원하는 대중을 위한 장소를 창조하려 한 것은 사실이다. 그러나 그러한 만남에 익숙치 못한 대중에게는 예술작품이 불안하거나 당황케 하는 정도는 아니라 해도 낯선 것일 때가 많았다. 예술 작품의 표현성은 이미 거기에 감동을 받은 사람에게만, 즉 그들의 조건이나 교육 등을 통해 이미 그러한 만남에 불림을 받은 사람들에게만 이해될 수 있는 것이었다. 따라서 일치는 소수의 선택된 사람들 사이에서만 이루어지는 결과를 초래한다. 대중과 예술작품의 직접적인 대면으로는 충분치 않았던 것이다.

그러나 말로가 지닌 예술관은 지극히 형이상학적이었고 엘리트주의적이었다. 그는 예술이란 인간이 자기 내부에 지니고 있는 위대함을 인식할 수 있게 도와주는 것이라고 생각했다. 이러한 생각은 대중적인 교육에 대해 비판적인 시각을 낳는다. 예술작품은 그 자체가 감동을 불러일으키고 인간 내부의 심오한 것에 호소하는 것이므로 대중을 위한 어떠한 예비교육도, 감각화sensibilisation 과정도 필요하지 않다는 것이다. 작품과 직접 대면하여 미적 대화가 이루어짐으로써 예술의 힘은 개인의 내적인 질서를 뒤엎는 데까지 나아갈 수 있다고 생각한 것이다. 한 마디로, 말로에게 있어서 문화적인 문제는 여가 활용의 문제가 아니었다. 그것은 즐거운 기분전환으로 빈 시간을 채우는 것이 아니라, 마치 전염 효과처럼 작품의 힘이 사회적 공간 안으로 퍼져 나가 인간과 세상의 의미를 찾는 일이었다. 하지만 이런 기대로 예술 보급 정책을 수립하는 것은 어려운 일이었다. 문화 활동의 부분적인 실패의 원인은 예술과 대중의 만남을 지연시키는 다양한 요소들을 고려하지 않은 데에서 기인된다고 보아야 할 것이다. 말로와 그의 추종자들은 모든 차원에서 사회적, 경제적, 문화적 저항을 무시했고, 현실의 무게를 낮게 평가하여 예술작품에 대한 마술적인 비전을 낳았기 때문이다.

가장 심각한 문제는 파리와 지방의 공권력이 68년 5월 혁명의 분위기가 무르익어 가는 사회적인 변화 속에서 국민적인 일치와 단결보다는 개인을 중시하는 대중의 욕구와 내적인 삶에 무관심한 것이었다. 프랑스 사회에 근본적인 변화를 가져온 68년 5월 혁명은 문화의 성격과 역할을 이해하는 데에 있어서도 많은 흔적을 남긴다. 그것은 다음과 같이 요약해서 나타내 볼 수 있다.

- 프랑스 사회에 전통적인 사회적 관계를 존속시킨 제5공화국의 보수적인 현대화에 대한 자유로운 반항
- 규범, 현존하는 질서의 제도나 가치와 근본적으로 결별하고자 하는 의지
- 구속, 착취, 억압이 없는 사회의 도래에 대한 희망
- 권위를 부과하고, 개인적인 또는 집단적인 창조성을 응고시키는 제도에 대한 적개심
- 상징적이고 내면화된 힘의 관계를 표현하는 것과 문화를 동일시
- 개인의 자율성의 인식과 그 정체성에 한 형태를 주고자 하는 욕망의 확립

이러한 인식의 변화로 인해, 대중과 예술작품을 만나게 함으로써 예술작품의 가치를 알아보도록 이끌려고 했던 말로는 사실상 문화 민주화의 진정한 정책을 가지고 있지 못하다는 의혹이 대두되기 시작한다. 이와 같은 시대적인 요구와 변화 앞에서 예술작품의 마술적인 개념은 변화되어야 했다. 예술작품과 그 마술적 능력은 문화의 총체성에게 자리를 내어줄 시기가 된 것이다. 즉 문화의 집은 예술작품과의 만남의 장소보다는 에밀 장 비아지니Emile-Jean Biasini의 말대로 “사회적 개화épanouissement social”의 도구로 변화하기 시작한다.[5] 특수성을 배제하고 문화의

모든 형태를 수용해야 할 필요를 느낀 것이다. 따라서 문화의 집은 여러 가지로 다양한 기능을 수행하는 기구로 전환되기 시작한다.

3. 쟈크 뒤아멜의 문화정책과 축제

1) 문화 발전

1968년 5월 혁명에 이르러, 문화의 집 책임자들은 문화 민주화 정책의 근본을 이루고 있던 모든 확신에 결별을 고하며 다음과 같은 헌장을 채택한다.

> 예술 작품의 단순한 보급은 다소 활성화된다 하더라도 이미 수많은 사람들과의 효과적인 만남을 야기할 수 없는 것으로 드러났다 〔......〕 문화에 대한 우리의 태도가 근본적으로 문제이다. 우리의 의도가 아무리 순수하다 해도 그러한 태도는 대다수 시민에게는 문화유산의 혜택을 입은 자들, 간단히 말해 부르주아들에 의해 선택된 것으로 보인다. 한편에는 우리의 대중이 있지만, 또 다른 한편에는 비대중 non-public(여전히 문화 현상에 접근하지 못하고 그럴 기회가 없는 수많은 사람들)이 있다.[6]

문화 민주화의 책임을 지고 있던 사람들이 자신들의 직무의 가능성과 유효성을 재고하게 된 것이다. 결국 1969년과 1970년에 문화의 집은 좌파와 우파 모두에게서 신랄한 비난을 받는다. 앙드레 말로의 후계자인 에드몽 미슐레의 지지로 우파의 공격이 잠잠해지긴 했지만, 1971년에 자크 뒤아멜이 문화부의 수장을 맡게 되면서 문화의 집은 문화 정책에서 차지하고 있던 그 모범적인 성격을 잃어버린다. 뿐만 아니라 관람자들에 대한 통계 수치를 통해서도, 가격의 저렴화나 공연 횟수의 증가 등으로 예술작품을 쉽게 접하게 하려는 시도로는 문화적 불평등을 줄일 수 없다

5) Jean Caune, *La culture en action*, 154쪽.

6) Philippe Urfalino, *L'invention de la politique culturelle*, 241쪽.

는 결론이 나왔다.[7)]

문화 민주화는 순진한 환상이었던 것이다. 문화 민주화라는 개념이 상당 기간 호시절을 보낸 것은 사실이지만, 1970년대에는 문화 민주화가 실패라는 생각이 지배적이었다.[8)] 물론 문화정책 자체가 그 정당성을 잃지는 않았지만, 원칙에 있어서 공격을 당한 것이다. 그때부터 문화정책은 가장 폭넓은 대중에게 접근해야 한다는 요구와 예술 창작을 지원해야 한다는 요구 사이의 긴장을 경험하게 된다. 전문적인 수준의 예술 기관에 대한 지원은 엘리트주의적이라는 평가를 받을 수 있었고, 반면 혜택을 받지 못한 대중에게 우선적으로 다가가고자 하는 활동은 우민정책이라는 비난을 받을 수 있었기 때문이다. 하지만 그러한 긴장 관계 속에서 70년대 내내 문화정책은 발전을 계속하는데, 자크 뒤아멜은 발전의 돌파구를 연 장본인이었다.

자크 뒤아멜은 임명되자마자 말로의 정책과 단절하는 행동 철학을 채택한다. 그가 가장 좋아하는 "우선 계속하고 그 다음에 시작한다(D'abord continuer, ensuite commencer)"는 격언에 따라[9)] 미묘한 방식을 취하며 여전히 말로에 대해 경의를 표하긴 했지만, 문화에 대한 그의 개념은 말로와는 사뭇 달랐다. 그는 "문화란 과거뿐만 아니라 동시대와 의사소통이 이루어지는 수단"이라고 단언하고 "문학적이거나 예술적인 전통 종목뿐만 아니라 과학적이고 기술적인 종목과도 의사소통이 이루어져야 한다"고 밝히면서,[10)] 말로가 주창한 "문화의 민주화"에 "문화 발전"이라는 개념을 추가한다. 하지만 그가 내세운 "문화 발전"은 말로의 "문화의 민주

7) 같은 책, 243쪽.

8) 70년대 초 문화부의 6차 계획 보고서에서는 다음과 같은 진단을 내리고 있다 :
- 인간 생활의 통일성은 깨어졌다. 도시 집중화로 인한 실향, 인구의 이동, 주거지와 일과 여가의 분리, 계층과 세대의 분리 등은 후기 산업사회의 결과이다.
- 혜택받은 계층과 혜택받지 못한 계층 사이의 문화적 불평등으로 화합은 깨졌다.
- 산업화와 기술은 "문화 창작"의 갈망으로부터 "문화 상품"의 유혹으로 옮겨가게 한다. : Jean Caune, *La culture en action*, 170쪽.

9) Philippe Urfalino, *L'invention de la politique culturelle*, 269쪽.

10) 같은 책, 272쪽.

화"를 거부하는 정책은 아니었다. "문화의 발전이란 소수의 특권계층에 예비되어 있던 옛 문화를 넘어서서 〔......〕 모든 사람들에게 제공될 때 이루어지며 특히 교육과 삶과 생활수준의 차이로부터 비롯된 불평등의 희생자들에게 먼저 제공될 때 이루어진다"[11]고 하는 그의 선언에서도 알 수 있듯이, 말로가 계획하고 추진한 것을 계승 발전시키고자 한 것이다. 그리하여 문화 발전은 말로 시절 문화부의 키워드였던 문화의 민주화의 뒤를 이어, 뒤아멜 문화정책의 키워드가 된다.

1971년 12월, 문화 발전이라는 개념에 대해 보다 구체적인 세 가지 정의가 주어진다.[12] 첫째, 인류의 주요 작품을 최대한 많은 수가 접하게 하는 것이다. 이것은 명백히 말로가 이끌던 문화부의 첫 번째 임무를 가리키는 것으로, 이 임무는 계속해서 추진해야 하는 것이지만 불충분하기 때문에 보완되어야 한다. 둘째, 문화정책의 활동 영역을 일반적인 생활조건의 개선, 초보적인 문화생활(건축, 디자인, 자연 환경, 매스 미디어, 광고를 포함하여), 자발적이고 대중적인 창작의 영역으로 확대하는 것이다. 그것은 단순히 문화 상품을 소비하는 것이 아니라 일상의 삶에서 재창조가 이루어질 수 있도록 하기 위함이다. 따라서 진정한 문화정책은 단지 예술작품을 제공하는 것에서 그치지 않고 일상생활 자체에 문화를 삽입시키는 것을 목표로 해야 한다. 그리고 셋째, 창작의 보호와 지원이다. 이와 같은 정의를 살펴보건대, 자크 뒤아멜의 문화 발전은 말로의 문화 활동을 포함하고 그것을 보완하면서 계속 추진하는 것임을 확인할 수 있다.

문화 발전은 예술작품과의 만남을 통해 문화의 민주화를 이루고자 한 시도가 실패했다는 인식을 출발점으로 한다. 그래서 너무 일체주의적이라고 판단되는 말로의 종교적인 문화 개념을 거부할 뿐만 아니라, 프랑스의 보편성에 대한 단언을 포기한다. 즉 문화에 대한 통일적인 시각과 결별을 선언하고, 문화는 모순된 갈망들의 표현이며 그 내부에 서로를

11) *Institution et vie culturelles*, 14쪽.

12) Philippe Urfalino, *L'invention de la politique culturelle*, 271쪽.

대립시킬 수 있는 모든 씨앗을 간직하고 있다고 인정하는 것이다.[13] 그것은 곧 문화적 의미와 정체성을 다양한 형태로 추구하는 것을 지향하게 된다. 사람들은 각자 고유한 문화를 가지고 있으므로, 그 고유문화의 표현을 용이하게 해야 한다는 것이다.

따라서 문화에의 접근 정책(문화유산의 공유를 의미)과 살아있는 문화에 활동적으로 참여하도록 유도하는 문화에의 참여 정책이 공존하게 된다. 이를 위해 70년대 초의 문화 활동은 무엇보다도 "아니마시옹 animation"을 강조한다. 미래의 세대들에게 전달해야 할 예술작품은 개인에 대한 영향과의 관련 하에서만 그 가치가 있으므로 진정한 접촉이 이루어지기 위해서는 예술작품을 수집하여 전시하는 것만으로는 충분하지 않고 중재가 꼭 필요한데, 그것이 바로 아니마시옹이다.[14] 즉 아니마시옹은 창작자, 작품, 대중 사이의 만남을 용이하게 하는 중재를 뜻하는데, 자율적인 정책으로서의 아니마시옹은 70년대에 태어났다. 그것은 예술적 산물과 수신인 사이의 거리를 메우려는 야망을 표현하는 것이다. 그리하여 의식 있는 대중을 형성하고, 창조 작업에 관련된 수단을 제공하고, 문화 산물이나 일반적인 세상에 대해 비판적인 입장을 취할 수 있는 수단을 제공하는 것이 문화 활동의 목표가 된다. 그러면 드디어 대중의 참여를 유도할 수 있기 때문이다. 요컨대 말로 시절의 국민적 정체성을 수립하고자 하는 활동으로부터 변화에 참여하는 활동으로 이행된 것이다.

말로의 문화 활동은 국가적이고 의지적이고 통일적이었다. 그리고 문화의 집은 도시와 국가 사이의 협동의 양태를 잘 만들어냄으로써 그러한 문화 활동을 뒷받침할 수 있었다. 그러나 시대적인 변화에 따라 문화의 집은 그 본보기적인 효능을 잃어버렸다. 그러므로 뒤아멜은 국가가 주도권을 독점하지 않도록 지역 집단과의 상호 관계를 중요시하며 문화시설 계획을 다양화하고자 했다. 그는 1972년 국회에서 "문화 활동은 우선 지역 현실에 근거를 두어야 하고 따라서 다양한 형태를 띠어야 한다"[15]고

---

13) Jean Caune, *La culture en action*, 162쪽.

14) J. Duhamel, "L'ère de la culture", dans *Revue des deux mondes*, sept. 1972, 6쪽.

연설하며 자치단체의 자율성을 강조한다. 이 시기에 문화의 집이 아직도 주요한 역할을 한다면, 그것은 국가의 문화정책 내에서가 아니라 자치단체의 문화정책 내에서였다.

요약해 말하자면, 적어도 66년까지 말로 행정권과 지방 분산화의 주역들 사이에 이념적인 일치를 이루었던 "고급문화", "대중의 규합", "작품에의 접근"이라는 세 가지 요점은 "창작", "집단의 다양화", "표현-경험-대화"라는 세 가지로 대치되었다고 볼 수 있다. 그것은 결국 "문화의 민주화"의 뒤를 이어 "문화 발전"을 통해 진정한 문화 민주주의를 이룩하려는 시도였던 셈이다.

뒤아멜 이후에는 1973년부터 1981년까지 6명의 장관이 문화부를 이끌었는데, 이들은 모두 말로와 뒤아멜이 추진한 정책을 대부분 수용하는 것으로 그친다. 새로운 시도와 개혁이 없지는 않았지만,[16] 어떠한 새로운 행동 철학도 문화 발전의 철학을 대체하는데 성공하지는 못했다.

2) 로리앙의 켈트 문화 페스티발

자치단체의 자율성을 강조하고 지역 현실에 기반을 두고자 한 뒤아멜의 문화정책을 반영하듯, 1970년대에는 프랑스의 모든 지방에 상당한 수의 문화행사가 개최되기 시작한다. 뒤아멜이 문화부 장관이 되던 해인 1971년에 시작된 로리앙의 켈트 문화 페스티발도 그 중의 하나인데, 이 축제의 예를 통해서 문화정책이 축제의 형성과 양상에 어떤 영향을 끼치는지 살펴보기로 하자. 매년 8월 첫째 금요일부터 둘째 일요일까지 열흘 동안 열리는 켈트 문화 페스티발은 여러 가지 면에서 뒤아멜이 제시한

15) Philippe Urfalino, *L'invention de la politique culturelle*, 275쪽.

16) 예를 들어 가을 축제의 창시자인 미셸 기Michel Guy는 국립 예술 보급청을 만들어 예술적인 표현의 보급을 확장하고자 했고, 프랑수아즈 지루Françoise Giroud는 문화부 지방지부의 창설을 공식화한다. 미셸 도르나노Michel d'Ornano는 문화부의 전통적인 권한에다가 환경과 여행에 관한 권한을 첨가시키고 프랑스 예술 작품 복원 기구를 만들기도 했다. 또한 장 필립 르카Jean-Philippe Lecat는 1980년을 "문화유산의 해"로 정하고, 문화유산 보존 협의회를 창설했다.

문화 발전의 개념을 실천적으로 보여주고 있다.

우선 로리앙의 켈트 문화 페스티발은 소수의 문화를 살림으로써, 문화의 다양성을 중시하고 각자의 고유한 문화를 용이하게 표현하는 것을 목표로 한 뒤아멜의 문화 정책과 정확히 일치를 이룬다. 브레스트 시가 더 이상 원하지 않음으로써 사라질 위기에 놓인 페스티발을 로리앙으로 옮겨서 활성화시킨 켈트 문화 페스티발은 켈트족의 소수 문화가 민족학자들의 관심의 대상으로만 전락할 뻔했던 궁지를 모면하게 해 주었기 때문이다. 소수 문화도 공통의 문화유산으로서, 가장 폭넓은 호응을 받는 문화와 조화를 이루며 살아남을 수 있는 터전이 마련된 것이다. 그 덕분에 이후 30년 동안 켈트 문화는 그 근본정신을 잃지 않고 현대로 들어오게 되었고, 로리앙의 켈트 문화 페스티발은 켈트 문화 예술가들을 서로 연결시켜 주는 열린 축제로서 상호 차이점에 의해 오히려 풍부해지는 유럽 문명의 견인차 역할을 하고 있다. 풍요로운 미래는 단일성이 아니라 다양성에서 비롯된다는 생각을 입증해 준 것이다.

둘째, 로리앙의 켈트 문화 페스티발은 일상의 삶에서 재창조가 이루어질 수 있도록 일상생활 자체에 문화를 삽입시키고자 한 뒤아멜의 목표를 재현하고 있다. 로리앙 페스티발은 문화란 그 사회와 합치를 이루어야 하고 따라서 전통적인 문화를 박물관 안에서 꼼짝 못하게 응고시키는 대신 일상 속에서 살아 움직이게 해야 한다는 생각으로 이루어졌기 때문이다. 예를 들어, 음악인들은 켈트 음악이 그 정신과 뿌리를 잃지 않은 채 사회의 변화에 적응할 수 있도록 고전적이고 전통적인 음악과 재즈나 록 같은 현대 음악을 접목시켜 일상에서 살아나게 하였다. 그것은 비단 음악뿐만 아니라 조각, 영화, 문학에서부터 무용, 미술, 스포츠에 이르기까지 광범위한 활동으로 전개된다. 무용 페스티발에서는 수천 명의 무용인들이 브르타뉴 지방의 다양한 문화유산을 화려하게 제공하고, "유럽 켈트 미술"은 가장 전위적인 예술 표현에 이르기까지 현대 미술에도 완전히 개방하여 켈트 미술에 대한 새로운 개념과 역동적인 공간을 보여준다. 또한 축제가 열리는 열흘 동안 무대나 거리와 같은 도시의 10여 개의 장소에서는 콘서트, 전시회, 강연, 영화, 각종 스펙타클, 춤, 카바레를 위한 공간이 마련되어 대중의 참여를 유도한다. 그리고 분장한 4,500명의 예술가들이 세 시간 동안 줄지어 도시를 돌아다니는 대형 퍼레이드, 무스투아르 공원에서 나흘 밤 동안 계속되며 700명의 음악인들과 함께 조명, 거대한 이미지, 불꽃놀이 등을 다채롭게 선보이는 "마법의 밤" 등과 같은 200여 가지의 행사가 거행됨으로써 로리앙의 거의 모든 시민이 축제를 즐길 수 있는 기회가 된다. 심지어 켈트족의 특별 요리도 축제의 한 공간을 차지하여 그야말로 로리앙의 켈트 문화 페스티발은 일상 자체가 축제화되는 모습을 보여준다. 문화나 예술의 영역뿐만 아니라 일상생활 자체에 축제가 삽입되어 일상의 삶을 풍요롭게 해주는 원동력이 되는 것이다.

셋째, 로리앙의 켈트 문화 페스티발은 그 어떤 축제보다도 지역 현실에 기반을 두고 있는데, 그 점 역시 뒤아멜이 추구한 문화 정책의 골자였다. 1995년의 조사에 의하면 로리앙 페스티발은 1901년 결사체 법령에 의해 축제 비용의 62.5%를 자체 재원에 의해 운영(티켓 판매가 36.5%, 기념품 판매가 23%)하고 있으며,[17] 이러한 자체 재원 조달 비율은 점점 더 증가하고 있다. 공공지원은 24%인데, 이중에서 지역으로부터 받는 지원이 23%에 해당하는 반면 국가로부터 받는 지원은 0.3%에 불과하다. 대신 켈트 문화가 존속되고 있는 유럽 여러 지역이 함께 참여하는 축제라는 특성에 따라 유럽의회로부터 1%의 지원을 받는다. 그리고 특히 자원봉사 단체와 같은 다양한 형태의 개인적인 후원이 축제를 구성하는데 많은 비중과 역할을 차지한다. 사실 로리앙의 켈트 문화 페스티발은 1971년에 탄생할 때부터 지역의 문화적, 경제적 삶에 관심을 둔 로리앙의 자원봉사 단체 덕분에, 즉 지역적인 자발성에 의해 조직된 축제였다. 그만큼 지역의 자율성과 지역 현실의 여러 가지 여건이 충분히 반영된 축제인 것이다. 그와 같은 자원 봉사 단체의 자기 지역에 대한 관심과 애정은 모든 켈트 예술이 표현될 수 있는 기회를 보장해 주었을 뿐만 아

17) Philippe Dechartre, *Événements culturels et développement local*, II-84쪽.

니라, 더 나아가 지역의 재능인들이 성공을 위해 파리로 떠나는 것을 막아주는 역할을 하기도 했다. 그리하여 재능인들을 자기 지역에 묶어둠으로써 브르타뉴 지방의 개성을 살리고, 새로운 문화 시장을 개척하게 되었다. 그 결과, 오늘날 브르타뉴 지방은 예술적인 면에서도, 음반이나 책의 판매에서도 단연 우위를 달리고 있다.

"켈트족 지방의 동시대적인 표현의 만남"을 표방하는 로리앙의 켈트 문화 페스티발은 축제의 나라인 프랑스에서도 그 이념이 독특하고 개방적이고 국제적이다. 지역 문화와 국제 문화가 뒤섞이는 개념을 구현하며 유럽의 가장 중요한 축제 중의 하나로서 풍부한 창작의 동인이 되고 있기 때문이다. 현재 로리앙 페스티발에 참여하고 있는 스코틀랜드인, 아일랜드인, 웨일스인, 갈리시아인, 아스투리아인들은 로리앙 페스티발 이전에는 거의 관계를 맺지 못하고 있었고, 그들 중 대부분은 브르타뉴 지방이 어디에 있는지도 몰랐다. 그러던 것이 축제를 중심으로 그 관계 망이 조금씩 형성되기 시작하며 우애가 나타났고, 국제적인 친분 관계가 형성되었다. 그리하여 매년 8월이면 로리앙에서는 친밀한 분위기가 지배한다. 자칫 문화적 불평등의 희생자가 될 뻔했던 소수 문화가 일상 속에서 자율적으로 표현되는 기회를 제공함으로써 문화의 다양성을 입증해줄 뿐 아니라 국제적인 대화와 경험을 유도하는 로리앙의 켈트 문화 페스티발은 진정한 문화 민주주의의 본보기를 보여주는 셈이다.

4. 쟈크 랑의 문화 정책과 축제

1) 문화 생기론

1981년 프랑스 대통령으로 당선된 사회당의 미테랑 대통령은 라 데팡스의 아치, 바스티유 오페라 극장, 루브르 박물관 앞의 유리 피라미드, 국립 도서관 등 역사에 남을 거대한 건축물을 많이 건설한 대규모 공사로 잘 알려진 대통령이다. 그의 재임 시에 1981-1986년과 1988-1993년에 문화부 장관을 지낸 쟈크 랑은 미테랑 대통령의 끊임없는 지지를 받으며 프랑스 문화 정책의 새로운 장을 열었다. 1981년 11월 17일, 쟈크 랑은 국회 연설에서 자신의 행정을 "새로운 탄생"과 "문화의 재건설"에 호소하며 지방분산화를 정책의 키워드로 제시한다. 그것은 각 시민의 주거지가 어디든 간에 자신이 선택한 작품에 접근할 수 있도록 하고 창조성에 모든 기회를 주기 위해서였다. 그는 "문화가 한 계층의 소유물이 아닌 것과 마찬가지로 하나의 유일한 행정에 속하는 것이 아니"라고 단언하며 지방분산화를 가속화한다.[18]

그리고 1982년, 문화부의 예산을 두 배로 한다는 자크 랑의 담화가 신문의 1면을 장식한다. 그에 따라 그 동안 0.4% 정도에 머물던 문화예산이 0.76%로 증가하게 된 것이다. 이것은 문화부의 예산을 국가 예산의 1%까지 올리겠다고 한 약속을 실행하기 위한 첫 단계였고, 이 약속은 1993년 137억 프랑의 예산을 확보함으로써 지켜진다. 이러한 재정을 바탕으로 기존의 문화유산을 보존하면서도 동시에 매우 창의성이 풍부하고 역동적인 정책이 펼쳐질 수 있었다.

쟈크 랑은 말로의 "문화의 민주화"와 뒤아멜의 "문화 발전"에 "문화와 산업"이라는 목표를 추가하고 문화정책을 매우 다양한 영역으로 확대한다. 그는 "문화와 경제는 샴쌍둥이로서 하나가 다른 하나에게 번갈아 가며 생기를 불어넣어 준다"고 비유하며 문화와 경제의 공통 가치를 변호한다.[19] 요컨대 그의 문화정책은 기술-경제적인 환상에 근거를 두고 있었고, 문화부의 활동을 설명해주는 기본적인 포인트는 문화가 경제적 활력의 요소라는 생각이었던 것이다. 문화 산업(도서, 음반, 영화, 영상, 음향 등)의 활성화, 시장의 정상화를 위한 영화산업 보조기구 설치, 도서정가제 실시, 라디오의 프랑스어권 노래 방송 쿼터제, TV 방송국의 증설, 지역 케이블 방송과 라디오 방송의 자율화, 재정 자원의 다양화, 외국인 및 외국에 대한 프랑스의 문화 및 재정 지원의 혜택 확대 등과 같

18) Jean Caune, *La culture en action*, 298쪽.

19) 같은 책, 328쪽.

은 많은 계획들은 경제생활을 활성화시키려는 이러한 야망으로 설명될 수 있다.

그것은 또 다른 한편으로는 미국 문화의 패권적 장악을 경계하고 문화 침략의 위기에 대처하기 위한 방안이기도 했다. 그와 같은 자크 랑의 의지는 이미 1982년 7월 멕시코에서 열린 UNESCO 회의에서부터 강력하게 표현되었다. 당시 자크 랑은 "경제와 문화는 동일한 전쟁이다"라는 슬로건을 내걸며 문화적 자결권을 강조했다.[20] 전통적으로 프랑스에서는 경제란 문화를 오염시키는 것으로 간주되어 왔고, 따라서 그때까지 문화를 보호하기 위한 국가의 활동은 경제적인 힘에 맞서 대항하는 것을 목적으로 하고 있었다. 하지만 자크 랑은 경제에 의해 문화가 오염되는 것을 비난하는 것이 문제가 아니라고 토로한다. 한 국가에 의해, 즉 미국에 의해 문화가 독점되는 것을 비난하는 것이 더 중요하고 급한 문제였기 때문이다. 결과적으로 문화와 경제를 접목시킨 자크 랑의 정책은 상대가 무기로 삼은 경제를 자신의 무기로 삼아 도전에 응한 셈이다. 위기는 경제적인 것인 동시에 또한 정신의 위기이기도 한데, 문화는 정신 상태를 바꿀 수 있으므로 경제적인 무기가 될 수 있다는 것이다. 이를테면 이전 시기의 "문화와 정치"가 "문화와 경제"로 탈바꿈한 것이다.

이와 같은 문화와 경제의 접목 이외에 자크 랑의 정책의 또 다른 특징은 문화의 대중화 및 현대화였다. 그것은 1959년 칙령을 대신하는 다음과 같은 1982년의 칙령에서도 확연히 드러나 있다.

> 문화부 장관은 모든 프랑스 국민이 자신의 발명과 창조능력을 계발하고, 자유롭게 자신의 재능을 표현하며, 국가와 지방과 여러 사회 그룹의 문화유산을 그 단체 전체의 공동 이익을 위해 보존하고, 세계 여러 문화들의 자유로운 교류 가운데 프랑스 예술작품의 창조를 장려해야 하는 사명을 가진다.

위의 칙령을 보면, 말로가 1959년 칙령에서 환기한 "인류의 작품"을 "창작"으로 대체한 것을 알 수 있다. 말로의 업적이 심오한 것이었다면,

---

20) Philippe Urfalino, *L'invention de la politique culturelle*, 351쪽.

쟈크 랑은 시대를 반영하는 역동적인 과감성으로 시민에게 다가가는 대중을 위한 문화로 변모시킨다. 그는 문화의 한 영역에 특권을 주지 않겠다고 공개적으로 제시하면서, 문화부 예산의 증대는 모든 분야의 자원의 증가를 보장해주기 위한 것이라고 단언한다. 물론 박물관에 대한 지원과 보수, 역사적인 건축물의 유지 및 보존 등과 같은 문화유산에 대한 정책도 여전히 유지되었지만, 그보다는 창작 활동에 더 유리한 조건을 제시했다. 그리하여 지금까지 예술의 분야로 간주되지 않던 재즈나 샹송과 같은 대중음악, 거리 예술, 의상, 디자인, 사진, 광고, 만화 등으로까지 문화부의 활동 영역을 확장시키고, 그 보급을 위해 국립 가요 센터, 국제 만화 페스티발과 같은 새로운 문화공간도 마련한다. 즉 한 마디로 요약해 말하자면, 그의 문화정책은 문화 생기론vitalisme culturel에 입각한 것이다.

그리하여 문화유산의 보수 및 보존 등에 역점을 기울인 말로와 달리, 쟈크 랑은 새로운 문화의 창조와 다같이 참여할 수 있는 문화축제를 만든다. 재즈 음악, 사진제, 패션쇼, 영화 촬영장, 사무기기 디자인전 등 다양한 문화의 활동으로 문화를 대중화시키고 새로운 분야를 개척함으로써 살아있는 문화의 현장을 만들고자 힘쓴 것이다. 문화를 간판으로 내걸고 있는 프랑스에는 축제가 많은 것이 오래 전부터 내려오는 전통이지만, 쟈크 랑은 취임 후 문화 행사를 문화성의 촉진의 일환으로 거행함으로써 더욱 많은 축제들을 양산한다. 그에 따라 젊은이들을 문화축제라는 행사에 참여시킴으로써 문화의 저변을 확대하고 그들을 문화 행사에 끌어들이는데 성공할 수 있었다. 물론 이와 같은 쟈크 랑의 문화 대중화 정책, 창작 중심 분야에 대한 확대 정책의 결과에 대한 회의론도 있었다. 이를테면 대중 예술을 꽃피우는 데는 성공했을지 몰라도 예술가가 나오지 못했다는 반론이 제기된 것이다. 하지만 문화 생기론에 입각한 그의 대중화 정책은 문화를 일상생활과 경제에 밀접히 연결시킴으로써 현대 사회에 적응하는 문화정책을 향한 큰 도약을 이룬 것임에는 이론의 여지가 없다.

2) 음악축제

쟈크 랑이 취임한 후 문화의 대중화 정책에 힘입어 많은 축제들이 양산되었는데, 쟈크 랑의 요구에 따라 음악무용국의 모리스 플레레Maurice Fleuret가 계획한 음악축제는 가장 대표적인 경우이다. 제1회 음악축제가 열리던 1982년 6월 20일 저녁, 텔레비전 대담에서 얘기한 플레레의 다음과 같은 말은 음악축제의 정신을 잘 보여준다.

> 음악을 듣는 것만으로는 충분하지 않다. 우리는 음악을 연주하기 위해 필요한 것을 모두 갖추고 있다. 우리에게는 목소리가 있고, 악기를 소리나게 할 수 있는 팔과 손이 있다. 따라서 우리가 직접 음을 내지 않는다면, 우리는 단지 커다란 귀에 불과할 뿐이다.

음악의 소비보다는 실천을 선호하는 것으로, 개인의 창작 활동을 지원하는 쟈크 랑의 문화정책이 반영된 것임을 한눈에 알 수 있다. 1982년, 플레레는 프랑스인의 문화적 실천 행위에 대한 조사를 통해 프랑스 젊은이들이 두 명 중 한 명 꼴로 악기를 연주한다는 사실을 발견하고, 사람들을 거리로 나오게 해야겠다는 생각을 품게 된다. 그리하여 성 요한 축제의 옛 전통에 따라 몇 주 뒤인 1982년 6월 21일 하지 저녁에 음악축제가 개최된 것이다. "음악을 연주하라, 음악축제"[21]라는 슬로건을 내걸며 전문 음악인과 아마추어 음악인을 거리로 초대한 이 축제는 즉시 대중적이고 자발적인 표현을 이끌어내며 성공적으로 진행되었다. 사람들은 그 자리에서 즉석으로 임시 악기를 만들어서 연주하기까지 했다. 진지하고 현학적인 음악뿐만 아니라 록, 재즈, 노래나 전통 음악과 같은 아마추어의 연주도 지원하겠다는 정책의 결과였다. 저녁 8시 반부터 9시까지로 예정된 시간을 훨씬 초월하여 열성적이고 즉흥적인 음악을 연주함으로써 기대 이상의 성공을 거둔 음악축제는 무료 콘서트, 미디어 중계, 지역 공동체의 보조, 점점 더 폭넓은 대중의 참여 등으로 몇 년 후에는 가장 커

---

21) 이 표현은 프랑스어로 "Faites de la musique, Fête de la Musique"로서 두 문장의 발음이 똑같아 재미있는 효과를 자아내는 문구를 만든다.

다란 프랑스 문화 행사 중의 하나가 된다.[22)]

또한 1985년에는 유럽의 20 개국이 유럽 음악의 해를 축하하는 것을 기회로 하여, 음악축제가 외국으로 수출되기 시작한다. 그에 따라 1987년에는 50개국이 넘는 나라가 음악축제를 열었고, 1989년에는 뉴욕에서도 개최되기에 이른다. 현재는 베를린, 부다페스트, 바르셀로나, 이스탄불, 리버풀, 로마, 나폴리, 프라하, 벨기에의 프랑스어권 공동체 등은 말할 것도 없고 샌프란시스코, 뉴욕, 마닐라, 그리고 아프리카 대륙의 수많은 나라에서도 국민적인 축제가 되었다. 이와 같이 전세계적으로 퍼져나가게 된 음악축제는 쟈크 랑이 염려했던 미국 문화의 패권적 장악과 침략의 위기를 극복하는 한 방편으로도 작용한다. 미국 문화가 대량으로 밀려들어오는 현상과 반대로, 프랑스에서 시작된 문화행사가 역으로 미국으로 유입되는 결과를 낳았기 때문이다.

음악축제가 큰 성공을 거두며 전 국가적인 동시에 국제적인 행사로 발전을 거듭하게 된 데에는 물론 대중의 호응과 자발적인 참여가 가장 큰 밑받침이 되었지만, 문화부의 조직적인 지원에 힘입은 바도 크다. 문화부는 음악 · 무용 · 연극 · 공연 담당국(DMDTS)과 국제부를 통해 음악축제를 국가적이고 국제적인 행사로 조직화한다. 프랑스와 외국에서 이 행사를 전체적으로 조직하는 일은 ADCEP(창작 개발 · 연구 · 기획 협회)에게 위임되는데, 여기서는 세 가지 임무를 지닌다. 첫째 많은 사람들이 연주에 참가하도록 고무시킬 것, 둘째 예술적이고 기술적인 조언을 제공할 것, 셋째 정보와 커뮤니케이션을 담당할 것이 바로 그것이다. 종종 콘서트 조직자가 직접 커뮤니케이션을 담당하기도 하는데, 그런 경우 ADCEP는 국가적이고 국제적인 커뮤니케이션을 책임진다. 그리하여 35만 장의 포스터를 배부하고, 프로그램에 관한 언론 서류나 인터넷 사이트 등을 지원한다. 이러한 적극적인 지원에 힘입어, 프랑스에서는 개인뿐만 아니라 음악 학교, 음악 기관, 박물관, 협회, 병원, 시, 라디오, 텔레

22) 음악축제의 대대적인 성공의 영향으로, 영화축제, 독서축제, 사진축제 등 유사한 문화 행사들이 줄을 잇게 된다.

비전, 카페, 회사 등도 음악축제에 참여하여 자신들의 콘서트를 조직하고 있다.

국제적인 차원에서는, ADCEP는 기관(대사관, 외국의 프랑스 문화 기관, 알리앙스 프랑세즈, 시, 정부...)이나 전문 직업인들(예술가, 음반 가게, 공연 조직자...)과 함께 협동을 꾀한다. 그 결과 유럽에서는 하나의 커다란 망이 형성되어 프랑스와 유럽 연합의 참여국 사이에 음악가를 서로 교환하는 기회가 증가될 수 있었다. 또한 국가적인 차원에서는 ADCEP는 음악축제의 지역 조직화를 확고히 하기 위해 연초부터 다양한 단체들과 연계를 이룬다. 축제의 지역 조직화는 주로 음악무용활동 발달 지역 협회(ARDAM)와 문화부 지부(DRAC)에 의해 공고히 이루어진다. 그리하여 음악축제는 프랑스의 전 지역에서 분산되어 개최되는 것이 가능할 수 있게 되었다.

축제의 지역 조직화 책임자들은 다음과 같은 역할을 한다. 첫째, 콘서트를 조직하고 싶어 하는 모든 사람들에게 연초부터 기술적, 법률적, 행정적 도움을 주기 위해 조직적인 조언과 정보를 제공하며 격려한다. 둘째, 커뮤니케이션을 담당한다. 즉 지역과 도 사이의 프로그램의 조화를 위해, 정보를 수집하고 그 정보를 중앙 조직에 올려 보내서 ADCEP와 함께 공공 서비스 인터넷 사이트와 국립 방송에 프로그램을 배포한다. 또한 포스터나 음악축제의 이미지와 로고를 재현하는 기술을 제공하여 콘서트 조직자가 국가적인 장비를 사용할 수 있도록 보급하기도 한다.

이와 같이 조직적인 지원을 통해 대중의 다양한 창작 열기를 고취시키고, 국제적인 행사로 거듭나게 함으로써 세계 여러 문화와 자유롭게 교류하고 있는 음악축제는 1982년의 칙령에서 나타난 쟈크 랑의 문화정책을 가장 잘 반영하고 있는 셈이다. 또한 여러 가지 불평등을 해소함으로써 문화 민주주의를 몸소 실행하고 있는 축제이기도 하다. 음악축제는 우선 모든 형태의 음악적 실천을 동등한 가치로 받아들임으로써 예술적인 불평등을 해소한다. 전문 음악인의 음악과 아마추어의 음악, 록음악과 클래식이 같이 제공될 뿐만 아니라 길거리와 광장에서 공간의 제한 없이 진행됨으로써 그때까지 존재했던 모든 경계를 허무는 축제이기 때문이다. 그리고 음악축제는 문화부의 조직력을 이용해 전국에 걸쳐 가장 훌륭한 수단과 도구를 갖춤으로써 지리적인 불평등을 해소한다. 마지막으로 가장 혜택을 받지 못하는 환경에 속한 사람들을 위해서도 새롭고 특수한 활동을 펼침으로써 사회적인 불평등 역시 해소하는 역할을 한다. 음악축제의 열기는 감옥 안이나 병원 환자들의 삶 속으로도 파고들어, 그들 역시 참여로 이끌기 때문이다.

해를 거듭할수록 다양한 주제와 프로그램을 개발하며 국제적으로 더 많은 나라로 전파되고 있는 음악축제는 살아있는 문화, 즉 문화 생기론의 개념을 구체적으로 예증하고 있다.

5. 지방자치단체와 축제

문화유산을 복원하고 보존하는데 중점을 둔 말로의 문화정책으로부터 지방 분산화와 대중화에 역점을 둔 쟈크 랑의 문화정책을 거치면서, 오늘날에는 프랑스의 전 지역에 문화부 지부가 존재하고 있다. 그리고 그 지부들의 역할이나 재정적인 수단은 대단한 증가를 보였다. 또한 선구적인 도시 안시Annecy에서는 이미 1966년에 “문화 업무와 축제 위원회”를 만들어 지역사회에 대한 시의 결정 능력을 증가시키고 문화적 의지를 보여주었다. 몇몇 선구적인 도시에서 60년대에 시작된 이런 제도는 1970년대 말에는 일반화되었다. 그만큼 시와 시장의 자율성이 증가된 것이다.

이와 같은 지방 분산화와 함께 지방자치단체에 새로운 권한이 부여되고, 그 재정의 확보 및 증가에 따라 지역 활성화를 실현시킬 수 있는 능력을 갖추게 된다. 1996년에 이루어진 조사에 의하면, 지방자치단체의 문화 지출은 1993년에 국가 예산의 문화비인 370억 프랑과 맞먹는 369억 프랑에 이를 만큼 확대되었다.[23] 지방자치단체들이 이렇게 문화비 재

23) Janine Cardona, Chantal Lacroix, *Chiffres clés* 1995 : *statistiques de la culture*, Documentation française, 1996.

정을 확보하려고 노력한 것은 자기들의 지역에 문화적 이미지를 부여하고자 하기 때문이었는데, 축제를 조직하는 것은 이러한 이미지 창출에 매우 효과적인 방법이었다. 축제에 의해 파생되는 명성은 그 지역의 긍정적이고 역동적인 이미지를 낳을 뿐 아니라, 지역 경제의 면에 있어서도 많은 이익을 가져다주기 때문이다. 그리하여 프랑스의 지역 축제는 그 수가 엄청나게 늘어난다.

프랑스에서는 매년 대표적인 축제만 해도 2천 여 개가 열리고 있는데, 그것은 1980년대 이후에 급격히 증가한 것이다. 프랑스 대도시 시장 회의에서 1990년도에 조사한 결과를 보면, 대도시에서 행해지는 축제의 39%는 1982년 이전에 시작되었고 61%는 그 이후에 마련되었음을 알 수 있다.[24] 또한 음악무용국의 지원을 받는 축제에 대한 1991년의 문화부 조사에 의하면, 전체 247개의 페스티발 중 19%는 1970년대에 태동하였고, 56%는 1980년대에 시작되었다. 뿐만 아니라 1990년과 1991년 두 해에만 16.5%에 해당하는 41개의 축제가 새롭게 만들어졌다. 이 두 가지 통계 수치를 종합해보면, 60-70%의 축제가 지방자치단체가 더 많은 권한을 가지기 시작하는 1982년 이후에 만들어진 셈이다. 그것은 쟈크 랑의 지방 분산화와 대중화 정책에 영향을 받은 것임을 말해준다.

1972년까지 문화의 지방 분산화는 거의 독점적으로 문화의 집이 맡아서 수행하였다. 그러나 1970년대 말부터는 지역 공동체가 문화의 공공 소비의 절반을 부담하기 시작한다. 이것은 국가와 지역 공동체의 재정적인 교차가 중요해진 것이고, 그에 따라 문화정책에서도 상호 관련성을 무시할 수 없게 된 것을 뜻한다. 특히 축제에 대한 공공지원은 1991년의 조사를 보면, 국가가 축제 예산의 10%를 지원한 데 비해 지방자치단체가 35%를 보조하였다.[25] 물론 각 축제마다 공공지원의 비율이 동일한 것은 아니다. 예를 들어 1995년의 조사에 의하면, 아비뇽 페스티발은 국

24) *Les festivals dans les grandes villes*, Étude de l'Association des maires de grandes villes de France, janvier 1993.

25) Philippe Dechartre, *Évenements culturels et développement local*, 1998, I-6쪽.

가로부터 26%의 지원을 받고 지역으로부터는 19%의 지원을 받은 데 비해 앞서 살펴본 로리앙의 켈트 문화 페스티발은 지역으로부터 받은 지원이 23%에 이르고 국가의 지원은 0.3%에 불과하다. 그러나 어쨌든 일반적인 문화 부문에 대해서는 국가와 지방자치단체가 거의 동등한 비율로 자금을 보조하는데 반하여, 축제의 경우는 지방자치단체의 부담 비율이 훨씬 큰 것을 알 수 있다. 그만큼 지역 축제에 대한 지방자치단체들의 관심이 큰 것이다. 축제가 직접 열리는 지방에서 부담하는 예산이 많다는 것은 그 축제의 주체가 지방이 된다는 것이고, 축제에 의해 창출되는 이익의 혜택도 지방이 가장 많이 누린다는 것을 뜻한다. 그러므로 지방자치단체는 지역의 문화적 수준을 높이고 지역 주민이 문화를 널리 즐기게 하기 위해서 뿐만 아니라 경제적 목적으로도 축제를 조직하고 있는데, 많은 축제들이 그 목적을 달성하며 성공한 사례를 남기고 있다.

6. 맺음말

문화부가 창설된 이래 프랑스에서는 정부가 바뀌더라도 문화정책의 기본 원칙은 변함없이 유지, 강화되어 왔음을 알 수 있다. 뒤아멜이 주창한 문화 발전의 개념이나 쟈크 랑의 정책의 토대가 된 문화 생기론도 결국은 애초에 말로가 제시한 문화의 민주화를 시대적인 변화에 부응하여 더욱 효과적으로 실천하기 위한 것이었기 때문이다. 대중화 및 현대화된 쟈크 랑의 문화정책에 따라 축제가 활성화된 것도 모든 국민이 문화를 향유할 수 있도록 하기 위한 문화 민주화의 일환이었음은 말할 것도 없다. 그것은 또한 경제 발전과도 무관하지 않았다. 경제와 문화를 접목시킨 쟈크 랑 장관에서부터 문화 산업의 중요성에 대한 인식이 높아지면서 문화적인 창조는 이제 경제적인 발달의 한 요인으로 생각되고 있으며, 축제를 통해 창출되는 막대한 경제적 가치는 그를 입증하고 있다. 바야흐로 문화가 진정한 경제적 활동으로 여겨지고 있는 것이다. 지방자치단체나 정부가 문화 사업 및 축제에 높은 관심을 보이며 지원을 아끼지 않는 가장 큰 이유도 바로 그 때문일 것이다.

그것은 우리나라도 예외가 아니어서, 최근 우후죽순처럼 수많은 축제가 생겨나고 있으며 지방자치단체나 정부도 지대한 관심을 보이고 있다. 그러나 여기서 우리가 유념해야 할 사실이 있다. 문화와 창작이란 자유가 표현되는 특권적인 분야이므로, 문화의 경제는 오직 경제적인 법칙에만 복종할 수는 없는 것이다. 축제를 통해 경제적 이윤을 챙기는 외국의 사례를 보고 그 외양에만 현혹되어 성급하게 대동소이한 상업적 축제를 남발해서는 안 될 것이다. 그것은 결국 우리의 문화적 정체성을 잃어버리는 결과를 초래할 뿐이다. 프랑스의 문화정책과 축제의 외면적인 상관관계에만 치중할 것이 아니라, 전통적인 예술문화의 보급에 중점을 두었던 말로의 정책으로부터 대중적인 생활문화에 중점을 둔 쟈크 랑에 이르는 문화정책의 흐름을 주의 깊게 살펴보아야 할 이유도 바로 여기에 있다. 프랑스의 축제에서 전통적인 예술문화와 대중적인 생활문화가 서로 배제하지 않고 적극적인 상호 상승작용을 보여줄 수 있는 것은 수십여 년에 걸쳐 단절되지 않고 이어진 문화정책 덕분일 것이다.

따라서 프랑스는 가장 좋은 조건에서 가장 많은 사람들이 문화를 접할 수 있도록 하는 것을 염두에 두며, 모든 형태의 창작을 장려하고, 점점 더 경제적인 이해관계에 따라 획일화되는 경향을 보이는 현대 사회에서 그 다양성을 보존하고자 한다. 소수의 문화도 소중히 여길 뿐 아니라, 지역마다 나름대로의 특색을 선보이는 다양한 지역 축제들이 바로 그 증거인 셈이다. 또한 지역 축제는 철저하게 지역 현실에 기반을 두고 국가의 관여는 창조의 자유에 해로운 영향을 끼치지 않는 원칙을 지킴으로써, 폭넓은 대중의 적극적인 참여를 유도한다. 그리하여 축제는 경제적인 목적을 실현할 뿐만 아니라, 젊은 세대와 기성 세대, 부유층과 빈곤층 모두가 자유롭게 자신의 재능을 표현하며 다양한 문화를 꽃피우는 장이 되고 있다.

여러 가지 다양한 주제를 내세우는 우리의 축제 현장을 찾았을 때, 정작 각 축제가 제시하는 문화적인 특색은 뒷전이고 상업적인 이윤에만 급급하여 어느 축제에서나 볼 수 있는 동일한 상업 단지가 급조된 것을 보고 눈살을 찌푸리게 되는 경우가 종종 있다. 그 때 느끼는 아쉬움은 아마도 우리의 축제정책 내지는 문화정책이 기본 원칙을 수립하고 그것을 지켜 나감으로써만 치유될 수 있을 것이다. 선진국다운 문화정책이란 결국 국가가 개개인의 삶의 질에 관심을 갖고, 이를 향상시키는 것을 무엇보다도 존중할 때 가능한 것이다.

참고문헌

Janine Cardona, Chantal Lacroix, *Chiffres clés 1995 : statistiques de la culture*, Documentation française, 1996.

Jean Caune, *La culture en action, De Vilar à Lang : le sens perdu*, Grenoble, Presses universitaires de Grenoble, 1999.

Philippe Dechartre, *Évenements culturels et développement local,* Avis et Rapports du Conseil économique et social, 1998.

J. Duhamel, "L'ère de la culture", dans *Revue des deux mondes*, sept. 1972.

Jacques Rigoud, *Pour une fondation de la politique culturelle*, Paris, La Documentation Française, 1996.

Philippe Urfalino, *L'invention de la politique culturelle*, Paris, Hachette, 2004.

Emmanuel de Waresquiel, *Politiques culturelles de la France depuis 1959*, Larousse, 2001.

Institution et vie culturelles, collectif, Paris, La documentation Française,

1997.

Les festivals dans les grandes villes, Étude de l'Association des maires de grandes villes de France, janvier 1993.

http://www.culture.fr/culture/historique

http://www.fetedelamusique.culture.fr

http://www.festival-interceltique.com

고봉만 외, 『프랑스 문화예술, 악의 꽃에서 샤넬 No. 5까지』, 한길사, 2001.

김문환, 『미래를 사는 문화정책』, 나남출판, 1996.

서명수, "프랑스의 연극지원정책", 『한국프랑스학논집』 47호, 한국프랑스학회, 2004.

조병옥, 『프랑스 문화와 문화정책』, 공주대학교 출판부, 2001.

축제와 문화정책 – 독일

남 덕 현

1. 머리말

독일 연방정부의 정책에서 문화정책과 축제가 차지하는 비중은 상대적으로 매우 작다. 뿌리 깊은 지방분권주의와 연방주의의 영향으로 오늘날까지도 교육과 문화에 대한 정책적 결정권이 각 주의 지방정부에 있기 때문이다. 반면에 문화에 대한 전권이 지방정부에 있는 만큼, 각 지방정부와 그 산하 기초지방자치단체, 그리고 기업과 민간기구들은 자신들이 관장하거나 후원하는 축제의 보존과 발전에 그만큼 많은 자율적인 노력을 기울여 왔다. 즉 독일의 경우 축제와 문화정책은 그 어느 나라와 비교해보더라도 지방분권적이며 또한 그 담당 주체와 재정 분담 방법 등이 – 전체적인 조망이 어려울 정도로 – 대단히 다양하고 복합적이다. 바로 이 점이 독일의 경우 각 지방 나름대로의 독특하고 다양한 축제문화를 발전시켜 온 원동력이 되어 왔다.

그러나 90년대 이후 독일에서는 동서독 통일과 함께 유럽 통합, 그리고 세계화로 이어지는 역사적 흐름을 타고 이러한 '지방적인' 축제의 양상에 많은 변화가 일어나고 있다. 이제는 축제에서도 각 지역 주민들의 문화적 정체성보다는 통일독일의 문화적 정체성이 요청되고 있고, 나아가 통합 유럽과 세계화 속에서 과연 독일적 문화, 독일적 축제가 어떤 것인가 하는데 대한 질문이 대두되고 있는 만큼, (전) 독일적 문화와 축제가 문화정책의 중심에 놓이게 되었기 때문이다. 이러한 변화에 대처하기 위하여 독일은 90년대 말 이후, 정확히는 1998년 이후 슈뢰더 Gerhard Schröder 정권의 출범 이후[1], 제한된 범위에서나마 문화정책을 점차 중앙 집중화하고자 하는 노력을 기울여 왔다.

하지만 다른 한편, 히틀러의 나치시대를 체험한 이후 문화면에서 '독일적'이라는 것은 항상 의심의 대상이 되어 왔다. 주변의 다른 나라들이 자유롭게 '프랑스 문화', '폴란드 문화'를 이야기하고, 이를 발전시키기 위한 노력을 기울이는 것과 비교해 볼 때, 2차대전 이후 독일의 문화와 축제는 출발 여건부터가 달랐던 것이다. 그 결과 '독일적' 축제는 주변의 다른 나라들에 비하여 그만큼 더 '열린 축제'를 지향해야 한다는 요청에 직면하게 되었다. 바로 이 점에서 독일이 오늘날 '러브 퍼레이드 Love Parade'라고 부르는 테크노 음악축제의 원산지이자 '수출국'이고, 또한 동성연애자들의 축제인 '크리스토퍼 스트리트 데이 Christopher Street Day'의 경우 그 규모와 주민들의 호응도에 있어서 다른 나라보다 앞서

1) 아래 IV-2, 문화정책의 조직체계 참조.

있다는 사실에서 알 수 있듯이, 오늘날 독일의 몇몇 축제들은 '열린 축제'의 모범적인 사례를 보여주고 있다.

따라서 본 연구에서는, 독일의 경우 어떻게 이와 같이 서로 상충될 수도 있었던 요인들이 서로 조화를 이루면서 전통적인 '시월축제'에서부터 광란의 테크노 음악축제에 이르기까지 다양한 축제를 발전시키는 결과를 낳게 되었는지, 그리고 이때 어떠한 정책적 뒷받침이 있었기에 이와 같이 열린 축제문화가 가능하게 되었는지를 탐구해 보고자 한다. 이를 위해 본고에서는 먼저 독일의 경우 축제와 문화정책을 조건 짓는 역사적, 사회적 환경들을 살펴본 연후에(2장), 2차대전 이후 서독과 통일독일의 축제와 문화정책이 발전해 온 과정을 개관해 보고자 한다(3장). 이러한 점들은 독일의 다양한 축제와 이를 지원하는 문화정책들이 어떠한 역사적, 사회적 문맥에서 이루어져 왔는가를 이해하는 관건이 될 것이다. 나아가 이러한 이해를 토대로, 오늘날 독일의 문화정책과 축제에 대한 지원정책이 어떻게 수행되고 있는지를 개관해 보기로 하겠다(4장).

2. 축제와 문화정책의 역사적, 사회적 환경

1) '문화국가'로서의 뿌리 깊은 자부심

독일은 흔히 '시인과 사상가의 나라'[2]로 불리우는 만큼, 전통적으로 자국의 '문화'에 대한 자부심이 상당히 높다. 그러나 아이러니컬하게도 독일인의 '문화' 또는 '문화국가 Kulturnation'에 대한 자부심은, 실제로 독일문화가 꽃피웠던 시기가 아니라, 국가와 사회의 어려움으로 인해 정체성의 혼란을 겪었던 시기에 더욱 강조되어 왔다. 1차대전을 전후한 시기에 토마스 만 Thomas Mann을 비롯한 독일의 많은 지식인들은, '서구'

2) 독일의 문화와 역사를 소개하는 책의 제목에 바로 이런 명칭이 붙어 있다. 이에 대해서는 임종대 외, 『시인과 사상가의 나라. 독일이야기』 1. 독일어권 유럽의 역사와 문화, 2. 통일독일의 사회와 현실, 기획출판 거름 2000, 참조.

의 '문명'을 폄하함으로써 독일의 '문화'에 대한 자부심을 일깨우고자 했으며, 또한 2차대전 이후의 폐허 속에서 독일의 지식인들은, 정치적 주권을 상실한 대신 '문화국가'로서의 독일의 대외적인 위상에 자부심을 갖고자 했었다.[3] 아울러 1990년대 독일의 통일에 대한 논의에 있어서 귄터 그라스 Günter Grass 같은 이는 동서독의 정치적 통일을 유보하고 다만 '문화국가'로서의 통일을 이루는 방안을 제안하기도 했었다.[4] 이러한 예는 독일의 경우 '문화'가 때에 따라 국가적, 민족적 정체성을 대체하는 매개물로 인식되어 왔었다는 사실을 보여주고 있다. 이는 경우에 따라 역사적, 사회적 현실을 회피, 왜곡하려는 담론으로 작용을 했으며, 이러한 역사적 경험은 히틀러의 나치에 의한 전체주의적 문화정책의 체험과 더불어, 문화와 문화정책에 대한 자유스러운 토론을 저해하는 요소가 되기도 했다.

먼저 독일 역사에서 비스마르크에 의한 독일의 통일(1871) 이후 '문화'에 대한 담론은 정치적, 경제적 이슈만큼이나 주요한 사회적 이슈로 떠올랐다. 하지만 '문화'에 대한 이해는 권위주의적 빌헬름 제정 내부의 이데올로기적 분열만큼이나 다양한 스펙트럼을 갖고 있었다. 우선 국가 차원에서의 '문화'정책은 국민의 문화적 통합에 대한 필요성에 역점을 두었던 반면, 각 지방의 귀족들이 적극적으로 '문화'를 후원했던 이유 중의 하나는 이를 통해 중앙정부에 의해 정치권력을 박탈당한 데 따른 통치자로서의 정체성 상실을 보상하고자 하는 욕구가 있었기 때문이었다. 그 결과 지방정부와 지방의 귀족들은 대학교, 극장, 오페라 하우스, 박물관, 관현악단 등의 전통적 문화 제도를 새롭게 출현하기 시작한 대중문화의 '타락'으로부터 지켜내는 보호막 구실을 하기도 했다.

중앙정부와 지방정부의, '문화'에 대한 이러한 상충된 이해는 개별 주정부 차원을 넘어서는 문화정책의 실현에 장애가 되었으며, 비스마르크

---

3) Herman Glaser, *Deutsche Kultur*. Ein hitrorischer Überblick von 1945 bis zur Gegenwart, Bonn 1997, 112쪽 참조.

4) 같은 책, 432쪽 참조.

의 헌법은 "문화 문제에 관련하여 (출판과 저작권법을 제외하고) 최소한의 역할만" 제국정부에 주었다.[5] 독일의 통일로 독립공국과 도시국가들의 정치적, 경제적 통합이 이루어지고, 새로운 독일제국 정부 또한 대외적인 문화정책에 대한 권한을 갖게 되었지만, 각 지방자치단체들은 여전히 독자적인 문화정책을 펼쳐 나갈 수 있는 자율권을 갖고 있었던 것이다. 그도 그럴 수밖에 없었던 것이, 제국정부의 국가적 '문화정책'은 항상 지방정부의 견제를 받아야만 했는데, 예를 들어 오랫동안 논의되어 왔던 국립 현대미술관 설립 안은, 제국의 수도인 베를린에 문화적 명성을 양보하지 않으려는 뮌헨과 바이에른의 반대에 부딪혀 실현되지 못했다. 그 결과 제정시대에 '국립'이라고 할 수 있는 유일한 문화기관은 1852년 뉘른베르크에 설립된 게르만 국립박물관으로서, 그나마 그 재정적 지원은 이 도시와 바이에른주, 그리고 제국정부가 각기 나누어 맡았다.

그런데 또 한 가지, 이 시대에 이르러 '문화'가 중요한 사회적 담론을 형성했던 이유는, 바로 이 시대에 "사회적으로 분화되지 않은 수동적 대중들"[6]이 출현했기 때문이기도 했었다. 도시화와 산업화의 결과로 후일 바이마르 공화국 시기에 이르러 이들 대중들이 본격적인 대중문화의 소비 주체로가 되는데, 이에 앞서 이들 대중을 어떻게 '문화활동'에 더 많이 참여시키고 문화제도들을 발전시킬 것이며 조직화할 것인가 하는 문제들이 이 시기의 사회적 현안으로 등장했던 것이다. 바로 이 과정에서 국가와 지방정부, 그리고 분야별 이해 집단으로 구성된 정당 및 사회단체 등의 제3세력을 근간으로 문화의 관료화와 문화행정의 전문화가 이루어졌다. 이는 다시금 미술품과 박물관 소장품 등 '문화적 자산'이 국가나 지방정부의 유산의 일부이며 '교양'의 자원이자 관광객들로 인해 수입을 가져다 주는 경제적 자산이라는 인식이 확산되면서 이를 유지, 발전시키는 데 있어서 공공자금이 지원되는 것 또한 당연하다는 사회적 인식에 의해 뒷받침 되었다.

---

5) 롭 번스 외(손호은 역), 『현대 독일 문화사』, 백의 2002, 59쪽 참조.

6) 같은 책, 29쪽.

결국 이 시기의 문화정책과 문화담론은 '문화'가 민족 또는 지역 주민의 통합에 어떤 역할을 하는가에 대한 새로운 인식과 더불어 문화민족주의적 양상을 띠게 되었으며, 나아가 이는 '문화'와 '문명'을 대비시키고자 하는 문화담론에서 나타나는 바와 같은 문화제국주의적 양상으로 발전되어가는 단초가 되기도 했다. 그럼으로써 문화담론에 내재된 정치적 속성 또한 그 어느 때보다도 두드러지게 나타나게 되었다. 따라서 독일의 경우 문화담론에 대한 이러한 역사적 경험은, 다음의 여러 다른 요소들과 함께, 오늘날의 '문화'정책과 문화담론을 제약하고 있는 요소로 작용하고 있다.

2) 근대국가 성립의 지연

역사적으로 볼 때 독일은 주변의 다른 나라들에 비해 근대국가 성립이 늦어졌다.[7)] 문화적으로 볼 때 이는 곧 국가 단위의 문화적 동질성에 대한 의식과 중앙정부 차원의 문화정책의 실현이 뒤늦어졌음을 뜻한다. 독일 역사의 이러한 특성은 문화면에서 볼 때 각 지방 특유의 지역적 정체성에 기반을 둔 문화 발전에 많은 기여를 함으로써 각 지방 나름의 독특한 축제문화를 발전시켜 왔지만, 반면에 국가 단위로서의 독일의 역사와 문화 발전에 많은 왜곡을 초래하기도 했다. 즉 독일의 경우는 근대국가의 성립이 지체됨으로써 국가적 · 민족적 정체성을 토대로 한 문화적 정체성의 형성 또한 지체되었음은 물론, 다른 나라의 경우에 비해 상대적으로 짧은 기간 동안에 근대화 과정을 겪음으로써 이에 따른 사회심리학적 부담 또한 적지가 않았다. 제정 독일의 후기로부터 바이마르 공화국, 그리고 히틀러의 나치독일로 이어지는 독일의 근대화 과정에서 이러한 부담은 역사적 발전의 왜곡 현상으로 나타났다. 1차세계대전의 발발을 지식인을 포함한 독일의 전 국민이 열광적으로 환영했던 이유 또한,

---

7) 역사학자 프레쓰너Helmut Plessner는 독일의 근대화 과정을 "지체된 국가verspätete Nation"라는 테제로 설명하면서, 바로 이 점이 독일의 근 · 현대 역사가 다른 나라와 다른 "특별한 과정Sonderweg"을 겪은 원인이 되었다고 설명했다.

단기간의 근대화 과정에 따른 변화의 속도를 소화해내기 어려웠던 데 있었던 것이다. 그 결과 이에 따른 (열등)의식은 1차대전과 히틀러의 집권으로 이어지는 시기에 있어서, 서구 '문명'에 대해 독일의 '문화'를 강조함으로써 차별화를 추구하는 문화정책의 심리적 토대가 되기도 했다.[8] 독일 '민족'의 우월성에 대한 히틀러 신화 역시 바로 이 연장선상에 놓여 있었던 것이다.

3) 지방분권주의의 역사적 전통

독일의 뿌리 깊은 지방분권 체제와 연방주의 전통 또한 문화정책을 결정짓는 중요한 요소가 되고 있다. 그 결과 오늘날까지도 교육과 문화에 대한 전권, 즉 최종적 정책 결정권은 헌법인 기본법Grundgesetz에 명시되어 있듯이 연방정부에 있지 않고 각 지방정부에 있다. 이는 지방정부에 그만큼 자율성을 보장해줌으로써 각 지방 나름의 독특하고 다양한 축제문화를 이루는 토대가 되었던 반면, 국가 단위의 문화(정책) 발전을 저해하는 요소가 되기도 했다.

독일의 지방분권주의가 다른 나라의 경우에 비해 그 역사적 뿌리가 깊고, 또 그만큼 오늘날까지도 사회 각 분야에 많은 영향을 미치고 있다. 그런데 그 원인은 무엇보다도 독일 내부의 정치적, 경제적 분열에 종교적 분열이 덧붙여지면서 이를 증폭시켰다는 데 있다. 적어도 중세 이후 유럽 지역의 문화가 종교와 밀접한 관계 속에서 형성, 발전되어 왔기 때문에 이러한 종교적 분열은 오늘날까지 문화적 분열에 직접적인 영향을 미치고 있는 것이다. 역사적으로 볼 때, 루터의 종교개혁(1517년)을 둘러싼 신·구교간의 갈등은, 제후나 영주의 종교 선택권을 보장한 아우구스부르크의 종교회의(1555년)를 통해 이러한 지역간의 문화적 분열이 공식

8) '문화'를 '문명'과 대립되는 개념으로 이해하고자 했던 점이 이 시기 독일 지식인들의 문화담론을 특징짓고 있다. 즉 이들은 프랑스를 비롯한 '서구' 여러 나라의 '문명', 즉 기술적 산업화와 민주화에 뒤쳐졌던 데 비하여, 독일은 '문화', 즉 철학과 예술 등의 '정신적인' 면을 발달시켰다고 주장했다. 그럼으로써 그들은 문화에 대한 이해에 있어서, 과거 지향적이며 또한 공동체적 이해에 기반은 둔 문화 보수주의에 기울었다.

화되어, 오늘날까지 남부 독일과 북부 독일의 서로 다른 문화적 특성을 대변하고 있다.

또한 독일은 정치적, 종교적으로 뿐만 아니라 문화적으로도 분열되어 있었다. 가톨릭으로 남게 된 제국의 부분, 그러니까 보다 규모가 큰 도시를 제외한 독일의 서부와 남부 지역은 남부 유럽의 반종교개혁적 가톨릭 세력권에 들게 되었다. 이들 지역이 가톨릭으로 남았다는 것은 가톨릭 유럽문화권의 확대를 의미하기도 했지만, 다른 한편으로는 프로테스탄트적 북유럽과의 단절을 의미하기도 했다. 이때부터 이탈리아와 프랑스의 영향권에 있던 가톨릭 지역에서는 회화와 조각, 연극, 화려한 교회건축 등의 조형예술이 발달했다면, 신교 지역에서는 교회음악과 언어, 그리고 문학이 문화의 중심을 차지하게 되었다. 이 시기에 생겨난 문화적 분열과 차이는 오늘날의 독일에까지 그대로 남아 있어 남부 독일과 북부 독일의 문화적 특성을 말해주고 있다.[9)]

이러한 종교적, 지역적 차이는 오늘날에도 축제를 비롯한 문화 전반의 양상에 지대한 영향을 미치고 있다. 예를 들어 같은 음악 페스티발이라고 하더라도 남부 독일의 '바이로이트 페스티발 Bayreuther Festspiele'이 오페라를 중심으로 펼쳐진다면, 북부 독일의 '슐레스비히-홀슈타인 음악 페스티발 Schleswig-Holstein Musikfestspiele'은 교향곡과 실내악이 중심을 이룬다. 또한 가톨릭이 지배적인 남부 독일의 카니발 축제를 신교 지역에 이식시키려고 했던 많은 노력들이 성과를 거두지 못하는 이유 또한 이러한 종교적, 문화적 전통에 기인하고 있다. 이러한 지방분권적·연방주의적 전통은, 나치시대의 중앙 집중적 정치·문화체계의 역사적 체험을 통해, 다시금 2차대전 이후 연합국의 점령 정책에 의해 강화되어 왔으며, 오늘날까지 서독 및 통일독일의 헌법 뿐 아니라 사회 각 분야에서 가장 기본적인 토대가 되고 있다.

9) 하겐 슐체 (반성완 역), 『새로 쓴 독일역사』, 지와 사랑 2001, 72쪽.

4) 나치시대의 역사적 체험

2차세계대전 이후 독일에서는 '독일의 문화' 또는 '독일의 문화정책'을 거론하는 것 자체가 어려움을 겪어 왔다. 그것은 바로 나치시대의 역사적 부담에 기인한 것으로, 그로 인해 독일의 축제와 문화는 독일 문화가 갖고 있는 다양한 면모와 가능성 중 특정한 부분만을 제시, 발전되어 왔다. 반면에 이러한 부정적인 여건은 오히려 전 국민적, 국가적 축제, 동원된 축제를 지양하고, 그 대신 구성원들의 자발적인 참여를 기본 토대로 삼는 축제문화를 발전시키는 초석이 되어 왔다. 1936년 히틀러 체제하에서 열렸던 이른바 '역사적인' 올림픽 행사 이후, 오늘날 독일에서의 축제는 분명 이와는 다른 모습이어야 한다는 요청이, 축제를 기획, 실행, 평가하는 전 과정에서 음으로 양으로 작용하고 있는 것이다.

나치독일은 '국가사회주의'의 이념적 실현을 위해 문화정책에 큰 비중을 두었고, 이를 위해 축제 역시 중요한 선전 수단의 일환으로 인식해 왔다. 이러한 부정적 역사적 체험을 통해 2차대전 이후 독일의 문화정책은 바이마르 공화국의 문화연방주의 전통으로 복귀하게 되는데, 이는 연합국의 통치 전략에 의해 더욱 강화되었다. 따라서 독일의 경우 문화연방주의에 대한 이해는, 문화정책의 권한을 각 지방의 자율권에 맡긴다는 차원을 넘어서서 문화에 관한 한 정치적, 정책적 관여에 있어서 그 어떤 다른 나라의 경우와 비교해 보더라도 조심스럽고 심사숙고하는 태도를 취한다는 데 있다.

20세기 이후의 현대 역사에서 나치독일에서만큼 '문화정책'이 철저히 실현된 예를 찾아보기는 힘들 것이다. 그만큼 나치독일에서 모든 문화는 정책의 대상이 되었으며, 또한 거의 모든 문화 분야들이 그 정책의 실현 도구가 되었다. 그 결과 "문화와 정치는 일체가 되어 매우 긴밀한 공생관계"를 이루었다.[10] 벤야민의 말을 빌자면, 정치는 미학화되었던 반면, 문화 또한 정치화, 정책화되었던 것이며, 나치의 정치는 – 게르만 민족의 '삶의 공간'을 확보하기 위한 전쟁과 더불어 – 그들의 이데올로기적 구

10) 롭 번스 외(손호은 역), 『현대 독일 문화사』, 백의 2002, 149쪽.

도와 '문화적' 목적을 실현하는 수단이 되기도 했다.

나치의 문화정책은 자신들이 생각하는 최고의 문화, 즉 게르만 민족성에 기반을 둔 문화를 전체주의적 방식으로 관철시키는 데 목표를 두고 있었다. 이를 위해 문화생산의 모든 영역을 획일적으로 통합하고 이에 대한 효과적인 통제력을 확보하기 위하여 집권 초기인 1933년 9월에 '제국문화협회'와 6개의 산하기관을 설립하였다. 이에 앞서 이미 7월에 제국영화협회가 베를린의 중앙행정처와 더불어 31개 지역의 각 지구 사무실을 갖추고 출범했는데, 이는 곧 나치의 문화정책이 새로운 매체인 방송과 영화에 얼마만큼 많은 비중을 두고 있었는지를 보여주고 있다. '제국문화협회'는 이러한 문화계의 구조 개혁과 더불어 소속 회원들의 계약조건들을 법령에 따라 통제할 수 있는 권한을 가짐으로써 이들을 이데올로기적 · 인종주의적 기준에 따라 선별했으며, 문화 창작물의 유통과 판매에 대한 세부적인 사항 또한 통제할 수 있었다. 이와 함께 나치는 '당의 정신적 · 이데올로기적 교육의 전체 프로그램'을 수행할 목적으로, 알프레드 로젠베르크 Alfred Rosenberg를 중심으로 한 '나치문화공동체'를 만들었다. '제국문화협회'가 '국민계몽부' 산하의 조직으로서 정부기관의 형태를 가졌던 반면, '나치문화공동체'는 당 조직의 형태로 '문화적으로 해악을 끼치는 자유주의적 경향', 즉 바이마르시대의 모더니즘적 다원주의를 배척하고, 게르만 민족성에 기반을 둔 통일된 문화적 양식을 산출하는 것을 목표로 삼고 있었다.

이처럼 나치시대의 문화는 문화를 '문화정책', 즉 정부기관과 당 조직이 방향을 정하여 이를 중앙 집중적, 계획적으로 실행하고자 하는 대상으로 삼음으로써 각 부문에 걸쳐 특별한 양식들을 발전시켜 나갔다. 특히 전당대회나 올림픽 같은 정치적 집회와 스포츠 행사에 오페라, 연극, 집단 합창극 등의 요소들을 도입하여 이를 종합예술화함으로써 문화, 스포츠, 정치를 합일화하는 한편, 이를 대중 축제로 발전시켜 나갔다. 결국 나치의 문화와 문화정책은 문화의 다원주의를 파괴하고 억압한, 전체주의적 문화정책의 대표적인 예로 독일의 문화사에 남아 있다.

5) 통일과 유럽연합, 그리고 '세계화'

1990년대 이후 독일의 통일과 유럽의 통합, 그리고 '세계화'의 영향은 독일의 축제와 문화에 새로운 환경으로 작용하고 있다. 이제는 과연 '독일'의 문화가 무엇이며, 그 구성원의 문화적 정체성은 어떻게 규정될 수 있는가 하는 문제들이 현실적 요구로 다가왔기 때문이다. 그러나 동서독 통일 후 지속되고 있는 양 지역 주민들의 문화적 갈등 문제로 인해 문화적 정체성이란 문제가 국민 통합의 차원에서 다루어졌다면, 유럽연합 환경에서는 '유럽속의 독일'이란 차원에서 제기되고 있다. 게다가 이른바 '세계화'의 물결 역시 이러한 문화적 정체성에 하나의 도전이 되고 있다. 문화의 세계화는 국가들간의 차별성이 적은 새로운 문화를 창조하는 반면, 이에 대한 반작용으로서 새로운 지역화의 경향 또한 증대하고 있다. 이러한 환경은 지역 또는 국가와 세계간의 새로운 관계 정립을 요구하는 한편 문화간의 대화가 절실히 요구되고 있음을 뜻한다. 바로 이러한 요소들이 현 독일의 문화 및 축제지원 정책을 결정짓는 중요한 요소가 되고 있는 셈이다.[11)]

3. 축제와 문화정책의 역사적 발전

1) 산업사회에서 문화사회로 : 2차대전 이후부터 60년대까지 서독의 축제와 문화정책

2차세계대전 이후 연합국의 점령 정책은 이른바 '탈군사화' '탈나치화', 그리고 '민주화'에 초점이 맞추어져 있었다. 이는 다시 문화정책면에서 지방분권주의를 강화하는 한편, 엄격한 통제와 후원이라는 양면성을 띠고 있었다. 연합국의 이러한 분권적 문화정책은 독일 국민들로부터도 상당한 호응을 얻었다. 예를 들어 1946년, 작가이자 바덴 지역

11) 이에 대한 자세한 내용은 아래의 별도 항목에서 다루기로 하겠다.

의 지방신문의 편집인이었던 오토 프라케Otto Flake는 다음과 같이 선언했다.

> 베를린 사람들은 그들의 노력들을 기울이고자 할 것이고, 우리는 우리의 노력들을 기울일 것이다. 지난해 여름 이후로 뮌헨, 튀빙겐, 프라이부르크, 바덴-바덴, 마인쯔, 프랑크푸르트, 비스바덴, 코블렌쯔, 함부르크에서는 거의 자동적으로 새로운 삶의 단초들이 생겨났다. [...] 그 어떤 인위적인 프로그램이나 위험한 전체주의적 호소, 이 히틀러적인 유산 또한 필요치 않았다. 베를린 사람들에 의한 총괄적인 지도 - 그건 아니다! [...] 우리는 연방주의적이며, 재건은 단지 지방에서부터만이 시작될 수 있다.[12)]

이러한 선언은 남부 독일과 북부 독일의 문화적 전통의 차이와 연방주의가 히틀러 체제의 경험을 통해 다시금 강화되고 있음을 시사해 주는 것으로, 연합국들이 점령정책을 철회한 이후에도 이러한 원칙은 서독의 문화정책에 있어서 기본적인 원칙으로 재정립되었다.

1950년대에 이르러 그동안 나치에 의해 단절되었거나 왜곡되었던, 각 지방의 전통적인 축제들이 서서히 부활되기 시작했다. 나치와 2차대전에 의해 완벽하게 파괴된 문화적 전통과 인프라, 이른바 문화적 '영의 시점'에서 지역 주민들의 '순수한' 애향심 고취를 목적으로 하는 축제들이 작은 지역에서 소규모로 부활되기 시작한 것이다. 뮌헨의 '시월축제 Octoberfest'(1817-)와 키일의 '키일주간 Kieler Woche'(1882-) 같은 것들이 그 대표적인 예일 것이다.

그런데 이 시대에 있어서 주목할 만한 또 하나의 축제는 1947년 '독일 노조연맹DGB(= Deutsche Gewerkschaftsbund)'과 레크링하우젠Recklinghausen 시의 주관으로 열린 '루르 페스티발 Ruhrfestspiele'이다. 전통적인 민속축제와는 달리 다양한 공연예술 프로그램을 중심으로 기획된 이 페

12) Otto Flake, *Die giestige Hauptstadt*, Badener Tagblatt, 20. 4. 1946., zit. nach Hermann Glaser, *Deutsche Kultur*, Ein historisher Überblick von 1945 bis zur Gegenwart, Bonn 1997, S. 113.

스티발은 60년대 중반 이후 본격적으로 창출된 페스티발 문화를 선도하는 것이었다. 그런데 다른 지역에 앞서 이것이 이 지역에서 가능했던 이유는 이 지역이 전통적으로 공업 중심 지역으로 노조가 탄탄한 기반을 가지고 있었기 때문이었다. 이런 면에서 '루르 페스티발'은 바이마르 공화국 시대에 활발했던 노동자문화운동이 다시금 부활된 것이었으나, 그 초점은 노동자 중심에서 일반 국민 중심으로, 사회 · 정치적인 면에서 예술적인 면으로 옮겨진 것이었다.

1960년대에 이르러 독일에서는 이른바 '라인 강의 기적'을 토대로 점차 경제적인 안정기에 접어들면서 '문화'에 대한 사회적 욕구가 점증하기 시작했다. 이러한 변화는 전통적인 축제, 그 중에서도 오이, 아스파라거스, 자두브랜디 등의 농산물과 지역특산물을 모티브로 삼는 축제들이 부활되는 계기가 되기도 했으며, 50년대에 이어 70년대 후반까지 '헤센의 날 Hessentage'(1961-)과 '슐레스비히-홀슈타인의 날 Schleswig-Holstein-Tag'(1978-) 등 애향심으로 주제로 하는 축제들이 점차 넓은 규모로 확장되어가면서 새롭게 생겨났다. 그러나 전체적으로 볼 때 2차대전 이후 60년대에 이르기까지는 연합국 점령정책과 냉전의 영향으로 축제와 문화, 그리고 문화정책은 일반적으로 보수적인 경향을 띠게 되었다.

2) '독일문화'에 대한 반란: '68학생운동의 문화적 영향

60년대 중반 독일의 학생운동은 '히틀러 세대'에 대한 반성과 비판에서부터 시작해서 전체 '독일 문화'에 대한 반성과 비판으로 이어졌다. 그 결과 이의 틀 자체를 바꾸기 위한 여러 대안들이 모색, 실험되었다. 그중 대부분의 것들이 '실패'했지만, 또한 많은 부분들은 제도적으로 정착되는 결과를 낳았다. 하지만 무엇보다도 '문화'가 자신의 '문화'를 비판하기 시작했다는 데서 이 운동의 역사적 성과를 찾을 수 있을 것이다. 따라서 이 역사적 체험은 오늘날의 독일 사회를 주도하는 인물들이 바로 이 체험을 겪은 세대라는 점과 아울러, 새로운 문화정책과 열린 축제를 지향하는 계기가 되었다는 점에서 그 의의를 찾아볼 수 있을 것이다. 이와 더불어 이 역사적 체험은 이른바 하위문화 Subkultur와 함께, 이를 토대로 한 축제문화를 발전시키는 계기가 되기도 했다.

이 시기에 있어서 문화정책상의 중요한 변화는 먼저 문화에 대한 이해에 있어서의 변화로부터 비롯되고 있다. 새로운 문화정책의 이념으로서 '모두를 위한 모두의 문화 Kultur für alle, von allen'라는 모토가 시사하는 바와 같이 이제 '문화'는 특정한 계층이나 특정한 예술가, '문화인' 등의 엘리트만의 전유물이 아니라 일반 국민 대중들이 다 같이 그 생산에 참여하고 이를 또한 향유할 수 있어야 한다는 것이다. '문화'에 대한 이러한 확장된 이해는 '사회문화 Soziokultur'라는 개념으로 정립되는 데, 이 말은 사회적인 것, 일상적인 것에서 문화의 의미를 찾고, 바로 그 가운데서 문화를 실현해가고자 하는 뜻으로 이해될 수 있을 것이다. 문화에 대한 이러한 새로운 이해는 곧 문화정책을 사회정책의 주요한 한 부분으로 이해하고자 하는 것을 의미했으며, 이를 토대로 문화적 실천의 주체 또한 국가나 지방정부뿐만이 아니라 지역사회, 문화단체, 시민단체, 그리고 개인 등으로 다양해지는 결과를 낳았다.

이러한 새로운 문화적 실천의 이념은 독일의 경우 '사회문화센터 Soziokulturelles Zentrum'을 중심으로 전개되어 왔다. 이 센터들은 1960년대 중반부터 시작하여 1980년대까지 지속적으로 설립되어 왔는데, 1987년부터 현재까지 약 120개소를 헤아리고 있다. 이들 중 약 60%는 대도시에 편중되어 있으며, 그 규모에 따라 5백 명 이상의 정규 회원을 가진 경우로부터 20명 내외의 정규 회원을 가진 경우 등 다양하다. 이 센터의 운영 재정은 전체 예산 중 54%를 자체 조달하고, 나머지 46%는 연방관청, 주당국, 지역단체의 공공자금에서 지원받고 있다. 이 센터의 프로그램은 정치활동, 성인교육, 문화 및 예술 창작 활동, 프로젝트 작업, 행사개최, 정보교환으로 대별될 수 있으며, 자체적인 주점이나 카페 경영을 통해 운영자금을 마련하기도 한다.

'문화'에 대한 이와 같은 새로운 이해와 새로운 문화정책은 축제의 양상에도 지대한 영향을 끼쳤다. 먼저 축제를 만들고 향유하는 주체가 지방자체단체에서 시민사회단체, 상인조합, 생산자 조합, 각종 스포츠 또는 취미 협회, 낙농협회, 농민단체, 자원 소방서 단체 등으로 다양해졌고, 그 무대 또한 거리나 광장이 더 많은 비중을 차지하게 되었다. 이와 더불어 60년대부터 80년대에 이르는 기간 동안 사회의 주변부 그룹들에 대한 사회적 관심을 촉구하는 축제들로 뉘른베르크의 '주택점거자 페스티발 Hausbesetzer-Festival', 괴팅겐의 '신티족 페스티발 Sinti-Festival', 녹색당의 민중축제, 여성단체의 '발푸르기스의 밤 Walpurgisnacht' 등이 연이어 생겨났다. 이와 더불어 야외 무대나 시장, 또는 공장의 강당 등을 무대로 삼는 축제들이 점차 많아지고 도시의 특정 지역을 중심으로 하는 축제 또한 늘어났다.

3) 동서독 통일 과정에서의 문화정책

독일의 통일은 독일 사회의 구성원들에게 과연 '독일의 문화적 동질성'이 무엇인가 하는 질문과 함께 그것이 과연 얼마만큼 동서독 통일과 화합에 구심점 역할을 할 수 있는가 하는 질문을 던져 주었다. 이때 일부에서는 국가 단위보다는 민족 단위의 동질성에 호소하고자 하는 유혹에 빠지는 경우도 적지가 않았다. 이에 대해 독일 정부에서는 민족 개념으로서의 폐쇄적인 '독일적' 동질성이 아니라 '유럽 속에서의 독일인'이라는 개방적 이념을 근간으로 문화정책을 수립해가고 있다. 예를 들어 통일조약 제35조에는 "예술과 문화는 분단된 상황에서도 독일민족 통일의 중요한 기초로 지속적으로 작용했다. 독일통일 과정에서도 예술과 문화는 중요한 기여를 해왔다. 세계인의 눈에 통일독일의 위상은 정치적, 경제적 측면에서의 발전뿐 아니라 문화국가로 발전하는 데 달려 있다"고 명시되어 있다.

이와 더불어 1990년에서 1993년 사이 독일의 전체 공공부문 문화예산은 60% 증가했으며, 이중 연방정부의 지원이 차지하는 비중은 1989년의 2.0%에서 1991년의 13.0%로 급증했다. 이는 동서독 통일 이후 양 지역 주민간의 '문화적 화합'을 위한 특별지출로, 이중 많은 부분이 구동독 지역에 대한 지원이었다는 점을 살펴볼 때, 이 시기에 있어서 문화정책의 비중이 얼마나 커졌는가를 알 수가 있다. 문화정책상 구 동독 지역에 대한 이러한 대대적인 지원은 먼저 "중앙집중적 구조에서 연방주의적 구조로의 전환"[13]에 그 초점이 맞추어져 있었다. 그러나 40여 년 동안 국가와 당에 의해 지도되었던 동독 지역의 문화적 구조와 인프라를 연방주의의 원칙에 입각하여 재구성한다는 것은 장기간에 걸친 막대한 투자를 요하는 일이었다. 그러기에 이러한 노력 중 많은 부분은 시급을 요하는 문화 인프라의 구축 이외에, 청소년 세대를 위한 문화교육 부문에 투자되고 있다.[14]

그러나 구 동독 지역에 대한 연방정부의 이러한 대대적인 지원은 원칙상 한시적인 성격을 갖고 있다. 독일의 경우 지방분권적인 전통에 따른 남부 독일과 북부 독일의 문화적 차이와 더불어, 이제는 동서독 통일로 인하여 동서간의 문화적 차이 또한 역사적인 과제로 남아 있다. 그런데 이 동서간의 차이를 '극복'하는 방법에서 역시도 연방주의의 원칙이 지켜져야 하기 때문에, 이러한 대대적인 지원에 따른 연방정부의 일방적인 영향력은 한정적이어야 한다는 것이다. 그러나 물론 이러한 원칙의 실현은 동서 지역간의 문화적 인프라가 어느 정도 균형을 갖추어야 한다는 점이 전제되어야 하기 때문에, 이는 현시점에서 볼 때 아직도 미래적인 원칙으로 남아 있다.

4) 유럽통합과 '세계화' 과정에서의 문화정책

독일사회 역시도 통일과 함께 유럽통합, 그리고 세계화의 물결에 휩쓸리고 있다. 이러한 숨 가쁜 변화에 직면하여 독일은 어떻게 문화(정책)적으로 대응하고 있는가? 현 슈뢰더 정권(1998-)이 엄정한 지방분권주의의 원칙에도 불구하고 최초로 연방정부 차원에서 위원장급의 '문화부 차관

---

13) Gabriele Muschter/Jürgen Rostock, *Kultur im deutschen Einigungsprozeß*, in: Eckhard Jesse/Armin Mitter (Hrsg.), *Die Gestaltung der deutschen Einheit*. Bonn 1992, S. 313.

14) 위의 책, 321쪽 참조.

Kulturstaatsminister'직을 신설했다는 점은 많은 의미를 내포하고 있다. 그의 임무는 각 지방정부의 문화와 교육정책을 '조율'하는데 있다고 하지만, 이는 이러한 이중적 통합과 세계화의 변화 속에서 이제까지와는 달리 국가 단위의 문화적 동질성을 찾고자 하는 노력의 필요성을 대변해주고 있는 것이다. 하지만 이 새로운 제도가 목표로 삼고 있는 것은 폐쇄적, 배타적 문화적 정체성이 열린 문화적 정체성이란 점에서 이전의 히틀러 시대가 추구하던 문화정책과는 다른 양상을 보이고 있다.

이런 점에서 유럽연합의 문화정책이 개별 회원국 단위보다는 각 지방정부 단위를 파트너로 삼으면서, 민간 주도의 프로젝트 지원에 역점을 두는 것 또한 시사하는 바가 크다. 유럽의 통합이 다른 어떤 부분보다 문화부문에서 일찍이 시작되었지만, 또한 그 통합에 가장 큰 어려움을 겪는 것도 바로 이 부문이기 때문이다. 예를 들어 EG에서는 이미 1954년에 회원국들간의 문화협정이 체결되었으며, 오늘날 각국의 대표적인 음악 페스티발 주관 단체 약 40개가 회원으로 가입되어 있는 '유럽 음악 페스티발연맹 Europäischer Verband der Musikfestspiele' 또한 이미 1951년에 결성되었다. 그러나 현 시점에서 유럽연합의 문화정책은, 특히 회원국 숫자가 늘어가고 또 구 동구권 국가로 확장되면서 점점 더 많은 난제들에 직면하고 있어 그 해결책이 주목되고 있다.

4. 문화정책의 현주소

1) 연방정부의 문화정책과 예산 지원

독일의 경우는, 기본법(헌법)에 따라 주정부가 문화정책 결정의 우선권을 갖기 때문에 연방정부의 문화정책은 그 목표에 있어서도 다른 나라와 비교해 볼 때 상대적으로 제한적이다. 연방정부 차원의 문화정책은 1) 예술과 문화 발전을 위한 제 조건의 개선 2) 국가적 의의를 갖는 문화기구의 건설과 후원 3) 문화적 유산의 보존과 보호를 목표로 삼는다.

따라서 연방정부의 문화기구들에 대한 지원은 몇몇 예외적인 경우를 제외하고 부분적인 지원에 한정되며, 해당 주정부와 지방자치단체 그리고 민간기업과 단체, 개인과의 협력에 의해 이루어진다. 이들 연방정부가 전체 또는 부분적으로 재정적 지원을 하는 문화기구들은 문화재단으로부터 학교, 연구소, 시민문화단체, 박물관, 문서보관소 등 다양한 기구들로 2005년 현대 모두 164개 기구에 이르며 그 중 연방정부로부터 부분적인 지원을 받는 축제는 페스티발에 국한되어 있으며, '바드 헤르스펠드 페스티발 Bad Hersfelder Festspiele', '베를린 페스티발 Berliner Festspiele', '루르 페스티발 Ruhrfestspiele Recklinghausen - Europäisches Festival' 등이 이에 속한다.[15)]

독일의 경우 연방정부와 주정부, 그리고 각 지방자치단체를 포함한 모든 공공예산에서 문화부문에 대한 지출 비중은 1990년의 0.79%에서 2001년도의 1.0%로 작은 폭이긴 하지만 꾸준한 증가 추세에 있다. 또한 우리나라의 군 단위 지방자치 단체인 게마인데Gemeinde의 문화부문 예산은 1981년의 3.8%에서 1991년의 4.2%로 이 또한 같은 추세에 있다. '문화'가 일상생활에서 차지하는 비중이 높아져가는 만큼 정책과 예산 비중에서도 점차 중요한 부분이 되어가고 있음을 알 수가 있다.

그런데 독일의 경우 이 문화 부문의 지출 내역을 항목별로 살펴보면 정작 축제(페스티발)에 대한 지원은 상대적으로 적음을 알 수가 있다. 전체 공공예산 중 문화부문 지출이 0.81%를 차지했던 1989년의 경우 각 부문별 지출 내역을 살펴보면 다음과 같다.

문화부문 국가 지출 내역 구성비: 문화재단 32.0%, 박물관 16.8%, 도서관 14.9%, 문서보관소 10.2%, 페스티발 0.5%, 기념물 보호 8.4%, 문화활동 6.6%, 국제 업무 0.9%, 예술가 지원 0.9%, 교회 1.1%, 음악 2.3%, 영화 2.5%, 언어와 문학 0.4%, 시각예술과 전시 0.1%

또한 같은 기간 중 이 예산을 출처별로 살펴보면 연방정부 2%, 주정부 42%, 시, 군 Gemeinde 56%로 문화부문 예산은 작은 행정 단위로 갈

15) 이에 대한 자세한 내용은 http://www.kulturportal-deutschland.de/ 참조.

수록 높은 비중을 차지한다는 것을 알 수가 있다. 문화에 대한 자율권이 연방정부보다는 지방정부, 그리고 지방정부보다는 지방 자치단체에 있으며, 그 실행의 주체 또한 후자가 된다는 점을 알 수가 있다.

2) 문화정책의 조직체계

(1) 연방정부의 문화정책 담당기구

독일의 경우 문화정책이 지방분권화되어 있을 뿐만이 아니라 연방정부 내에서도 그 역할에 따라 다변화되어 있다. 1998년 슈뢰더 정권의 출범 이전까지 주로 국내의 문화정책은 내무부가, 그리고 대외적인 문화정책은 외무부가 관장해 왔다. 국내의 문화문제를 관장하는 연방 내무부의 문화국은, 역사유물에 대한 사업 담당, 문화사업에 관한 정책수립 및 조정, 역사유물 전시관 업무 담당, 미술, 프로이센 문화재단에 대한 지원 감독, 기타 박물관 관리, 음악 및 국제문화교류재단에 대한 지원 감독, 연극 영화 담당, EU 및 타국과의 문화교류사업 관장, 문화추진 사업, 문학, 문화예술, 독일통일에 따른 문화통합과 문화촉진 사업, 종교에 관한 업무 등은 다룬다. 또한 독일문화 홍보와 국제적 문화교류를 목적으로 하는 대외적인 문화정책을 담당해 온 외교부는 그 산하기관으로 '독일 문화원 Goethe-Institut', '독일 학술교류처 Deutschr Akademischer Austauschdienst', '칼 두이스베르크 협회 Carl Duisberg Gesellschaft e.V./CDG', '대외관계 연구소 Institut für Auslandsbeziehungen'를 중심으로 각기 역할 분담을 하고 있으며, 특수한 목적으로 설립된 공영방송들[16]을 지원해 왔다. 하지만 '문화 및 매체 담당 연방정부 위원회'의 출범 이후 이 중 많은 업무들이 이 기관으로 이관되고 있다. 이와 더불어 1998년 이후 새롭게 신설된 문화정책 담당 기구들로는 다음과 같은 것들이 있다.

---

16) 독일의 해외 홍보 방송인 '도이췌 벨레Deutsche Welle'와 독일어권 3개국의 공영방송인 '3sat', 그리고 독일과 프랑스가 공동으로 운영하고 7개국어로 방영되는 'arte'가 이에 속한다.

① 문화 및 매체 담당 연방정부 위원회Beauftragte der Bundesregierung für Kultur und Medien

위에서 언급된 바와 같이 이 기구는 개별 지방정부의 문화정책을 '조율'해 왔던 '상설 문화장관회의'가 담당해 왔던 과제를 넘어서는, 그 이상의 문화적 통합이란 과제를 실현하기 위한 기구라고 할 수 있을 것이다. 그러기에 앞으로 이 기구의 위상과 역할이 어떤 속도로 확대 또는 축소되어갈 것인가 하는 점은, 지방분권의 원칙과 '독일의 문화적 정체성'을 추구하고자 하는 노력 사이에서 갈등하는 독일의 문화정책의 현주소를 가늠케 해주는 역할을 하게 될 것이다.

② 연방의회 문화 및 매체 담당 소위원회Ausschuss für Kultur und Medien im Bundestag

이 기구는 상기 위원회와 더불어, 연방의회에 구성된 소위원회로 연방정부 위원회를 정책적으로 뒷받침하는 한편, 그 활동에 대해 의회 차원에서의 통제 업무를 담당한다.

③ 연방문화재단 Kulturstiftung des Bundes

연방정부에서는 국가적 차원에서의 문화정책을 다루는 기구로 1982년 설립된 "독일 문화협의회Deutscher Kulturrat" 같은 기구들이 있다. 이와 더불어 독일 연방정부는 여기서 내려지는 정책을 재정적으로 뒷받침하기 위한 별도의 기구로 2001년 12월 각 주정부들과의 협의하에 '연방문화재단Bundeskulturstiftung'을 설립했다. 그 목적은 '국제적인 차원에서 창의적인 프로그램과 프로젝트들을 후원'하고, 특히 현대예술과, 새롭게 수도가 된 베를린의 문화적 발전, 그리고 과거 역사를 기리고 반성하는 문화적 분위기를 촉진시키는 것에 있다. 이에 대한 예산으로는 2002년에 1,280만 EUR, 2003년에는 2560만 EUR가 책정되었고, 2004년에는 3840만 EUR가 책정되었다. 그러나 다른 한편 이 '연방문화재단'이 출범할 당시 연방정부는 이미 1987년에 설립된 각 주의 문화재단들을 이 기구와 통합시키려 했으나, 각 주 정부의 반대에 부딪혀 실패하고 말았다. 특히 문화 부문에서 지방분권주의의 영향이 여전히 존속되고 있음을 보여주는 사례라고 할 수 있을 것이다.

(2) 주정부 차원의 문화정책 체계

앞서 설명된 바와 같이 주정부는 문화정책의 실질적인 주체이다. 기본법(헌법) 제30조에 따르면, "국가적 권한의 행사와 국가적 과제들이 실현은, 이 기본법에 다른 법 조항이 명시되거나 허용하지 않은 한, 각 주들의 소관이다"라고 되어 있다. 특히 문화와 교육문제에 있어서 주정부의 "문화정책 결정권Kulturhoheit" 또는 "문화정책 결정의 우선권vorrangige Kulturkompetenz"이 헌법으로 보장되어 있는 것이다. 이의 실행은 각 주의 특성에 따라 조금씩 다르기는 하지만 일반적인 문화정책의 지원 체계에서 크게 벗어나지는 않는다. 주정부 산하의 각 지방자치단체, 즉 각 도시와 지역Landkreis이 독자적인 문화정책을 실행할 수 있는 법적인 권한 또한 기본법 28조 2항과 각 주정부의 조례에 규정되어 있다. 아울러 각 주들의 서로 다른 문화 및 교육정책을 조율을 목적으로 하는 '상설 문화장관 회의ständige Minister-Konferenz' 같은 기구들이 있다.

5. 축제에 대한 지원 정책

위에서 살펴보았듯이 독일의 경우 축제에 대한 공공 부문의 지원은 그 비중이 낮은 반면, 조망이 어려울 정도로 다양한 형태를 취하고 있다. 예를 들어 바그너의 오페라를 중심으로 매년 여름에 개최되는 '바이로이트 페스티발Bayreuth Festival'의 경우, 이에 대한 예산은 연방정부가 1/3, 바이에른 주정부가 1/3, 그리고 나머지 1/3의 재정은 바이로이트 시청과 오버프랑켄 군청, 그리고 후원회가 각기 4/9, 2/9, 3/9를 책임지고 있다. 그런데 바이로이트 페스티발의 경우는 그 명성이 높은 만큼 재정적인 자립도 또한 높은 편으로, 페스티발 수입과 후원회의 기부금이 전체 예산의 60% 이상을 차지하고 있으며, 따라서 공공자금의 지원은 매년 40% 이하의 수준에 머물고 있다. 하지만 이 페스티발의 경우 역시도 공공자금 지원을 둘러싼 갈등이 노정되고 있는데, 2005년 2월 연방정부의 '문화 담당 차관Kulturstaatsministerin' 바이스Christina Weiss는 "연방정부가 이 페스티발에 적지 않은 재정적 지원을 함에도 불구하고, 이에 대한 의사결정에서는 배제되고 있다"는 불만을 공개적으로 표명하기도 했다. 이에 대해 페스티발 위원회측은 산하의 각 기구에 연방정부측이 선정한 인사들이 활동하고 있기 때문에 연방정부의 의견이 충분히 반영되고 있다고 반박하기도 했다. 바로 이런 점이 연방정부의 문화정책과 전통적인 지방분권적인 문화정책 사이에서 벌어지는 갈등을 보여주고 있는 예라고 할 수 있을 것이다.

또한 1955년 이후 매 4-5년마다 열리는 카셀Kaessel의 현대미술전 '도쿠멘타Dokumenta'의 경우, 지난 2003년 제11회전의 경우 전체 예산 1,280만 유로 중 약 45%에 해당하는 580만 유로는 카셀 시와 헤센 주 그리고 연방정부가 나누어 부담하고 나머지는 입장료와 후원금에 의존했다. 반면에 슐레스비히-홀슈타인 음악페스티발의 경우는 해당주가 매년 전체 예산의 22-23%를 후원하는데 그치고 있다. 아울러 연방정부의 지원이라 하더라도 단일한 창구를 통해 예산이 지원되는 것이 아니라 각 해당부서의 판단에 따라 개별적으로 지원이 되고 있다.

이렇게 다변화된 지원 구조는 곧 독일의 문화정책이 어떤 한 기구의 정책적 결정에 의해 수행되는 것이 아니라 이에 참여하는 개별적인 기구들의 자율적인 결정에 맡겨져 있음을 뜻한다. 그러기에 한편으로는 '일관된' 정책수행에 어려움을 겪지만, 반면에 그만큼 각 지방이나 문화활동의 개별 주체들에 따른 다양하고 다변화된 문화활동을 가능케 해주고 있다.

6. 맺음말

위에서 살펴보았듯이 독일의 문화정책과 축제에 대한 지원정책은 문화적 분권주의와 다원주의에 입각한 '열린 동질성'을 지향하고 있다. 그렇다면 독일의 현 정부와 사회는 – 때로는 서로 모순될 수도 있는 – 이러한 과제를 어떻게 실현해 가고 있는가? 그 해답을 우리는 '러브 퍼레이드'와 같은 새로운 유형의 축제에서 나타나는 '혼종적 동질성'에서 찾아 볼 수 있을 것이다. 매년 백만 명에 이르는 젊은이들이 함께 모여 강렬한 테크노 음악에 맞춰 춤을 추는 이 기이한 현상에 대해 독일 사회에서는 지난 수년간 논쟁이 연이어져 왔다. 이 새로운 유형의 축제는 한때 독일 사회와 정부, 그리고 베를린 시 당국으로부터 독일 사회의 개방성을 대외적으로 과시할 수 있는 축제로 인식이 되기도 했지만, 다시 또 최근 몇 년간은 이 축제의 의의에 대한 회의가 일면서, 이에 대한 공공자금의 지원이 끊겨 그 존립 자체가 어려움을 겪고 있다. 이는 곧 독일의 문화정책이 지향하고자 하는 '새로운 다원적 가치'에 대한 독일 사회의 사회적 합의가 얼마나 어려운 것인가를 시사해주는 예라고 할 수 있을 것이다.

따라서 독일의 이러한 문화 정책적 이념과 이에 대한 새로운 모색은 끊임없는 토론과 이에 따르는 갈등을 수반하고 있다. 그런데 독일의 경우 이처럼 어느 면에서는 비효율적일 수도 있는 지방분권과 자율, 그리고 민간 주도의 원칙이 견지되고 있는 이유는 바로 그런 토론과 갈등의 과정이 문화의 다양성을 보장하는 데 있어서 빼놓을 수 없는 과정이라는 인식이 사회적으로 확고하게 자리를 잡고 있기 때문이다. 바로 이런 역사적 경험과, 이를 통해 이루어진 원칙을 토대로 오늘날 독일의 문화정책이 당면한 과제인 동서 지역 문화 갈등의 해소, 연방정부의 권한과 역할 확대에 대한 지방정부와의 합의, 유럽연합의 문화정책과 조율 및 협력, 그리고 문화적 다양성의 확대를 위한 '문화간의 대화'와 같은 과제들을 풀어가는 주요한 원동력이 될 것이다.

참고문헌

임종대 외, 『시인과 사상가의 나라. 독일이야기』 1. 독일어권 유럽의 역사와 문화, 2. 통일독일의 사회와 현실, 기획출판 거름 2000.

롭 번스 외(손호은 역), 『현대 독일 문화사』, 백의 2002.

하겐 슐체 (반성완 역), 『새로 쓴 독일역사』, 지와 사랑 2001.

Herman Glaser, *Deutsche Kultur*. Ein hitrorischer Überblick von 1945 bis zur Gegenwart, Bonn 1997.

Otto Flake, *Die giestige Hauptstadt*, Badener Tagblatt, 20.4.1946., zit. nach Hermann Glaser, *Deutsche Kultur*. Ein historisher Überblick von 1945 bis zur Gegenwart, Bonn 1997.

Gabriele Muschter / Jürgen Rostock, *Kultur im deutschen Einigungsprozeß*, in: Eckhard Jesse / Armin Mitter (Hrsg.), Die Gestaltung der Deutschen Einheit, Bonn 1992.

http://www.kulturportal-deutschland.de/

한국의 지역 축제 지원 정책 현황

이 현 식

1. 머리말

이 글은 우리나라가 지역 축제 발전을 위해 어떤 정책적 지원을 하고 있는가에 대한 현황을 살펴볼 목적으로 작성되었다. 지역 축제는 1992년 지방자치제 도입 이후, 특히 1995년 지방자치단체장의 주민에 의한 직접 선거 이후 우리나라 지역 문화 활성화와 관련하여 매우 중요한 정책 대상이 되었다. 과거에 산발적으로 존재하였던 지역 축제가 지방자치제도 실시 이후 급증하고 있다는 사실, 게다가 지역 축제가 대부분 지방자치단체와의 직·간접적 연관하에서 개최되고 운영되고 있다는 사실, 또 지방의 문화예술 관련 예산 중 상당 부분이 축제에 투여되고 있다는 사실을 고려할 때 그렇다는 말이다. 한 연구 결과에 따르면 1978년 말까지만 해도 315건에 불과하던 지역 축제가 1990년대 들어서 707개가 새롭게 개최되었으며 이런 현상은 그 이후에도 지속되어 2000년 이후 155개의 축제가 더 늘어나 2000년 현재 통계 분석이 가능한 지역 축제만 1,197개에 달하고 있는 상황이다(장병권, 2002).

숫자가 모든 것을 말해 주는 것은 아니지만 이렇게 지역 축제가 양산되는 현실과 현상은 분명 그 의미를 탐색할 만한 함의를 지닌 것이라고 할 것이다. 왜 이토록 많은 축제들이, 그것도 10년도 안 되는 짧은 기간에 폭증하게 되었는가는 여러 학문 분야에서 검토하고 분석할 만한 가치를 지닌다. 여기에는 단순치 않은 여러 사회, 경제, 정치, 문화적인 요인들이 복잡하게 얽혀 있을 것으로 판단된다.

현상적으로는 지방자치제가 전면적으로 실시되면서 지방화가 세계화 못지않은 사회적 트랜드로 자리잡은 점도 무시하지 못할 것이다. 일정한 범위 안에서이기는 하지만 지방자치제도의 실시는 해당 자치단체장에게 독립적인 예산 편성권과 인사권, 사업 시행권을 넘겨 주는 역할을 하였고 지방자치단체는 저마다 자기 고장만의 독자적인 발전과 특성화된 정책을 고민하게 되면서 지역 축제를 고안, 육성, 지원하는 것을 주요 정책 가운데 하나로 선택하게 되었을 것이다. 여기에 몇몇 성공한 축제들이 지역 발전을 이끈 모범적인 사례로 알려지면서 그런 현상을 더욱 재촉한 것으로 보인다. 게다가 4년마다 주민들의 평가를 받아 재임 여부가 결정되는 지방자치단체장으로서는 짧은 기간에 눈에 보이는 성과를 거둘 수 있는 사업으로 지역 축제가 매력적인 영역으로 다가왔을 것이다. 지역 축제는 성공하기만 한다면 관광객의 유인을 통한 지역 상권의 활성화는 물론이고 대내외적으로 축제를 통해 그 지역을 효과적으로 홍보할 수 있으며, 주민들에게는 지역 소속감을 고취하고 아울러 문화 향수 기회를 폭넓게 제공한다는 긍정적 측면들이 정책 결정 과정에 작용하였을 것이다.

그런데 여기에는 지방자치제도가 아직 일천한 상태에서 지역 문화를 활성화시키기 위한 다양한 정책 수단들이 충분하게 개발되지 못한 탓도 있다고 봐야 한다. 지역 문화를 활성화시키기 위한 방안이 꼭 지역 축제여야만 하는 이유는 없을 텐데도 지방자치단체들이 축제 콤플렉스에 걸린 것마냥 경쟁적으로 지역 축제를 기획하고 나선 것에는 다양한 정책

수단과 대안을 충실하게 검토하지 못한 채 성과를 올리고자 하는 조급함도 개입되었을 것이다.

한편, 국민 소득이 점차 증가하고 마이카 시대가 도래하면서 많은 사람들이 여가 생활에 대한 가치를 중요하게 여기게 되고 주말을 이용해서 가족 단위로 타지역으로 편리하게 이동할 수 있는 라이프 스타일이 보편화된 현상도 지역 축제의 양적 증가와 무관하지 않다. 지방자치단체들은 단체들대로 저마다 이런 외지인들을 끌어들일 방안을 마련하는 데에 관심을 기울이고 개인들은 개인들대로 주말에 여가를 가치있게 보낼 수 있는 프로그램을 요구하게 되면서 축제는 그 대안으로 자연스럽게 대두된 것이라고도 볼 수 있는 것이다.

물론 지방자치제도가 실시되면서 중앙정부 역시 지역문화를 활성화시키기 위한 방안의 일환으로 지역 축제의 지원과 육성을 적극 권장하기도 하였다. 2002년은 문화관광부가 지정한 '지역문화의 해'였는데 그때 주요한 사업 내용 중 하나가 지역 축제의 활성화를 위한 정책 대안 제시였다.

이 글은 이런 배경들을 고려하면서 우리나라의 지역 축제 지원 정책들이 어떤 것이 있으며 어떤 문제점을 안고 있는지, 그리고 지역 축제가 지역 문화를 활성화시키고 나아가 지역 전체를 활성화시킬 수 있는 방향으로 나아가기 위한 정책 대안은 어떻게 모색될 수 있는 것인지를 고민하는 과정의 일환으로 쓰여졌다. 이런 연구를 통해 지역 축제를 지원하는 정책이 보다 더 체계화되어서 지역 문화 활성화를 위한 계기가 되기를 기대한다.

이 연구는 연구 방법론의 측면에서 인문학적 접근 방법을 택하였다. 따라서 기초 통계 연구나 사례 조사와는 다소 거리가 있으며 정책이 갖고 있는 사회적 의미 분석에 치중하였다. 따라서 서술 자체도 다소 포괄적이 되는 것은 어쩔 수 없었다. 아울러 축제 지원 정책에 대한 현황 연구로서 지역 축제 자체에 대한 충분한 사례 연구가 이루어지지 못하였으며 이는 후속 연구를 통해 보완해 갈 예정이다.

이는 지역 축제와 관련된 정책 전반에 대한 연구가 많지 않은 현실과도 관련된다. 지역 축제 평가에 대한 연구들은 더러 진행된 것으로 아는데, 축제 지원 정책이라는 넓은 차원의 연구는 거의 없는 것으로 보인다. 세부 항목에 대한 연구는 이루어지고 있으나 그 세부 항목을 포괄한다고도 볼 수 있는 지원 정책 일반에 대한 연구는 부족한 것이다. 물론 연구자의 정보력이 갖는 한계 때문에 눈에 띄지 않았을 수도 있을 터이나 부분적으로만 거론되고 있는 상태로 생각된다. 그럼에도 불구하고 장병권의 「지방자치제와 지역 축제정책의 방향」(2000)은 지방자치제도 실시와 지역 축제를 연결하여 지방자치제도가 지역 축제 정책에 어떤 영향을 미쳤는가를 폭넓게 분석한 글이다. 총 1,197개의 지역 축제를 통계 처리를 통해 분석하여 의미있는 변화들을 분석하였다. 또한 문화관광부의 의뢰로 한양대학교 관광연구소에서 수행한 『문화관광축제 평가모형 개발』(2003)은 중앙정부의 축제 정책을 정리하고 있다. 이 외에도 다양한 축제 및 문화 정책 관련 연구들은 이 글의 작성에 많은 도움을 주었다. 그러나 이런 연구들은 정책의 핵심이라고 할 수 있는 관련 법규의 문제들을 모두 간과하고 있어서 아쉬움을 남기고 있다.

본론에서는 우선 한국의 축제 지원 정책을 살펴보기 위해 한 사회에서 공공 정책이 갖는 의미와, 특히 우리나라에서 축제와 관련된 문화정책이 어떤 흐름을 거쳐 오늘에 이르렀는가를 간략히 정리하고자 하였다. 이것은 조금 거시적인 차원에서의 정책적 접근을 하려는 의도에서 그렇게 한 것이다. 그러나 문화정책의 역사를 정리, 분석하는 일은 매우 큰 연구 주제에 속하는 일이어서 그것이 연구의 주 대상이 되기는 힘든 일이고, 여기에서는 기존 연구들을 참고로 몇 가지 의미 있는 항목을 추출해서 언급하는 것으로 논점을 제한하였다. 그 이후 중앙정부와 지방정부의 정책들을 살펴볼 터인데 주로 법령과 제도를 중심으로 축제 지원 정책이 어떤 것이 있으며 어떤 문제점과 의의가 있는 것인지를 분석·검토해보도록 하겠다.

2. 한국에서 공공 정책의 의미와 문화정책의 흐름

공공정책(公共政策 policy)은 상식적으로 생각할 때 정부나 정당 혹은 단체가 공공이나 국가의 이익을 위하여 자신이 뜻하는 바를 달성하고자 하는 방향과 사업, 그리고 그 수단을 총칭해서 가리키는 말이다. 정책의 사전적 정의도 여기에서 크게 벗어나지는 않는다.[1] 정책을 이행하는 것이 행정부일 터이며 정책의 정당성과 사회적 합의는 법률에 의해 보장받는다고 할 수 있다. 법률은 입법부의 심의 및 동의 절차를 거침으로써 이런 정당성과 합의를 획득한다. 정책이 제도로 결정된 형태 중 하나가 법이라고 말할 수 있는 것이다.

한편, 정당의 경우는 정강을 통해 자신들이 지향하는 바의 정책적 내용을 담고 이를 기반으로 각종 정치 활동을 전개하여 국민들의 동의를 구하고 그것이 선거라는 절차에 의해 평가받는다. 물론 정강이 곧바로 정책이 되는 것은 아니나 정책의 방향을 제시하는 것은 사실이다. 그런 정강은 정당이 집권하거나 의회의 다수 의석을 점하여 구체적인 정책 내용으로 발전하여 입법 과정을 거치게 된다. 오늘날 정책은 그런 점에서 민주적인 토론의 대상이고 공공적인 성격을 갖는다.

이렇게 결정된 중앙과 지방 정부의 정책은 법령 및 제도에 의해 외화되며 그것은 정부 기구의 행정 조직과 재정 운영에 의해 실현되게 된다. 그 과정을 통해 현실 속의 여러 문제점들이 제기되고 개선되는 효과를 얻는다. 정책은 이처럼 제도 및 법률과 행정 조직, 재정 집행 등을 통해 현실에 개입하게 되는 것이다.

그러나 제도의 형성으로부터 실현 과정에 이르기까지 현실 속에서 그것은 복잡한 절차를 겪게 되며 조정과 수정이 뒤따르는 경우도 많다. 새로운 현실은 새로운 정책을 요구하고 언론과 NGO, 전문가들 역시 이에 개입하기도 한다. 그런 점에서 공공 정책의 내용을 보면 그 사회가 도달

1) 「민중 엣센스 국어사전」(2001)에서는 정책을 '정치 또는 정무를 시행하는 방침'으로 설명하고 있다.

한 합리성, 전통적 관습, 지향점, 문화, 가치관 등등을 알 수 있게 된다. 우리가 공공 정책에 관심을 갖고 학문적 대상으로 그것들을 검토하고 분석하며 대안을 제시하는 것도 그래서이다.

그러나 우리나라의 공공 정책을 이해하기 위해서는 한국 현대사의 특수성을 감안해야 한다. 즉, 한국의 현대 정치가 전개되어온 과정을 보면 정부 수립 이후 1980년대에 이르기까지 정치권력의 정당성이 심각하게 훼손되어 있었기 때문에 정책의 내용이 아무리 합리적이고 훌륭한 내용을 담고 있었다고 하더라도 그것이 사회적 합의와 동의를 얻지 못하는 조건이었다.

더구나 근대화 과정에서 겪었던 식민지의 경험은 이런 정치권력에 대한 불신을 더욱 강화시켰다고 볼 수 있다. 우리나라에서 근대국가의 출현은 매우 독특해서 국가 체제라고 볼 수 없는 식민지적 지배 방식을 경험하는 것으로부터 시작했다. 해방 이후 또한 전 세계적 냉전 체제의 등장과 그로 인한 분단 상황의 지속으로 말미암아 단일한 민족국가를 형성하지 못한 상태에서 비정상적인 국가체제가 상당기간 지속되었다. 이런 분단 상황의 지속은 오랜 기간동안 비민주적으로 정치권력을 연장하거나 정당하지 못한 방법으로 정치권력을 획득하는 상황 논리로 이용되었고 그런 정치 체제는 사회적 합의와 공론의 장을 형성하는 데 결정적인 약점으로 작용하였다.

특히 문화 정책의 영역에서 정치 권력은 온갖 미사여구를 동원하여 대중을 설득하고 권력을 아름답게 포장하려고 하였지만 애초부터 정당성을 갖지 못한 권력이 주장하는 정책과 그 방향은 저항과 조롱의 대상인 경우가 많았다. 문화정책의 사례는 아니지만 5공화국의 국정 지표가 '정의사회 구현'이었음을 상기해 보자. 탄생 그 자체가 정의롭지 못한 권력이 외치는 '정의사회'란 것은 일종의 넌센스였고 자가당착이었던 것이다.

그런 점에서 우리의 현대 정치사는 탄압과 저항이 반복될 수밖에 없었으며 정책이 정책으로서 현실적으로 의미있게 그리고 진지하게 토론되기 힘들었다. 정당하지 못한 권력은 자신의 정당성을 억지로 옹호하기 위해 그리고 그 권력을 연장하기 위해 편법을 동원하였고 그 중에 객관적으로 가치있는 정책 내용도 공공의 담론에서 충실하게 검토되지 못하였다. 정당하지 못한 권력이 제시하는 정책 내용은 그 근본으로부터 신뢰도가 결여되었기 때문이었다.

또한 이에 저항하는 세력 역시 권력 자체에 대한 투쟁이 일차적인 목적이었으므로 사회 각 부문별 정책 내용을 가지고 대안을 제시함으로써 생산적인 토론과 공론의 장을 형성하는 조건은 애초부터 불가능하였다. 당장 목전의 권력을 타도하고 그들과 싸우는 것이 시급한 일이었다. 내부에서 제시되는 대안은 다양했지만 그것은 우리 사회의 근본적인 변혁을 전제하고 토론될 내용이었으므로 현실적인 영역에서 구체적인 합의를 갖기는 어려웠다.

따라서 한국에서 문화 정책의 흐름을 검토하기 위해서는 이런 특성을 감안해야 할 것이다. 그냥 평면적으로 문화 정책이 어떻게 전개되어왔는가를 검토하는 것도 의미있는 일이겠지만 지역 문화와 관련된 정책 역시 이런 특수성을 전제한 자리에서 이해되고 검토되어야 할 것이다. 그렇게 보자면 우리가 중앙정부이건 지방정부이건 정책에 대해 토론할 수 있게 된 건 그렇게 오래된 일이 아니다. 요컨대 우리 사회에서 정책이 정책으로서 의미있게 논의되고 연구된 역사 자체가 짧을 수밖에 없었던 것이다.

그럼에도 불구하고 지역 축제와 관련하여 개략적인 큰 틀에서 정책에 대한 검토는 가능할 것이다. 지역 축제와 관련된 문화 정책은 전통 문화에 대한 정책, 지역 문화 활성화와 관련된 정책, 관광 활성화와 관련된 정책 등과 연관될 수 있다.

그렇게 본다면 식민지시대는 검토의 대상에서 제외된다. 일종의 전사(前史)로서 생각해 볼 수는 있을 것이지만 일제 당국의 제국주의적 식민지 경영은 이런 사고의 틀이 끼어들 여지가 없었다. 그들은 조선의 전통이란 것을 의도적으로 무시하고 없애려고 했으며 아무리 잘한다고 해보았자 국외자(局外者)의 시선으로 조선의 습속(習俗)을 조사하고 정리한 것에 그쳤다. 물론 그 이전 대한 제국 시기에도 근대문명이 거침없이 흘러들어오면서 개화론자들에 의해 전통적인 것은 반(反)근대적인 것, 반문명적인 것, 비합리적인 것, 이른바 구투(舊套)라는 의식이 강했던 것도 사실이다. 그것은 보존하기보다는 빨리 없애야 할 구시대의 인습이었었다. 그러다 보니 이 시기는 축제와 관련해서 이렇다할 정책을 거론하기는 힘든 때였다.[2)]

어쨌거나 해방 이후 대한민국 수립 이후가 이 글의 본격적인 검토의 대상인데 우선 문화 정책의 큰 흐름을 간략히 제시하고 그 안에서 관련되는 문제들을 언급하는 방식으로 논의를 이끌어 가는 것이 효율적일 것 같다. 다음 표는 정부 수립 이후 문화 정책의 변천 과정을 비교적 일목요연하게 정리한 결과이다. 과도하게 단순화시킨 감은 없지 않으나 대강의 흐름은 드러난다고 생각되어 여기에 소개한다. 정책이 지향하는 이념과 목적을 압축적으로 드러내어 해당 시기에 우리나라 정부가 문화정책의 영역에서 과연 어느 곳에 비중을 두었는가가 잘 나타난다. 2000년에 연구된 결과여서 최근 참여 정부의 문화정책은 정리되지 못했다.[3)]

1, 2공화국 시기인 1948년부터 1960년까지는 해방 이후 정부 수립과 전쟁 등으로 인해 문화 분야에서 국가 정책을 거론하기 힘들 정도로 이렇다 할 성과나 특성을 찾아보기는 힘들다. 그런 점에서 관심의 대상은 박정희 정권 체제였던 3, 4공화국부터이다. 여기에서 주목해 볼 것은 민

---

2) 사실, 식민지시대 '전통'의 급속한 단절은 한국 사회의 근대화 과정과 관련하여 간단치 않은 문제를 안고 있어서 쉽게 판단할 문제는 아니다.

3) 참고로 참여정부는 '문화비전중장기 기본계획'을 수립중에 있다. 지금까지 확정된 것만 보자면 문화의 개념을 광의로 확산시키고 지역문화 활성화를 지역간 균형 개발이라는 관점에서 중요시여기고 있음을 알 수 있다. 따라서 참여정부의 문화정책에 대한 판단은 아직까지는 다소 유보적일 수밖에 없다. 지역문화와 관련하여 지역 균형 개발이라는 측면에서 새로운 정책이 나올 것인지를 주시해 보아야 할 것이다. 그 연장선상에서 (가칭)지역문화진흥법이라는 법령이 준비중인 것으로 알고 있으나 아직 입법예고된 상태도 아니며 따라서 법의 구체적 내용도 확인할 수는 없다. 다만 그런 법을 제정하려는 의지를 보이는 것 역시 과거와 달라진 점이라고 할 수 있겠다.

〈표-1〉 각 공화국별 문화정책의 특성과 문화행정조직 변천 과정

구분	생성기	발아기		도약기		성장기	
	1·2공화국	3공화국	4공화국	5공화국	6공화국	문민정부	현재
이념	·반공 ·체제유지	·주체성	·주체성 ·정체성	·평등 ·효용	·창의	·자율성 ·다양성	·형평성 ·경제성
목적	·국민계몽	·민족의식 함양	·민족문화 중흥	·국민정서충족 ·가치관계도	·예술발전	·한국문화국제화	·문화복지 국가실현
영역	·문화기반 시설마련	·문화유산 보존	·전통문화 보존	·문화향수 기회확대 ·규범전파	·창작지원	·문화의 산업화 ·문화의 정보화	·문화산업육성 ·문화관광육성
조직	·문교부 ·공보처	·문화 공보부	·문화 공보부	·문화공보부	·문화부	·문화체육부	·문화관광부

* 박광국·주효진, 2002, 「21C 문화행정조직 개편 방향 모색 – 변천 과정 분석을 중심으로」, 한국행정학회 2002년 동계학술대회 자료집에서 인용.

족 주체성에 대한 강조와 전통의 보존 또는 재창조라고 할 수 있는 영역이다. 박정희 정권 시절의 문화 정책의 근간은 '민족문화 창달'이라는 말로 요약될 수 있을 만큼 전통, 민족이 과도하게 강조된 감이 많다. 본격적으로 문화재가 정비되고 복원되었으며 이순신을 비롯하여 우리 역사의 여러 위인들이 재조명되고 성역화되기 시작하였다. "우리는 민족 중흥의 역사적 사명을 띠고 이 땅에 태어났다…"로 상징되는 국민교육헌장이 제정된 것도 이 때이다. 바로 그 연장선상에서 각종 문화 행사를 개최하기 시작하였다. 민속경연예술대회나 지방문화제가 개최되고 지원되기 시작하였다. 민속예술단이 해외에 파견되고 국제 문화행사에 이들이 참가하기도 하였다.

왜 박정희 정권이 '민족의 발견'이라고 불러도 과언이 아닐 정도로 그토록 민족을 강조했는가, 문화 정책의 근간에 민족문화가 강조되었는가를 간단히 설명하기는 어렵다. 여러 요인들이 거기에는 복합적으로, 그리고 중층적으로 작용하였을 것이다. 통치 이데올로기로서 민족주의의

등장은 간단치 않은 정치, 경제, 사회, 문화, 사상사적 검토를 요구한다. 재미있는 것은 저항 이데올로기로서 민족 문제 역시 이 시기에 중요한 위치를 점하고 있었다는 사실이다. 그것이 과연 민족주의였는가는 논란의 여지가 있지만 일제의 식민사관을 극복하면서 내재적 발전론을 발견하고 「사상계」, 「창작과비평」, 「문학과지성」 등 진보적 문예교양지를 중심으로 민족 주체의 역사와 민족운동을 재조명하는 학계의 움직임이 60년대부터 70년대에 이르기까지 지속적으로 이루어져 왔다. 어떻든 이런 사회적 분위기와 민족에 대한 감성적 호소는 당연히 우리 것에 대한 가치 부여로 이어졌고 전통적인 것이 곧 좋은 것이라는 통념을 형성하는 계기가 되었다. 보존하고 복원해야 될 대상으로서의 전통이 등장하게 된 것이다.

1980년대 5공화국 이후는 그동안 성장의 결실을 바탕으로 비교적 문화 분야에 대한 투자가 광범위하게 이루어진 시기라고 할 수 있다.[4] 여기에 '국풍 81'로 상징되는 이벤트 성격의 문화 행사도 가미되었고 핵심적인 문화기반시설이라고 할 수 있는 종합문예회관 등이 건립되기 시작하였다. 지방 예술제가 개최되는 등 지방의 문화행사에 지원이 이루어지기도 하였다. 이는 이 기간에 지방문화중흥 5개년 계획(1984-1988)이 마련되어 지방문화 활동 지원과 시설 확충을 위한 구체적인 방안이 제시된 영향이기도 하였다(최윤정, 2001). 어쨌거나 5공화국 이후부터 지역, 혹은 지방 문화 활성화가 국가의 문화 정책의 주요 근간이 되기 시작하였으며 이런 근간은 6공화국에도 그대로 이어진다. 문민정부 들어와서도 지역 문화는 강조되는데 특히 세계화의 강조와 더불어 지방화에 대한 강조도 함께 등장한다는 사실은 주목할 만하다. 이는 지방자치제의 실시와 더불어 더욱 현실적인 힘으로 등장한다. 문민정부 들어 발표된 '신한국 문화 창달 5개년 계획'에는 '지역 문화 활성화와 문화복지 균등화'가 주요 사업계획의 하나로 거론된다. 5공화국 이후부터 지역 문화,

4) 5공화국 기간 동안 문화 부문의 예산은 그 이전에 비해 상대적으로 많이 증가하게 된다. 정부 세출 예산 중 0.2%를 넘지 못하던 것이 0.3%를 상회하게 된다.

지방 문화에 대한 강조는 주로 지역 문화 시설에 대한 공급, 지역 문화재 정비, 지역 문화 행사 등에 대한 지원으로 나타났으나 정책의 주류는 문화기반시설의 건립과 지방 문화재 정비일 것이다. 즉, 지역 문화 활성화는 아직 지역 축제에 대한 지원과 연결될 만큼 구체화되지는 못한 상태였다.

1993년 문민정부의 등장과 지방자치제의 실시가 지역 축제 확산의 결정적 계기였고, 지역 축제가 본격적인 정책의 대상이 되는 것은 국민의 정부 들어와서부터라고 말할 수 있을 것이다. 국민의 정부에 들어와 특기할 만한 것은 문화를 관광사업과 연계시키는 전략이라고 할 터인데, 문화체육부가 문화관광부로 개편되면서 이런 정책은 더욱 뚜렷해졌다고 할 수 있다. 대통령이 직접 관광 홍보물에 나와 한국 방문을 설득할 만큼 국민의 정부는 관광산업을 국가 경제를 이끌어갈 신산업의 하나로 인식하기 시작하였고 축제가 문화 관광산업과 연계되기 시작했다. 문화관광축제에 대한 지원도 국민의 정부 들어 눈에 띄게 늘어났다. 따라서 축제에 대한 보다 구체적인 정책이 등장하기 시작하는 것은 국민의 정부 들어서라고 말해도 과언이 아닐 것이다.

그런데 여기에서 우리가 간과해서는 안 되는 것이 축제에 대한 지원이 바로 관광산업과의 연관 속에서 이루어지고 있다는 점이다. 지역문화 활성화 차원에서 축제에 대한 정책이 주류를 이루기보다는 관광산업의 일환으로 지역 축제에 대한 지원과 정책이 입안되고 있음은 정부 정책의 지향과 관련하여 시사해주는 바가 많다.

지금까지 논의된 것을 토대로 해서 정부의 축제 지원 정책을 문화 정책과 관련하여 도식화시켜 제시하면 다음 표와 같다.

〈표-2〉 각 공화국별 문화정책과 축제 지원 정책

구분	생성기	발아기	도약기	성장기		
	1·2공화국	3·4공화국	5·6공화국	문민정부	국민의 정부	참여 정부
문화정책	국민 계몽	민족 문화 강조	문화에 대한 중요성 인식	문화복지 개념 도입	문화산업 중시 민간참여 활성화	문화개념 확장 등 진행 중
지역문화정책	특이 사항 없음	전통 문화 보존	지방문화 중흥 5개년계획 수립	지역문화 활성화 정책 수립	지역문화의 해 선포	지역균형개발 등 진행 중
축제정책	특이 사항 없음	민속경연대회 지방문화제 실시	지역문화행사 지원	문화관광축제 지원 시작	문화관광축제 지원 본격화	미정(未定)
비고			86아시안게임 88올림픽	지방자치제 실시	2002 월드컵	

3. 정부의 지역 축제 지원 정책

1) 중앙정부의 지역 축제 지원 정책

중앙정부의 정책은 지방자치제도가 실시되고 있다고 하더라도 그 중요성이 떨어지지 않는다. 여전히 중앙정부는 지방에 많은 교부금을 내려보내고 있으며 중앙정부의 정책에 지방정부의 정책이 영향을 받고 있기 때문이다. 그런 점에서 중앙정부가 지역 축제 지원정책을 어떻게 펼치느냐는 매우 중요한 관심사가 아닐 수 없다.

현재 중앙정부 차원에서 지역 축제에 대한 지원정책은 크게 관광개발과에서 주관하고 있는 '문화관광축제'와 전통지역문화과에서 주관하는 '특성화사업(지역민속축제)'으로 나누어진다. 문화관광부의 입장에서 보면 '문화관광축제'는 외래관광객 유치 확대 및 지역 경제 활성화를 위하여 지역 축제 중 관광상품성이 큰 축제를 선정하여 지원·육성하고 있는 사업이고 '특성화사업(지역민속축제)'은 지역적으로 특색있는 향토민속축제를 집중 육성하기 위한 것으로, 기획력이 우수하고 지역 고유의 민속을 반영하거나 민속적으로 보존 가치가 높은 축제를 후원하는 사업이다. 지역 축제에 대한 정책이 관광의 측면과 전통 민속 보존으로 나누어 집행되고 있음을 알 수 있다. 앞에서 우리가 살펴본대로 우리나라 문화 정책의 큰 흐름 속에서 축제에 대한 지원 정책도 자리를 차지하고 있는 것으로 보인다. 전통의 보존과 관광 육성이 그것이다.

그렇지만 정책적 관심은 문화관광축제 육성에 더 기울어져 있다. 정책의 중요도가 예산 규모를 통해 단적으로 드러난다는 가정 아래에서 본다면 문화관광축제 육성에 책정된 2004년 예산은 약 20억 원인데 비해 지역민속예술제에 대한 지원은 5억 원에 그치고 있으므로 그렇게 생각해 볼 수 있다. 또한 문화관광축제 육성 지원은 '95년 2개 축제를 시작으로 하여, '96년 8개, '97년 10개, '98년 18개, '99년 21개 축제를 선정하는 데 이르렀으며, 2000년 25개, 2001년 30개, 2002년 29개, 2003년 30개를 지원하는 등 지속적으로 증가 추세에 있다. 이에 반해 2002년부터 시행하고 있는 '특성화사업(지역민속축제)'은 2002년에는 18개, 2003년에는 16개 축제를 선정 · 지원하고 있어서 비교가 된다.

이 점은 중앙정부가 문화관광축제를 지원, 육성하면서 내놓은 정책 목표를 보더라도 짐작할 수 있다. 문화관광부는 문화관광축제를 선정하고 지원하는 이유에 대해 "성장 가능성이 있는 축제에 대해서 관광 상품으로 특화"시키고, "지역경제 활성화를 위한 생산성 있는 축제로 육성"하고 "축제와 문화콘텐츠를 연계하여 내실 있고 경쟁력 있는 축제로 육성"하기 위해서라고 밝히고 있다.[5] 그리고 민족 예술제에 대한 지원 역시 '관광자원화'라는 목적을 내세우고 있다. 결국 지역 축제 지원에 대한 목적이 관광, 지역경제 활성화 등으로 집약되어 있는 것이다.

중앙정부의 이런 정책 목표는 당연히 정책의 구체적 내용에도 일관되게 적용된다. 이를 2004년의 정책 내용을 사례로 구체적으로 살펴보도록 한다. 문화관광축제의 선정 과정은 우선 시 · 도에서 자체 심사를 거쳐 우선 순위에 따라 3개 축제를 문광부로 추천하면 문화관광부에서는 관광

5) 문화관광부 홈페이지(http://www.mct.go.kr) 관광국 정보 공개 자료방 참조.

분야 전문가로 구성된 "문화관광축제 선정 위원회"를 별도로 구성하여 외래관광객 유치 가능성 및 상품성, 주최 기관의 축제 육성 의지, 숙박·교통·편의시설 등을 감안하여 심사를 거쳐 선정하게 된다. 선정할 때 추진 성과가 저조하고 관광상품화 가능성이 미흡한 축제는 탈락되며 축제 참관 평가자들의 평가가 극히 부정적이거나 문제의 소지가 있는 축제, 광역자치단체의 관광축제 육성 의지가 미진한 축제(예산지원 미진), 관광객 유치 실적이 저조한 축제 또한 탈락된다. 아울러 개최 시기와 소재의 차별성을 고려하여 기존 문화관광축제와 소재, 개최 지역, 개최 시기가 비슷한 축제는 신규 지정을 최대한 억제하며 관광비수기(1월~3월)에 추진하는 축제를 우선적으로 발굴한다. 또한 외래관광객 유치를 위한 여행업계와 마케팅 노력을 선정 과정에 고려하되 문화관광축제의 범주를 벗어난 국제행사, 이미 정착되어 국가의 지원 없이도 개최 가능한 축제, 광역자치단체의 지원이 극히 미진한 축제, 업무 협조가 원만하지 않고 축제 추진에 소원한 자치단체의 축제는 선정 대상에서 제외한다. 정책적으로 관광을 목적으로 하고 있음이 이로써 더욱 분명하게 나타난다. 이는 중앙정부가 문화관광축제로 선정하기 위한 기준을 제시한 다음 표에서도 다시 한번 입증된다.

〈표 3〉 2004년 상반기 문화관광축제 선정 기준

선정 기준	세부 내용
1. 국내외 관광객 유치 가능성 (관광상품화 가능성)	· 구체화된 홍보·마케팅 전략 및 상품화 계획 – 상품화를 목적하지 않은 단순 홍보는 지양
2. 축제 기획의 전문성 확보 (축제의 콘텐츠)	· 지역의 특성과 문화자원을 활용한 프로그램 마련 · 축제 주제와 연관된 프로그램 마련 – 주제와 무관한 프로그램 지양 · 축제 방문객을 위한 지역의 특이한 참여·체험 프로그램 · 타 지역 축제와 차별화된 프로그램 – 그 지역만의 전통/민속적 내용이 담긴 프로그램 · 체류관광을 위한 야간 프로그램 개발

	· 축제의 콘텐츠에 있어 만족도 제고를 위한 개선 의지 - 전문가 집단에 의한 축제 컨설팅 계획 · 축제만을 위한 독립적이고 전문적인 축제 조직체 구성 - 비전문적인 축제 조직위원회 지양
3. 주최기관의 축제 육성 의지	· 광역자치단체의 예산 지원 - 광역자치단체의 충분한 예산 지원이 확보된 축제를 우선적으로 선정 · 문화관광축제 추천을 위한 광역자치단체 차원의 객관적이고 공정한 자체 심사
4. 문화관광축제 기반 시설	· 행사장내 고정된 축제 시설물 - 공연장, 화장실, 전시장 등 · 방문객을 위한 편의시설(주차장, 휴식 공간 등) · 고정된 축제 시설물 확보 축제 우선 선정 · 기반 시설에 관한 장기계획 수립 축제 우선 선정
5. 축제의 부가가치 창출 효과	· 지역경제 활성화 (고유의 먹거리, 지역의 전통적 물품 · 특산품, 캐릭터 상품 등) · 수익성 및 시장성 - 수익성 : 관광수입 기여도, 지속판매 가능성 - 시장성 : 주시장 확보 여부, 시장 크기
6. 2003년 축제 개최 실적	· 축제의 성공적 개최 정도 - 축제 개최 결과 및 축제 참관 평가
7. 기타	· 재정자립도가 낮은 자치단체 관광활성화 · 먹거리 장터, 잡상인 통제 의지, 주민 참여도 등

* 문화관광부 자료

이렇게 해서 매년 문화관광부는 이같은 기준을 만들어 지역 축제를 문화관광축제로 선정하여 예산을 지원하여 왔다. 최근 4년간 지원 결과와 지원액수는 〈표-4〉와 같다.

이렇게 예산 지원이 동반되는 중앙정부의 정책은 지역 축제에 대해 미치는 영향력이 클 수밖에 없다. 평균 약 6천만 원이 개별 축제에 지원되는데 이같은 예산 지원은 지역 축제를 운영하는 주체로서는 매우 매력적인 요인이 되는 것이다. 게다가 문화관광축제로 선정되면 한국관광공사나 문화관광부를 통해 전국, 때로는 해외에 소개되는 특전을 누리기

〈표 4〉 문화관광 축제 선정 및 지원 현황

구 분	선정 축제			예산 지원		
	계	상반기	하반기	계	국비	한국방문의 해
2003년	30	13	17	1,830	1,830	0
2002년	29	11	18	1,650	1,650	0
2001년	30	12	18	1,850	1,650	200
2000년	25	12	13	1,650	1,650	0

* 문화관광부 자료, 단위 : 개/백만 원

도 하고 축제 개최의 정당성뿐만 아니라 축제의 인지도가 높아지므로 저마다 문화관광축제에 선정되기 위해 노력하게 되는 것이다. 국가가 공인한 축제로 격상되는 것이다. 그러다 보면 자연스럽게 중앙정부에서 요구하는 선정 기준에 축제의 콘셉과 내용을 맞추려 하게 되고 그것은 애초 지역문화 활성화와 동떨어진 이벤트성 행사로 뒤바뀌게 될 소지도 배제할 수 없게 된다.

그 사례로 강릉의 단오제를 예로 들 수 있다. 강릉 단오제는 중요무형문화재 13호로 지정된 우리나라의 대표적인 지방민속축제 가운데 하나이다. 일제시대에도 예외적으로 없어지지 않고 그 명맥을 유지해 왔을 정도로 영동지방을 대표하는 축제라고 할 수 있다. 2003년까지 행사는 대부분 이런 무형문화재의 공연이 주를 이루고 있다. 지정문화재 행사, 지역무형문화재 공개 행사, 중요무형문화재 초청 공연, 단오 민속 체험 행사, 국내외 민속단 공연(실제 국내 민속단만 공연) 등으로 이루어져 있다. 그러던 것이 2004년에는 행사의 구성이 대폭적으로 개편되었다. 이름도 강릉단오제에서 '2004 강릉국제관광민속제'로 바뀌고 강릉시장이 위원장이 되는 총 68명 규모의 추진위원회(이 중 19명이 공무원과 자치단체 소속 의원이다)를 만들었다. 사무국은 전원 행정 공무원이 일을 하고 있으며 외형적으로는 상당한 규모로 커졌으며 해외 공연단 8개국, 각종 체험 행사 등으로 관광객을 유치하기 위해 총력을 기울인 흔적이 역력하다.[6] 국가 예산을 지원받으며 이렇게 바뀐 것인데, 그 결과를 속단하기는 이르지만 과거 전통의 모습이 '관광민속제'라는 말에 덮이고 있는 모습을 확인하기는 어렵지 않다.

물론 축제에 경쟁력을 도입하고자 하는 정부 정책의 의도가 이해되지 않는 것은 아니다. 또한 정책 초기에는 그냥 지원만 하다가 문제가 발생하게 되자 1999년부터 문화관광축제로 선정된 축제에 대해 평가 제도를 도입하여 시행하고 있다. 평가 제도가 도입되면서 축제의 탈락률이 급격히 줄어들었다고 한다(문화관광부, 2003). 또한 평가 결과를 다음해 지원에 반영하는 인센티브 제도를 도입한 것도 효과를 거두었을 것이다.

그런데 문제는 축제에 대한 이렇다 할 지원 정책이 이것 말고는 없다는 데에 있다. 정책의 다양성이 없으므로 중앙정부의 정책이 전국의 지역 축제를 한 방향으로 이끌어 갈 가능성이 많은 것이다.

세부적으로 들어가자면 중앙정부에서 실시하는 평가 방식도 문제가 있다. 문화관광부는 축제 평가를 크게 세 부분으로 나누어 진행하고 있는데, 축제 방문객 설문조사와 문화관광부 직원과 전문가로 구성된 평가위원들의 참관 평가, 외래객 유치 실적이 그것이다. 방문객 설문조사는 관광객비율(전체 방문객 중 외지인과 외국인)과 방문객 만족도(18개 부문), 소비 지출(교통, 숙박, 식음료, 유흥, 쇼핑, 기타 부문), 방문 동기 및 숙박 관계 등의 공통 평가 항목을 의무적으로 조사하고 있다. 평가 점수 산정 방법은 총 100점 만점을 기준으로 공통 평가 항목이 70점, 외래객 유치 실적이 20점, 참관 평가가 10점으로 되어 있으며 전년 대비 외래객 유치 실적에 따라 가산점을 받을 수 있다. 여기에서 결정적인 문제는 공통 평가 항목에 대한 평가가 해당 축제 추진 기관이 위촉한 평가 기관에 의해서 수행된다는 데에 있다. 피평가자가 평가자를 선정해서 평가를 의뢰하는 형식인 것이다. 그렇게 되면 객관적인 조사가 과연 가능할지 의문이다(이현식 · 진대현, 2004).

그런데 결정적인 문제점은 지역 축제에 대한 이같은 지원 정책이 아

6) 2004 강릉국제관광민속제 홈페이지(http://www.folklorefestival.or.kr) 참조.

직까지 특별한 법적, 제도적 기준이 정비되지 못한 상태에서 이루어지고 있다는 점이다. 정책의 목표와 지향점, 그리고 구체적 내용은 있을 수 있지만 그것을 뒷받침할 만한 법적 근거는 다소 애매하다. 현재 문화관광부가 지역 축제에 대해 예산을 지원하는 법적 근거는 '관광진흥법' 46조 4항과 71조 1항, 그리고 보조금의 예산 및 관리에 관한 법률'이다.

〈관광진흥법〉

제46조 (관광홍보 및 관광자원 개발)

④ 문화관광부장관 및 지방자치단체의장은 관광객의 유치, 관광복지의 증진 및 관광진흥을 위하여 대통령령이 정하는 바에 따라 다음 각호의 사업을 추진할 수 있다.

1. 문화, 체육, 레저 및 산업시설 등의 관광자원화 사업
2. 해양관광의 개발사업 및 자연생태의 관광자원화 사업
3. 관광상품의 개발에 관한 사업
4. 국민의 관광복지 증진에 관한 사업

제71조 (재정지원)

① 문화관광부장관은 관광에 관한 사업을 하는 지방자치단체·관광사업자 단체 또는 관광사업자에게 대통령령이 정하는 바에 의하여 보조금을 지급할 수 있다.

〈보조금의 예산 및 관리에 관한 법률〉

제4조 (보조사업을 수행하고자 하는 자의 예산계상 신청 등) ①보조사업을 수행하고자 하는 자는 매년 중앙 관서의 장에게 보조금의 예산계상을 신청하여야 한다.

② 제1항의 규정에 의한 신청을 함에 있어서는 보조사업의 목적과 내용, 보조사업에 소요되는 경비 기타 필요한 사항을 기재한 신청서 및 첨부서류를 제출하여야 한다.

제16조 (보조금의 교부 신청) 보조금의 교부를 받고자 하는 자는 대통령령이 정하는 바에 의하여 보조사업의 목적과 내용, 보조사업에 소요되

는 경비 기타 필요한 사항을 기재한 신청서에 중앙관서의 장이 정하는 서류를 첨부하여 중앙관서의 장이 지정한 기일내에 중앙관서의 장에게 제출하여야 한다.

제17조 (보조금의 교부 결정) 중앙관서의 장은 제16조의 규정에 의한 보조금의 교부 신청서가 제출된 경우에는 다음 각호의 사항을 조사하여 지체없이 보조금의 교부 여부를 결정하여야 한다.

1. 법령 및 예산의 목적에의 적합 여부
2. 보조사업 내용의 적정 여부
3. 금액 산정의 착오 유무
4. 자기 자금의 부담 능력 유무(자금의 일부를 보조사업자가 부담하는 경우에 한한다)[7]

물론 어떤 정책이 세부적인 규정을 꼭 갖고 있어야 할 필요는 없다. 때로는 오히려 그 규정 때문에 현실의 변화와 발전이 힘들어질 때도 있다. 그러나 나름의 법이나 제도적 규정이 있어야 정책이 안정적으로 시행될 수 있으며 그런 제도를 만들어 가는 과정에서 여러 문제점들이 토론되고 공론화되면서 걸러질 수 있는 것도 사실이다. 지금과 같은 지원 정책은 시간이 흐르면 사라질 수도 있는 것이다. 그런 정책을 더 이상 추진하지 않는다고 해도 문제되지 않는다. 왜냐하면 애초에 시작이 그랬기 때문이다. 정책이야 현실의 요구에 의해 시행되기도 하고 사라지기도 하는 것이지만 지금의 축제 지원 정책은 그 결정이 자의적으로 이루어진다는 점에서 문제이다. 위와 같은 법조문에 근거하여 지역 축제에 일정한 재정을 지원하는 것은 사실, 지역 축제에 대한 지원 정책의 임기응변적 성격을 말해주는 것이라고 해도 과언이 아니다. 문화관광축제를 선정하는 기준과 평가 방식이 자의적일 수밖에 없는 것도 관련 규정이 없기 때문에 판단의 근거도 없는 것이나 마찬가지이다. 규정이 있어서 문제되는 요인이 발견되면 토론을 통해 그것을 고쳐 나가면 될 터이지만 현재

7) 법제처 홈페이지(http://www.moleg.go.kr) 참조.

는 그런 요건이 갖춰진 상태도 아니므로 문제 제기 자체가 매우 애매한 상태인 것이다. 그러나 현실 속에서 문화관광축제라는 이름으로 매년 축제는 선정되고 지원되고 있는 것이다.

그런데 중앙정부의 지역 축제에 대한 지원 정책은 문화관광축제로 선정되는 30개의 축제에만 해당되는 것이 아니라 숱하게 많은 지역 축제가 그 선정 기준에 들기 위해 노력하고 있다는 점, 그리고 지역 축제가 지역 문화 현실에서 상당한 비중을 차지한다는 점을 감안하고서 생각해야 한다. 정책의 파급효과가 단 30개의 축제나 20억 원이라는 예산 규모를 넘어서는 것이다. 즉 현재 중앙정부의 축제 지원 정책이 현실에서 상당한 영향력을 발휘하고 있다는 점을 무시할 수 없다는 말이다. 그렇다면 결국 축제 지원에 관한 조금 더 체계적인 규정, 혹은 법률 등을 통해 중앙정부 차원에서 지역 축제를 지원하는 방향이나 이념, 기준, 절차 등을 원칙적으로라도 정리할 필요는 있는 것이다.

2) 지방정부의 축제 지원 정책

지방정부의 축제 지원 정책은 중앙정부와는 그 방식이 다소 다르다. 중앙정부는 특정 축제를 대상으로 지원정책을 수립하는 것이 아니라 축제 발전의 전체적인 방향에 대한 고려를 우선시하면서 우리나라 전체 축제를 대상으로 정책을 수립한다. 그러나 지방정부의 축제 지원 정책은 특정 축제를 대상으로 한 정책인 경우가 대부분이다. 요컨대 자기 지역에서 이루어지는 축제를 지원하기 위해서 정책이 수립되는 것이다. 물론 예외적으로 광역자치단체가 자기에 소속된 기초자치단체의 다른 지역 축제를 지원하기 위해 정책을 수립해서 시행하는 경우도 있다.

그 대표적인 사례가 부산이다. 부산시는 부산국제영화제 이외에 시 차원에서 이루어지는 4종의 축제가 있고 산하 15개 군·구에서 운영하고 있는 축제가 44종에 이르고 있다. 이 44개의 축제에 대한 지원을 위해 부산광역시는 지원에 따르는 행정적 기준을 마련하기 위해 (사)부산문화관광축제조직위원회에 의뢰, 군·구축제를 평가하는 평가시스템을 만들고 전문가로 조직된 평가단을 통해 평가서를 작성, 이를 지원 규모와 연계시키고 있다(이현식 · 진대현, 2004).

이런 예외를 제외하고는 지방정부 축제 지원 정책은 대개 자기 고장에서 개최되는 축제와 직접적으로 관련되어 있다. 따라서 구체적인 정책의 내용은 고장별, 축제별로 모두 다 다를 수 있어서 일률적으로 평가하기 힘들다. 자신들의 축제에 상응하는 고유한 정책을 내용으로 할 것이기 때문이다. 다만 전국적으로 보았을 때 정책의 흐름이나 경향을 말할 수는 있을 것으로 보인다. 또 지역 축제가 나아가야 할 바람직한 방향을 염두에 두면서 축제 지원 정책에 대한 개략적 평가는 가능하리라고 본다.

전국의 지역 축제를 조사 분석한 장병권의 연구에 따르면 축제를 개최하는 주체는 '지자체+민간'의 형태와 '민간단체'의 형태가 각각 28.5%와 28.1%를 차지하고 이런 경향은 지방자치제 선거를 치루면서 더 증가하는 경향을 보였다고 한다. 또한 지역 축제에서 축제를 개최하는 기능을 담당하는 고유 기관이라 할 수 있는 조직위원회 등의 존재는 약 31.5% 정도로 조사되었다고 한다(장병권, 2000). 이런 분석 결과는 지역 축제가 아직 여전히 지방자치단체 등과 같은, 관(官)에서 직접 개입하는 관주도의 행사로 개최되고 있으나 점차 민간 축제로 전환되고 있는 흐름을 보여주는 것이다.

그러나 현재 대부분 지방정부 축제 지원 정책의 핵심적인 문제점은 관의 지나친 개입으로 인한 전문성과 자율성 상실이라고 할 수 있다. 때로는 지원이 아니라 아예 행사를 직접 주관하는 경우도 적지 않아 장기적으로는 지역 문화가 잠재적으로 갖고 있는 다양성, 자율성, 창의성을 훼손시킬 우려도 많다. 또는 민간 주도의 축제 형식을 갖추면서도 내용적으로는 지방정부가 상당 부분 개입하는 경우도 많다. 한 예로 인천광역시 연수구에서는 '능허대 문화축제'를 치루기로 하고 축제위원회를 조직하였으나 위원장의 선임 과정에서 연수구의 개입이 있었다는 일부 위원들의 반발을 사 위원들이 사퇴하는 사례도 있었다. 문제는 위원장이 축제와 관련하여 어떤 경험이나 전문성도 없었다는 데에 있었다.[8] 지방정부는 그 나름의 고유한 역할이 있는데 문화의 한 영역인 축제를 행정 관행이라는, 짜여지고 고정된 틀에 꿰어 맞춰 운영하려다 보면 축제 본연의 가치와 장점을 상실하고 만다. 관 주도의 축제는 전형적인 대중 동원형 축제이기 쉬운 것이다.[9]

그런 점에서 지역 축제 지원 정책에 있어서 지방정부가 가장 고려해야 할 것은 어떻게 지역 축제가 자율성과 전문성을 확보할 수 있도록 할 것인가, 또 어떻게 축제가 안정적으로 개최되고 발전할 수 있도록 재정 지원과 독자적인 조직을 갖출 수 있도록 지원할 것인가의 문제이다. 대략 이런 네 가지 항목, 즉 자율성, 전문성, 안정적 재정 확보와 독자적인 조직 구축이 현재 지역 축제와 관련하여 지방 정부가 가중 중요하게 고려해야 될 요인이 아닌가 한다. 그 외에 지역 축제와 관련해서는 개별적 축제마다 사안별로 여러 문제가 있을 수 있겠지만 정책적인 면에서 공통적으로 당면하고 있는 문제는 이렇게 정리될 수 있을 것 같다.

왜 이 문제가 중요할 수밖에 없는가는 자율성과 전문성이 해당 지역의 문화적 역량을 키우는 일과 직결되기 때문이다. 지역 축제는 궁극적으로 지역 문화가 총화된 결과라고 할 수 있는데 지역의 문화 역량이 자기 나름의 전문성을 키우고 그것을 토대로 축제를 개최하고 진행시키는 힘으로 작용할 때 지역의 문화적 힘이 되는 것이기 때문이다. 외부의 기획사와 전문인력이 투입되는 것은 그런 의미에서 지역 문화와 관련이 없는 일이다. 그 연장선상에서 안정적인 재정 확보와 독자적인 조직은 그런 전문성과 자율성을 갖추기 위한 조건이라고 할 것이다. 재정적으로 안정되고 조직적으로 관에서 독립적이어야 비로소 전문성과 자율성을 가질 수 있을 것이기 때문이다.

그런데 이런 문제들을 해결하기 위해 현재 지방정부 정책과 관련하여

8) 「인천일보」, 2003년 10월 15일 기사 참조.

9) 실제로 축제가 개최되면 관련 단체들에 대한 동원이 암암리에 진행되고 있음을 부인하기 어렵다. 2000년에 개최된 인천춤축제 역시 입장권을 할당하였으며 광주비엔날레 또한 입장권 강매로 물의를 빚은 적이 있다.

주목해 볼 것이, 바로 관련 조례들이다. 지방정부는 독자적인 법률의 제정 권한은 없으므로 대개 법률에서 위임한 사항을 조례로 제정하거나 아니면 관련 법령이 없다고 하더라도 필요에 따라 독자적으로 조례를 제정하여 행정 지침으로 삼는다. 지방정부에서는 조례가 곧 법률과 같은 역할을 할 때가 대부분이다.

앞에서도 중앙정부의 축제 관련 정책이 체계화되기 위해서는 법령 등과 같은 제도의 정비가 필요하다고 지적한 바 있거니와, 지방정부도 마찬가지로 축제를 체계적으로 지원하기 위해서는 관련 조례를 제정하거나 보완할 필요가 있다. 그런데 우리나라 지방정부에서는 이렇게 축제 관련 조례를 제정하여 시행하고 있는 곳이 적지 않다. 축제와 관련된 독립 조례를 제정한 곳도 있으며 문화와 관련된 가장 보편적인 조례라고 할 수 있는 '문화예술진흥조례'의 한 장(章)으로 축제 관련 항목을 집어넣은 경우도 있다.[10] 이렇게 조례를 제정함으로써 지방정부는 축제에 대한 지원 근거를 마련하고 축제가 비교적 자율성을 가질 수 있도록 하고 있다.

그 대표적인 것이 축제위원회의 설치이다. 지역에 따라 축제위원회라는 이름일 수도 있고 축제추진위원회, 조직위원회, '○○제 선양위원회' 등등 명칭은 조금씩 다를 수 있을 터인데, 중요한 것은 그같은 축제 관련 민간 조직으로 하여금 축제를 독자적으로 기획, 추진, 운영하도록 하느냐 여부이다. 다시 말한다면 지방정부가 축제에 직접적으로 관여하는 것이 아니라 축제위원회 같은 별도의 민간 조직을 구성하여 이 위원회가 축제와 관련된 모든 문제에 대하여 책임과 권한을 갖고 축제를 추진, 운영하도록 하자는 취지에서 그 같은 조례를 제정하고 있다는 것이다. 물론 축제를 시행하고 있는 모든 자치단체가 이런 조례를 제정하고 있지는 않다. 또 조례를 제정했다고 하더라도 실제 운영 과정은 다를 수도 있을 것이다. 다만 여기에서는 일부 지방정부가 지역 축제를 지원하기 위해

10) 이에 대해서는 본 논문의 부록 '지방자치단체의 지역 축제 관련 조례 제정 현황'을 참조할 것. 이 부록은 모든 지방자치단체의 축제 관련 조례 전부를 조사한 것은 아니다. 연구자가 의미있다고 판단되는 것을 중심으로 대표적인 사례를 정리한 것이다. 따라서 일부 누락되었을 가능성을 배제할 수는 없다.

그런 정책을 시행하고 있음을 지적하고자 하는 것이다.

어쨌거나 이런 축제 관련 민간 기구의 구성을 통해서 행정 조직이 아닌 민간 조직으로 축제의 추진 주체가 형성될 수 있으며 그 안에 어떻게 자율성과 전문성을 담아낼 것인가는 위원회의 구성 과정에서 운영의 묘를 살릴 수 있다. 일부 지방정부의 조례에서는 전문가 의견 청취를 아예 조례 항목으로 규정해 놓고 있는 경우도 있으며 전문가가 주축이 된 실무위원회의 구성을 규정해 놓고 있기도 하다. 그 독립성과 자율성을 더욱 철저히 확보하기 위해 독립된 공익법인으로 축제위원회를 구성하는 경우도 있다. 공익법인은 민법에 의해 그 지위가 보장되므로 지방정부에서 자의적으로 그 존폐를 결정하기 힘들다. 결국 위원회의 구성을 조례가 보장하고, 이런 위원회 구성 과정을 통해 자율성과 전문성을 확보할 수 있는 제도적 조건이 갖춰지게 되는 것이다.

한편 이런 조례를 통해 지방정부는 축제 운영에 소요되는 예산 지원의 법률적 근거를 확보할 수 있게 된다. 정부의 재정이 지원되는 것이므로 그것이 지역 축제라고 하더라도 자의적으로 재정을 지원하기는 힘든 일이므로 조례를 통해 지원의 명분과 공공성을 확보하는 것이다. 즉, 조례는 최종적으로 해당 지방정부의 의회 의결을 통해 결정되는 것이고 따라서 해당 지방자치단체의 대의기관인 의회의 동의는 지역사회 내에서 공공성을 확보하는 핵심적인 조건이 된다.

한편, 일반적으로 축제 관련 조례에서 재정지원에 대한 근거 조문을 보면 '예산의 범위 안에서 해당 축제에 경비를 지원할 수 있다'고 되어 있는 경우가 대부분이다. 즉 지원의 근거를 포괄적으로만 규정하고 있어서 매년 지원 규모는 조금씩 변동이 있게 된다. 이런 여건 자체는 지방재정 여건을 감안한다면 불가피한 현실이기도 하다. 아마도 지역 축제가 재정적으로 흑자를 내는 사례는 많지 않을 것이다. 따라서 많은 축제들은 안정적인 재정 여건을 갖추기 위해 나름의 노력을 하게 된다. 그럼에도 불구하고 지방정부의 재정 지원에 많은 의존을 할 수밖에 없는 것이 지역 축제의 현실이다. 그런데 재정 지원을 받으면서 지방정부로부터 완전한 독립을 꿈꾸기는 힘들다. 그렇다고 재정 기반이 취약하고 자생력을 갖추지 못한 축제 추진 주체로서는 선택할 수 있는 대안이 많지 않다.

이와 관련해서 과천의 축제 지원 정책은 눈여겨 볼 만하다. 과천에서 개최되는 한마당축제를 위해 과천시는 위원회를 재단법인 형태로 독립시키고 기금을 조성해서 안정적으로 축제를 지원·육성할 수 있는 틀을 만들었기 때문이다. 여기에는 과천한마당축제가 그간 상당한 성과를 거두었다는 평가가 있었기에 가능한 일이기는 할 것이다. 무조건 축제를 위해 많은 기금을 내놓기에는 부담스럽기 때문이다. 축제로서 어느 정도 여러 방면에서 검증이 되었다는 판단이 그 같은 적극적인 육성책을 내놓게 만드는 계기가 되었을 것이다. 과천시의 "한마당축제육성기금설치 및 운용에 관한 조례"는 그런 점에서 지방정부가 지역 축제를 육성하기 위해 어떤 정책을 내놓을 수 있겠는가 하는 문제와 관련하여 좋은 사례라고 볼 수 있다.

〈과천시 한마당축제육성기금설치 및 운용에 관한 조례〉

제1조(목적) 이 조례는 과천한마당축제의 지원·육성을 위하여 과천한마당축제 육성기금을 설치하고 이를 효율적으로 관리운영하는데 필요한 사항을 규정함을 목적으로 한다.

제2조(기금의 설치) ① 시장은 과천한마당축제가 세계적 축제로 정착될 수 있도록 필요한 자금을 확보, 지원하기 위하여 과천한마당축제육성기금(이하 '기금'이라 한다)을 설치한다.

② 제1항에 의해 설치된 기금은 세입·세출예산 외로 처리한다.

제3조(기금의 조성) ① 기금은 2001년부터 2003년까지 총 150억 원을 조성하며 사용 개시년도를 2003년으로 한다.

② 기금은 다음 각호의 재원으로 조성한다.

1. 자치단체 출연금
2. 기금의 운용으로 발생되는 수익금

3. 기타 수입금

제4조(기금의 사용) ① 기금의 적립원금은 사용할 수 없으며 기금의 적립원금에서 발생하는 이자수입과 기타 부대수입금의 범위 내에서 사용할 수 있다.

② 기금은 과천한마당축제의 운영 및 이와 관련된 사업에 사용한다.

③ 기금은 목적 외로 사용할 수 없다.[11]

위 조례 내용은 지방정부에서 지역 축제를 지원하기 위해 특히 재정적인 부분에서 어떤 정책을 담아낼 수 있겠는가를 잘 보여주고 있다. 이렇게 지방정부는 자기 지역 축제를 위하여 재정적인 지원 방안, 전문성과 자율성을 확보할 수 있는 정책 방안을 지속적으로 개발하고 있음을 알 수 있다. 이는 지역은 지역 나름의 현실적 여건 속에서 다양하고 자율적으로 지원 정책을 입안하고 그것을 제도화시켜 나가고 있음을 보여주는 사례 중 하나이다.

물론 아직 지역 축제가 활성화된 것은 그리 오래되지 못하였다. 또 지나치게 많은 축제들이 양산되고 있는 것도 사실이다. 그러나 일정한 시간이 흐른다면 진정 지역문화를 활성화시키고 나아가 그 지역 전체를 활성화시키는 축제와 그렇지 못한 축제들은 자연스럽게 구별되고 그 가운데에서 도태될 것은 도태되고 살아남을 것은 살아남을 것이다. 그것은 지역 축제와 관련 맺고 있는 모든 단체와 사람들, 그리고 축제 내부의 동력과 축제를 필요로 하는 지역의 여건 등과 밀접하게 연관된 일이다. 이 과정에서 지방정부의 지원 정책은 그런 여건들과 긴밀하게 조응하면서 변화되어 나갈 것으로 보인다.

11) 지방행정정보은행(http://www.laib.go.kr)의 과천시 자치법규를 참조.

4. 요약과 시사점

지금까지 우리는 한국의 지역 축제 지원 정책이 어떻게 이루어지고 있는가를 살펴보았다. 이를 위해 공공 정책이 갖는 의미와 그것이 한국 현대사에서 갖는 특수성을 언급하고 그런 관점에서 우리나라 문화 정책을 지역 축제와 관련된 것을 중심으로 검토하였다. 그리고 현재 중앙정부와 지방정부에서 어떻게 지역 축제를 지원하고 있는가를 찾아내어 분석하였다. 중앙정부는 여전히 특별한 제도적 기준을 만들어 놓지 않은 상태에서 관광산업의 한 부분으로 지역 축제를 지원하는 것이 정책의 주류를 이루고 있었다. 이것은 축제가 지역문화 활성화라는 축제 본연의 역할보다는 부수적인 기대효과에 집착하도록 만드는 부정적인 요인으로 작용할 수 있다. 중앙정부의 지역 축제에 미치는 정책적 영향이 작지 않으므로 중앙정부는 축제 지원 정책을 수립할 단계부터 정책의 지향이나 방향을 신중하게 검토해야 됨을 알 수 있었다. 지방정부의 지역 축제에 대한 지원 정책은 일괄해서 말하기 곤란하지만, 모범적인 사례로 축제 추진 주체에 자율성과 전문성, 그리고 재정적 안정을 기할 수 있도록 관련 조례를 제정하는 작업이 일부 자치단체에서 진행되고 있음을 살펴보았다. 아마도 이런 정책의 흐름이 지역 축제와 관련해서 정책의 주류를 형성할 것으로 보인다. 축제위원회의 구성이나 축제를 지원하기 위한 기금의 설치가 대표적인 정책 사례로 검토되었다.

지금까지 살펴온 것을 토대로 앞으로 우리나라 축제 지원 정책에서 고려할 만한 시사점은 중앙정부 정책과 관련된 사항이 많다. 또 중앙정부의 정책이 그만큼 지방정부와 지역 축제에 끼치는 영향이 크다는 점에서도 그렇다.

지금 문화관광부는 지역 축제에 대한 정책 방향을 크게 관광산업 활성화와 전통 민속 보존 계승이라는 두 측면에서 잡고 있는 것으로 보인다. 그러나 지역 축제가 지역문화 정책에서 빠질 수 없는 중요한 부분이라는 점을 감안하다면 중앙정부의 이런 정책 방향은 너무 안이하다는 비판에서 자유롭기 힘들다. 지역문화는 관광이라는 차원이나 전통의 보존이라는 방향에서 접근하기에는 그 함의가 매우 크기 때문이다. 지역 문화의 문제는 현 정부가 중요하게 내세우고 있는 국정지표 가운데 하나인 지역 균형 발전과도 무관하지 않다. 아니 오히려 특정한 정권의 문제가 아니라 한국문화의 다양성, 우리 문화의 인문적 바탕과 창조력 등의 문제와 지역문화가 모두 연관되어 있기에 그렇다. 결국 한국의 문화 전반에 대한 관심과 지역문화에 대한 나름의 가치 부여 속에서 지역 축제 지원 정책도 입안되어야 하는 것이다. 지역 축제는 해당 지역의 문화가 총체적으로 응집된 결과물이다. 지역 축제는 그런 점에서 지역의 고유한 문화와 연계될 때 고유성과 특수성을 살릴 수 있다. 이를 위해서는 지역의 문화계와 지역 주민들이 실제로 참여할 수 있는 것이어야 한다. 아무리 돈을 많이 들여서 외부의 전문 기획사를 유치해서 그들의 힘으로 행사를 치룬다고 하면 그것이 지역문화라고는 하기 힘들다. 그것은 지역의 문화가 발전하는 데에도 적극적인 영향을 미치기 힘들다.

그런 점에서 문화관광부의 지역 축제 지원 정책은 그 전환을 모색하여야 할 때라고 본다. 물론 문화관광축제에 대한 지원이나 육성은 그것대로 지속해야 한다. 그것은 보다 큰 틀의 정책 방향을 정립하면서 포용될 수 있으리라 생각한다. 그렇다고 지금 당장 지역 축제와 관련된 무슨 정책 방향을 내놓으라고 주장하는 것도 무리이다.

따라서 우선, 여기에서 제안하고 싶은 것은 지역 축제 지원 정책의 다양화이다. 지금까지 지역 축제에 대한 주요 지원 방식이 문화관광축제에 놓여져 있었다면 그것을 지역 특성에 따라 지원될 수 있도록 기준을 다양화시키는 것이다. 관광산업과의 연계만을 생각해서 외래 관광객의 숫자 등을 그 평가 기준으로 하는 축제도 있어야 하겠지만 얼마나 지역 민속을 충실하게 재현했는가, 지역 주민들이 얼마나 자발적으로 참여했는가, 기초 예술 지원에 얼마나 기여했는가, 지역 예술인 지원 육성 사업 등과도 연계될 수 있는 지원 정책 등을 개발할 수 있을 것이다.

두 번째, (가칭)지역 축제의 지원에 관한 법률의 제정이다. 현재 지역

축제 지원 정책은 본론에서도 살펴본 것처럼 명확한 법규정이 없는 상태에서 이루어지고 있다. 이는 그만큼 정책 집행의 유동성이 크다는 것이다. 따라서 지역 축제에 대한 지원을 체계화시키기 위해서는 관련 법령 제정이 필요하다. 법에는 지원에 대한 방향과 원칙, 지원 절차, 심의 기구 등에 대해 포괄적으로 규정하는 내용이 담길 수 있다. 물론 이런 법령을 제정하면서 법령에 대한 공론화 작업도 매우 중요하다. 어떻게 보면 그런 공론화 과정을 통해 지역 축제에 대한 다양한 지원 정책에 대한 전문가의 의견 수렴이나 지역 축제가 안고 있는 여러 문제들이 본격적으로 토론되는 계기가 될 수 있을 것이다.

세 번째, 이 점이 가장 시급하다고 할 수 있을 텐데, 지역 축제 지원 정책 수립을 위한 기초 연구이다. 지금까지 지역 축제에 대한 기초 연구는 매우 부실하다. 현황 파악도 이루어지지 못하고 있으며 과연 어디까지 그것이 지역 축제일 수 있는지, 이벤트는 아닌지를 분류하고 범주를 획정할 기준 같은 것도 없는 상태이다. 법령을 제정하기 위해서도 이는 매우 필요한 일이다. 왜냐하면 법령의 가장 기초가 되는 것이 용어에 대한 정의이기 때문이다. 지역 축제를 어떻게 정의하느냐에 따라 법의 대상이 가려질 수 있다. 현재는 지방자치단체에 따라서 '시민의 날' 성격의 행사나 박람회 행사도 축제로 분류하고 있는 실정이다. 과연 지역 축제가 무엇인지를 뚜렷하게 하자면 지역 축제에 대한 기초 연구는 매우 필요하다.[12] 결국 정책을 수립하고 관련 제도를 마련하려면 사실 이런 실태 파악과 실태에 대한 진단이 가장 우선적으로 실시되어야 하는 작업일 것이다. 그러나 지역 축제와 관련해서 이런 작업은 매우 부실하다. 저마다 기준이 다르고 원칙이 없다. 그것은 아직도 지역 축제에 대한 정확한 개념 정립과 범주가 뚜렷하지 못해서이다. 이런 작업이 이루어져야 사실 제도를 마련하더라도 마련할 수 있을 터이다. 요컨대 정책을 수립한다고

12) 1996년 당시 문화체육부에서 「한국의 지역 축제」라는 이름으로 기초 연구를 실시한 바가 있다. 그렇지만 이것은 시간도 오래 경과되었으며 정책적 목적을 뚜렷하게 하고 진행된 연구가 아니었다. 이런 기초 연구를 토대로 지역 축제 지원 정책에 대한 토론회를 개최하여 그 결과를 정책에 반영하는 것도 한 방법이 될 수 있다.

할 때 그 대상조차도 뚜렷하지 못한 것이 오늘 우리나라 지역 축제 정책의 현주소인 것이다.

앞으로 지역 축제에 대한 다양한 학제간 연구가 시도되고 이것이 정책 개발과 조응하면서, 한편으로는 지역문화를 살려나가고 다른 한편으로는 축제 자체에 대한 지원도 효율적으로 이루어질 수 있기를 기대한다.

참고문헌

구광모,「문화정책과 예술진흥」, 중앙대출판부, 2000.

류정아,「축제 인류학」, 살림, 2003.

문화개혁을 위한 시민연대,「지역 축제 실태조사 및 개혁방안 연구 종합 보고서」, 2002.

박광국 · 주효진, "21C 문화행정조직 개편방향 모색 – 변천과정 분석을 중심으로", 한국행정학회 2002년 동계학술대회, 2002.

연세대 유럽문화정보센터 편,「축제와 문화」, 연세대출판부, 2003.

이현식 · 진대현, "한국 지역 축제 평가 모델 개발에 관한 시론 – 평가 사례를 중심으로",「축제로 이어지는 한국과 유럽」, 연세대출판부, 2004.

장병권, "지방자치제와 지역 축제정책의 방향",「문화관광연구」2권 1호, 2000.

정갑영, "우리나라 문화정책의 이념에 관한 연구",「문화예술논총」3호, 1993.

정근식 편,「축제, 민주주의, 지역 활성화」, 새길, 1999.

최윤정,「문화를 읽는다 미래를 본다」, 나무와 숲, 2002.

문화관광부, 「문화관광축제 평가모형개발」, 2003.

문화체육부, 「한국의 지역 축제」, 1996.

문화관광부 홈페이지(http://www.mct.go.kr)

법제처 홈페이지(http://www.moleg.go.kr)

지방행정정보은행 홈페이지(http://www.laib.go.kr)

2003강릉국제관광민속제 홈페이지(http://www.folklorefestival.or.kr)

부록 : 지방자치단체의 지역 축제 관련 조례 제정 현황(2003. 12. 현재)

■ 광역시 축제 관련 조례 현황

구분	개수	제정처	명 칭	구 성	내 용
부산	3	부산시	영화·영상진흥기금 설치 및 운용 조례	제4조 (기금의 용도)	부산 지역에서 개최되는 국제영화제 관련 사업에 기금 사용
		남구	문화예술진흥 위원회 조례	제1조(목적), 제2조(기능)	위원회 목적 및 기능 : (문화예술축제 추진, 문화예술축제의 기본계획에 관한 사항)
		동래구	동래충렬제에 관한 조례	독립 조례 (총 11조)	목적, 행사 내용 및 시기, 위원회 설치·기능·구성, 분과위원회 설치, 협조, 위탁
인천	4	인천시	범시민축제 지원에 관한 조례	독립 조례 (총 8조)	목적, 사업비 보조 및 감독, 공무원 파견, 위원회 설치·기능·구성, 사업계획서 제출
		부평구	문화예술진흥 조례	제5장 (문화예술 축제지원)	목적, 사업비 보조 및 감독, 위원회 설치·기능·구성, 사업계획서 제출, 위원 임기·해촉, 고문 및 자문위원 위촉, 기획단 운영, 협조
		연수구	문화예술진흥 조례	제4장 (문화예술 축제 지원)	목적, 축제 대상 사업, 사업비 보조 및 감독, 위원회 설치·기능·구성, 사업계획서 제출, 위원 임기·해촉, 고문 및 자문위원 위촉, 기획단 운영, 협조
		서구	문화예술진흥 조례	제5장 (문화예술 축제 지원)	목적, 사업비 보조 및 감독, 위원회 설치·기능·구성, 사업계획서 제출, 위원 임기·해촉, 고문 및 자문위원 위촉, 상임위원회 운영, 협조
광주	3	광주시	재단법인 광주비엔날레 지원 조례	독립 조례 (총 12조)	목적, 협조 및 지원, 보조금 교부, 출자, 시유 재산의 사용 허가, 공무원 파견, 사업계획서 제출, 사업정산보고서 제출, 잔여 재산의 귀속, 휘장 사용, 권한 위탁
			시립미술관 관리 운영 조례	제42조 (대관료 감면)	광주비엔날레행사 대관료 전액 감면
		동구	동구서석문화축제 운영에 관한 조례	독립 조례 (총 15조)	목적, 행사 시기, 주관, 위원회 설치·기능·구성, 위원 임기 및 임무, 고문 및 자문 위촉, 행사 경비 지원

* 서울시와 대구광역시의 경우 언급 할 만한 축제 관련 조례 없음.
* 행정기구 설치 조례 및 시민·구민·군민의 날 조례 제외

■ 기타 지방자치단체의 축제 관련 조례 현황

구분	개수	제정처	명 칭	구 성	내 용
경기	7	과천	재단법인 과천한마당 축제 설립 및 지원 조례	독립 조례 (총 15조)	목적, 법인격, 사무소, 사업, 재원, 공유재산 사용 허가, 공무원 파견, 사업계획서 제출, 사업정산보고서 제출, 감독, 잔여재산 귀속, 법인의 조직 및 운영, 위탁
			한마당축제 육성기금 설치 및 운용에 관한 조례	독립 조례 (총 10조)	목적, 기금조성 및 사용, 운용 관리 및 계획, 기금 결산
		이천	도자기축제 추진위원회 조례	독립 조례 (총 10조)	목적, 위원회 기능·구성, 위원 임기 및 임무·해촉, 간사 별도의 조례시행규칙 제정(총 8조)
		광주	남한산성문화제 추진위원회 설치 및 운영 조례	독립 조례 (총 8조)	목적, 위원회 기능·구성, 위원 임기 및 임무, 전문가 의견 청취
		부천	문화의 거리 조성 조례	제7조 (관련 문화 예술행사)	문화예술축제행사 년 1회 이상 개최, 문화단체의 축제 개최 유도 및 지원
		연천군	전곡리 구석기문화 축제 추진 위원회 설치 및 운영 조례	독립 조례 (총 10조)	목적, 위원회 기능·구성, 위원 임기 및 임무·해촉, 간사 별도 조례 시행 규칙 제정(총 16조)
		가평군	연인산축제추진위원회 운영 조례	독립 조례 (총 8조)	목적, 위원회 기능·구성, 위원 임기 및 임무, 협조 요청, 간사
강원	3	춘천	국제만화 축제조직위원회 지원 육성 조례	독립 조례 (총 8조)	목적, 설립 운영, 출연금 지원, 공유재산 대부, 공무원 파견, 행정 지원
		강릉	국제관광 민속제추진위원회 지원 조례	독립 조례 (총 8조)	목적, 설립 운영, 출연금 지원, 공유재산 대부, 공무원 파견, 행정 지원
			지역 축제발전위원회 조례	독립 조례 (총 17조)	목적, 위원회 기능·구성, 위원 임기 및 임무·해촉, 실무위원회, 간사, 안건 제출 및 심의, 축제 결과 평가
경남	1	통영	재단법인 통영국제음악제 지원 조례	독립 조례 (총 11조)	목적, 협조 및 지원, 출자, 보조금 교부, 사유재산 사용 허가, 공무원 파견, 사업계획서 및 정산보고서 제출, 잔여 재산 귀속, 시설물 위탁 관리
전북	6	김제	지평선축제 조례	독립 조례 (총 5조)	목적, 사업 내용, 사업 추진, 위원회 설립 및 기능
		전주	풍남제 조례	독립 조례 (총 5조)	목적, 축제 시기, 위원회 설립 별도의 위원회 규정 제정(총 11조)
		군산	오성문화제 운영 조례	독립 조례 (총 13조)	목적, 행사 시기, 행사 주관, 위원회 기능·구성, 위원 임기 및 임무, 회의 및 의결, 재정, 실비 보상
		익산	마한민속예술제 운영 조례	독립 조례 (총 6조)	목적, 행사 시기, 행사 주관, 경비 지원
		정읍	관광산업발전위원회 설치 및 운영 조례	제3조 (기능)	단풍 축제, 벚꽃 축제 추진
		남원	홍부제 조례	독립 조례 (총 4조)	목적, 시기, 행사, 위원회 설치

구분	개수	제정처	명 칭	구 성	내 용
전남	5	전라남도	축제 행사 수익사업 등 운영 및 관리 조례	독립 조례 (총 19조)	목적, 관람료 및 주차료, 시설 대부, 광고료, 수익 사업, 상표 사용, 환경 유지 및 보수명령, 수익금 배분 별도의 시행 규칙 제정(총 11조)
		담양군	대나무축제추진위원회 조례	독립 조례 (총 12조)	목적, 위원회 기능 · 구성, 위원 위촉 및 해촉, 고문, 집행위원회, 행사 계획 승인, 재원
		함평군	축제추진위원회 운영 조례	독립 조례 (총 12조)	목적, 위원회 기능 · 구성, 위원 임기, 자문, 간사, 행사 지원 경비, 이용료 등의 징수
		해남군	재단법인 해남군문화관광진흥센터 설립 및 지원 조례	제4조 (사업)	향토문화관광축제 추진
		장성군	홍길동기념사업에 관한 조례	제2조 (기념사업) 제3조 (사업 추진)	홍길동축제 개최, 축제 시기

* 충청도, 경상북도, 제주도의 경우 언급할 만한 축제 관련 조례 없음.
* 행정기구 설치 조례 및 시민 · 구민 · 군민의 날 조례 제외
* 규정 및 규칙 제외 : 전북 부안군 해넘이축제 추진위원회 설치 및 운영 규정
  전남 강진군 향토축제추진위원회 구성 및 운영에 관한 규정
  전남 영암군 향토축제추진위원회 운영에 관한 규칙
  전남 영암군 왕인 선정 심사 규정
  전남 목포시 관광진흥자문위원회 운영 규정

한국 축제의 명칭과 변용에 관한 고찰

박 동 준

1. 들어가는 말

축제의 의미는 무엇인가? 국어사전은 축제의 의미를 첫째 '축하하여 제사를 지냄', 둘째 '경축하여 벌이는 큰 잔치나 행사를 이르는 말'이라 정의한다. 하지만 축제란 용어가 너무 다양하고 광범위하게 사용되고 있어 현실적 정의에 어려움이 있다. 2004년 1월 전국 지역 축제의 총 수가 549회이던 것이, 2005년에는 강원도를 제외하고 601개에 이른다. 여기에 한국 축제의 가장 근원적인 문제가 있다. 통계에 잡힌 축제에는 이벤트로 분류될 수 있는 것까지 모두 포함되어 있다. 한편 지방자치단체가 기획한 축제 중 적절하지 못한 명칭을 사용하는 경우가 허다하다. 그 결과 축제의 성격과 고유한 특성을 부각시키지 못하고 있다. 더구나 잘못 선택된 용어는 축제의 성격마저 모호하게 만든다. 이로 인해 축제 관련 명칭에 관해 한번쯤 외국[1]의 사례와 함께 구체적인 고찰을 할 필요

1) 필요에 의해 논문 속 외국어 표기의 경우 프랑스 고유 축일을 제외한 나머지는 영어로 표기함.

가 있다.

과연 '축제'란 명칭이 지자체의 모든 문화 관련 행사에 모두 적절한 것인가? 결론지어 답하면 그렇지 않다. 지방자치단체 문화행사는 다양한 유형을 지니고 있다. 따라서 축제의 유형과 성격에 따라 축제 명칭이 적절하게 사용되어야 한다. 곧 축제는 그 목적에 따라 다양한 형식을 취하고 있음을 뜻한다. 예술문화, 전통 민속문화, 음식문화, 지역 특산물, 자연환경, 주민 화합을 위한 전국의 다양한 축제가 있다. 단지 관광객 유치를 위한 이벤트성 축제, 산업 전시회 혹은 박람회까지 축제로 분류되고 있다. 이런 맥락에서 축제 명칭에 대한 연구는 축제에 관한 가장 기초적인 연구가 될 것이다. 이유인즉 우후죽순처럼 발생한 축제와 백종백색(百種百色)의 명칭은 축제의 가치와 의미를 혼란시키고 있기 때문이다. 본 연구를 위해 사용되어진 지역 자료들은 문화관광부 사이트와 이송미 지음『한국의 축제』에 정리된 축제명을 기준으로 하고 있음을 밝혀둔다. 또한 축제 관련 명칭의 풀이는『동아 새국어사전』과 야후 국어사전에서 인용하였음을 밝혀둔다.

2. 축제의 유형과 가치

축제 유형의 파악을 위해 인위적으로 광의적 의미의 축제와 협의적 의미의 축제로 분리하여 고찰할 필요가 있다. 먼저 광의적 의미의 축제는 통과의례, 세시풍속 중 혈연적·지연적 축제, 국가적·사회적·종교적 축일날의 모든 행사 등을 포괄한다. 이는 역사와 전통에 기인한 것으로 축제의 다양한 보편적 의미를 지니고 있다. 협의적 의미의 축제는 오늘날 문화관광부에 등록된 축제로 지방자치단체에서 기획한 각종 의례와 이벤트를 대동하는 행사를 한정할 수 있다. 하지만 오늘날 페스티발이나 전람회와 같은 이벤트성 축제를 제외한 대부분의 축제 배경은 전통문화에 근거를 두고 있어, 그 문화적 바탕과 축제의 보편적 가치는 과거 전통축제와 거의 동일하다고 하겠다.

이벤트를 제외한 모든 축제는 국가가 제정한 축제일, 지역사회의 특별한 사건, 혹은 인물과 연관되어 있다. 따라서 축제가 특성 있는 지역 축제로 거듭나기 위해서는 축제일이 지닌 본질적 의미와 가치 혹은 지역사회의 독특한 문화를 담고 있어야 한다. 축제의 유형을 보다 세심하게 분류해야 하는 이유도 여기에 있다. 축제일 유형을 구분하기 위해 편의상 다시 전통 축제와 오늘날 역사적 · 문화적 사건으로 발생한 축제로 분리하고자 한다.

1) 전통 축제일의 유형

첫째, 세시풍속에 바탕을 둔 축제일이 있다. 우리의 축제일은 예로부터 농사력과 밀접한 관계가 있어 왔다. 또한 계절의 변화와 함께 한 세시풍속 축제는 조상의 은공을 중시하던 유교 제례뿐만 아니라, 기풍(祈豊)행사, 추수감사제 등의 성격을 띠고 있다. 이 세시풍속은 음력 열두 달 동안 절기에 따라 행해짐으로써 계절적 특징을 지닌다. 따라서 절기에 따른 민속전통 행사는 곧 축제의 고유한 특징을 지니게 된다. 유교 제례와 정월달의 안택(安宅), 음력 시월의 추수감사제인 고사(告祀)는 모두 혈연 중심 축제의 성격을 띠고 있다. 반면, 조선시대 제주도에서 제주 무당들을 불러 모아 나무 소를 만들어 제사를 지낸 입춘굿[2]을 비롯하여, 기풍 행사인 다양한 동제를 중심으로 한 지연 중심 축제가 있었다. 통계를 보면 동제는 과거에 정초에 3할, 대보름에 4할, 10월 기타 절기에 3할[3]로 행해졌다. 2월에 영남지방에는 풍신 영등할머니 신앙을 바탕으로 한 영등굿이 행해졌고, 제주도에서는 이 기간 동안 배타는 것을 금하기도 하였다. 3월 삼짇날에는 경북 일원에 봄맞이 놀이와 농사가 잘되게 기원하는 춘경제(春耕祭)를 하는 곳도 있었다. 서울 풍습에는 산, 언덕, 물굽이에 나가 노는 화류놀이가 행해지고 농촌에는 들놀이가 행해졌다. 5월 단

2) 장수근 저, 『한국(韓國)의 세시풍속(歲時風俗)』, p. 140.
3) 상동, p. 125.

오는 봄에 풍년을 기원하는 명절로 제의적 의미가 담긴 기풍제인 동제가 행해졌다. 6월 유두날에는 서울의 정릉, 광주의 무등산 물통폭포, 제주의 성산봉 폭포로 여름철 물맞이 행사가 이어지고, 전국적으로 피서를 즐겼다. 또한 조선시대에 유두연(流頭宴)이라 하여 선비 사회의 풍류적인 연회가 벌어지기도 하였다. 7월 칠석에는 바느질과 과일을 마당에 차려놓고 재주가 있게 해 달라는 걸교(乞巧)의 제(祭)가 행해졌다. 9월 중양절에는 국화와 코스모스가 만발하는 계절로 서울에서는 남한산, 북한산, 도봉산, 수락산 등지로 단풍구경을 떠나기도 하였다. 절기에 따른 세시풍속은 오늘날 지역 문화축제와 관광문화 축제로 다시 복원되고 있다.

둘째, 나라에서 지정한 왕과 왕비의 탄일(誕日) 및 중국 황제의 탄생일인 성절(聖節), 국혼일(國婚日), 임금이 즉위한 날을 기념하는 즉위경(卽位慶), 등극 10년과 30년을 축하하는 날을 축하는 등극경(登極慶)등을 축일로 정하여 대대적인 축제가 행해졌다. 독일 뮌헨에서 행해지는 세계적 맥주축제인 옥토브페스트 역시 1810년 바이에른의 국왕 빌헬름 1세가 작센공주인 테레제를 아내로 맞아들이는 결혼식에서 유래된 것이다. 주민들이 왕의 천막을 세우고 충성과 존경을 표하자, 이에 대한 답례로 국왕이 주민축제를 성대하게 열어 준 것에서 축제가 시작되었다. 당초 이 축제는 한번으로 끝내려 했으나, 농민단체가 이를 농민축제로 발전시키고, 1883년 뮌헨의 6대 메이저 맥주회사가 축제를 후원하면서 4월 축제와 함께 독일을 대표하는 국민축제로 발전하였다. 이와 같이 영국, 벨기에, 스페인 등 국왕이 존재하는 국가에서는 왕가의 존재 그 자체가 국민의 정신문화적인 자부심이 되어 있다. 따라서 국왕의 즉위일, 생일, 황태자의 결혼 등은 그 나라의 중요한 축제일이 되어 이를 기념하고 있다.

세 번째 유형은 종교적 축제가 있다. 조선시대에는 불교 축제일로써 석가탄신일과 온갖 과일을 바쳐 목련존자에게 조상의 혼을 천도를 기원하는 우란분공이 음력 7월 15일 백중에 행해졌다. 또한 공자의 탄생과 덕을 기리는 춘계석전과 추계석전이 국가적인 행사로 행해졌다. 20세기 들어 문화 개방과 함께 다양한 세계종교가 우리의 생활 속에 자리 잡음으로써 종교 축일은 오늘날 기독교뿐만 아니라 이슬람교까지 확대되어 있다. 그 대표적인 축제일이 아기 예수 탄생일인 크리스마스이다. 하지만 서구에서 종교축제는 우리의 세시풍속축제와 같은 성격을 지니고 있다.

2) 현대적 축제일의 유형

전통문화축제가 국가적 축제일의 한 맥을 형성한다면, 광복 이후 국가적 혹은 국제적인 기념일이 제도화되어 축제일에 첨가되었다. 이 축제일은 1949년 10월 1일 국경일에 관한 법률이 제정되고, 그 후 약간의 변화를 거치면서 민족 고유의 명절과 함께 중요한 축제일로 지정되었다. 국가적인 기념일로 삼일절(3월 1일), 현충일(6월 6일), 제헌절(7월 7일), 광복절(8월 15일), 한글날(9월 9일), 개천절(10월 3일) 등이 있다. 국경일 지정의 근본 취지는 국경일이 지닌 정신문화적 가치를 통해 국민의식을 높이는 데 있다.

근대 이후 발생된 세계적인 기념일로 국제연합평화일(10월 29일), 국제 여성의 날(3월 8일),[4] 메이데이(5월 1일), 나이팅게일데이(5월 12일), 유네스코헌장기념일(11월 4일) 등과 같은 축제일은 근대와 현대에 들어 범세계적인 정치적 · 사회적 격동기를 거치면서 만들어졌다. 이날 행해지는 축제는 기존 질서와 가치를 변화시킨 중요한 사건을 기념하기 위한 세계 시민의 성대한 의식이란 차원에서 큰 가치가 있다.

한편, 남아공화국의 게이 · 레즈비언 축제[5] 역시 같은 사회적 맥락에서 이해된다. 어린이날, 어버이날과 같은 축제일 또한 현대적 기준에 따라 새롭게 부각된 의미를 지닌 날로 간주할 수 있다. 이들 축제 역시 정신문화 가치 확산에 그 주안점을 두고 있다. 다른 한편 국가나 국제사회에서 지정한 축제일 외에 밸런타인데이, 화이트 데이, 블랙 데이, 빼빼로데이 등과 같은 축제일은 특정한 제품소비 촉진을 위한 경제적 목적으로

4) 3월 8일 여성의 날은 소비에트 혁명 이후에 도입된 대표적인 축일이다.

5) 남아공에서 최초의 게이, 레즈비언 축제(Gay and Lesebian Pride Festival)는 1990년 10월 10일에 실시되었다.

출발하였다. 이들 축제일이 계속 존속되고 성공을 거둔 이유는 이들 축제 속에도 사랑 · 우정과 같은 또 다른 형태의 가치를 지니고 있기 때문이다. 축제일의 유형 분류의 이유는 바로 그 축제일에 행해지는 축제의 문화적 가치와 이를 바탕으로 한 축제의 형식을 파악하기 위함이다.

3. '축제' 명칭의 정립과 활용

1) '축제' 명칭의 다양성과 혼용

20세기 후반 서구 문화의 영향으로 광범위하게 도입된 축제 문화는 이제 그 명칭부터 재정립할 필요가 있다. 축제에 관한 적절한 명칭은 곧 축제의 본질적 의미, 즉 축제 유형에 따른 기본적인 틀과 그 축제 속에 내재된 문화적 · 보편적 가치를 표방하여 그 축제의 고유한 성격을 규정짓는다. 이로 인해 새로운 축제를 기획할 경우 자칫 발생할 수 있는 축제의 정체성의 혼란을 막을 수도 있을 것이다.

언제부터 축제가 있어 왔는가? 동서양 할 것 없이 오랜 전통문화가 내재된 축제의 기원은 농경사회의 풍속에서 비롯되었다. 한국에서의 축제의 뿌리는 그 기원이 매우 오래되었다. 일종의 추수감사제였던 고구려의 동맹(東盟), 부여의 영고(迎鼓), 예(濊)의 무천(舞天) 등의 제천의식으로까지 거슬러 올라간다. 고대 그리스 디오니소스 축제는 제정일치를 보여주던 시대에 우리와 같이 일종의 제천행사였다. 주로 남반구에서 볼 수 있는 카니발과 북반구의 크리스마스 역시 일종의 농경제인 고대 로마의 사투르누스의 축제에서 발전한 사순제에서 비롯되었다. 모두 기풍적인 행사이면서 동시에 힘든 농사일과 휴식의 관계 속에 형성된 농경사회의 풍속이다. 우리의 경우 씨뿌리기가 끝나는 5월, 추수가 끝난 10월에 각각 행사를 거행하여 그해의 풍년을 기원하고, 또한 기풍과 추수 감사제가 뒷날 5월 단오와 10월 상달의 풍속으로 전해지게 되었다.[6)]

6) 이상일 저, 『축제와 문화』의 〈한국축제와 본질〉 중에서.

'축제'란 용어는 어디서 비롯되었으며, 축제란 용어가 모호하고 다양한 의미를 지닌 이유가 무엇 때문인가? 축제란 용어는 20세기에 들어 서구의 페스티발(festival) 혹은 피트(fete)가 소개되고 번역되면서 본격적으로 사용되기 시작하였다. 그 후 축제란 용어는 일상에서 광범위하게 사용되고 있다. 이유인즉슨 축제란 용어 속에 바로 신에게 '제사를 지내는 의례와 잔치'라는 두 의미를 포괄하고 있기 때문이다.

'축제'가 우리의 문화 속에 다양한 문화행사의 제명으로 사용됨이 과연 적절한가? 한 나라의 전통문화를 소개하고 번역함은 궁극적으로 그 나라의 삶과 문화적 정서를 찾아내어 그 위에 형식을 부여하는 것이다. 더구나 문화적으로 규정된 사건이나 행사를 타 문화권에 공감토록 하기 위해서는 해당 문화권의 고유한 언어관에 따라 적절히 해석할 필요가 있다. 특히 전통문화 관련 용어 번역시 언어의 철학적 측면을 충분히 고려하여야 한다. 축제[fete]라는 용어 역시 한 민족의 삶의 모습을 함축적으로 지닌 관습과 규범 그리고 그 속에 담긴 상징과 신화적인 의미를 중심으로 번역 소개되어야 한다. 따라서 광범위하게 사용되고 있는 '축제'의 언어적 의미를 서구와 우리 문화전통에 비추어 고찰할 필요가 있다.

성격에 따라 분류한 한국 축제의 유형을 보면 1. 예술문화축제, 2. 관광문화축제, 3. 지역특산물축제, 4. 자연환경축제, 5. 전통민속축제, 6. 주민화합축제, 7. 역사 및 인물형 축제, 8. 조형물축제, 9. 음식문화축제 대략 9가지로 나눌 수 있다. 하지만 같은 유형의 축제라 할지라도 그 명칭을 제각기 달리하고 있다. 지방자치단체 축제를 의미하는 일반명사로 먼저 축제, ~날, 축전(祝典), 제전(祭典), 대회(大會), ~제[제사, 제향(祭享)], 대제(大祭), 잔치, 향연(饗宴), 놀이, 한마당, ~맞이, ~회(會), 페스티발, 비엔날레(biennale) 등이 있다. 잘 알려진 사육제[카니발]는 우리에게 널리 소개만 되어 있다. 이러한 현상은 축제의 유형과 그 명칭에 대한 고찰이 제대로 이루어지지 않았기 때문이다. 지방자치단체 축제에 대한 명칭의 적절성을 언급하기 전 먼저 축제 관련 동서양의 용어부터 비교 고찰할 필요가 있다.

(1) 축제 관련 외국어 혹은 외래어

먼저 영어를 기준으로 축제 관련 언어를 살펴보면 피트(Fete), 페스티발(Festival), 카니발(Carnival), 잘 쓰이지는 않지만 종교제례와 유관한 언어로 '라이트(Rite)', '리츄얼(Ritual)', '세리머니(Ceremony)', '컬트(Cult)', '워쉽(Worship)', 향연과 관련된 피스트(Feast), 뱅퀴트(banquet) 등이 있다.

피트(Fete)는 우리말로 '축제'라 번역하여 통용된다. 피트(fete)는 '중요한 사실을 기념하여 행하는 종교적 혹은 시민들의 성대한 의식'을 일컫는다. 오늘날 '축제'는 모든 종류를 망라한 축제를 지칭하는 집합명사로 사용되고 있다. 또한 지방자치단체 축제의 고유한 제명 속에도 '축제'란 용어가 가장 보편적으로 사용되고 있다. 그 이유는 축제의 문화관광산업적 가치를 인식하고 먼저 지역 축제와 연결하여 발전시킨 서구의 영향 때문이 아닌가 한다. 서구의 축제는 '페스티발' 혹은 '비엔날레' 등과 같은 예술문화축제를 제외한 모든 축제를 피트(fete)라 하고 있다.

페스티발(Festival)[7]은 '일정한 장소에 주기적으로 행해지며 한 종류의 예술제'를 말한다. 일반적으로 축제의 한 행사나 프로그램의 명칭으로 사용되지만, 페스티발 그 자체가 지역 문화예술축제의 명칭으로 사용되기도 한다. 페스티발은 상황에 따라 제전·축전·향연으로 번역 사용되고 있다. 예술제의 하나인 미술제의 경우 비엔날레(biennale), 트리엔날레(triennale), 콰드리엔날레(Quadriennale)란 고유한 명칭이 사용되기도 한다. 비엔날레는 '2년마다'라는 뜻을 가진 이탈리아어로 2년마다 열리는 국제적인 미술전람회를 가리킨다. 트리엔날레는 '3년마다'의 의미로 3년마다 열리는 국제전, 콰드리엔날레는 4년마다 열리는 행사를 지칭한다.[8]

---

7) 페스티발은 제전·축제·축전·향연. 일반적으로 행사나 프로그램 명칭으로 많이 쓰이고 있다. 초기의 연극적 행사는 근본적으로 종교적인 축제와 연결되어, 아테네의 디오니소스 페스티발의 기간에는 연극이 공연됐다. 이는 중세와 르네상스, 바로크시대의 종교극에도 해당됐다. 이후 전문연극과 도시 부르주아문화의 발생과 함께 연극은 긍정적인 측면뿐 아니라 부정적인 측면에서 일상생활의 일부가 됐다. 따라서 19세기 중반부터는 자연히 전(前)시대의 연극공연을 재검토해 보려는 시도가 있었다. 각별한 예술적·사회적 행사를 기념하여 특별공연이 기획되기도 하여, 1869년의 수에즈운하 개통을 기념하기 위한 베르디의 '아이다(Aida)'는 1871년 12월 24일에 초연됐다.

카니발(Carnival), 일명 사육제(謝肉祭)라 불리는 이 축제는 이탈리아의 피렌체, 프랑스의 니스, 독일의 쾰른, 스위스의 바젤, 미국의 뉴올리언스, 브라질의 리우데자네이루 등지에서 성행하고 있다. 사순절(四旬節) 전 3일에서 1주일 동안 거행되는 가톨릭 국가의 축제로 술과 고기를 먹고, 종이 인형의 우상을 만들어 가장행렬과 함께 즐긴다. 카니발이 지닌 종교와 서구 전통색채로 인해 우리나라에는 대규모의 사육제가 없다.

축제와 유사한 용어로 '라이트(Rite)', '리츄얼(Ritual)', '세리머니(Ceremony)', '컬트(Cult)', '워쉽(Worship)' 등이 있다. 여기서 Rite는 '의례'로, Ritual은 '제의 혹은 제식'로 번역하며, Ritual이 Rite보다 전통적 구속력이 더 강한 편이다. Ceremony는 '의식'으로 번역하며, 의례나 제의보다 비종교적 성격을 띠고 있다. Cult는 '숭배'로, Worship은 '예배'로, 관습보다는 개인의 신앙적인 측면을 중시할 때 사용하는 단어라고 정의하고 있다.[9] 서구와 우리 문화의 이질성으로 인해 원어의 뜻이 우리의 용어와 동일한 의미를 지니고 있지는 않다. 하지만 많은 면에서 유사한 의미를 지닌다. 피스트(Feast)는 축연, 향연, 연회, 등으로 번역하여 사용하지만 축제 관련 용어로 '잔치'에 가장 가깝다. 뱅퀴트(banquet)는 향연(饗宴)으로 번역된다.

(2) 한국의 축제 관련 용어

피트(fete) 혹은 페스티발에 해당되는 축제의 의미로 축전(祝典), 제전(祭典), 대회(大會)가 있다. 축전은 정치적 사회적인 사건을 '축하하는 의식이나 식전'을 뜻한다. 이 명칭은 '민족통일평화 체육문화축전', '세계청년학생축전', '평양비동맹영화축전' 등 남북에서 공히 사용되고 있다.

제전은 사전 상으로 '성대한 예술·문화·체육 등과 같은 사회적 행

---

8) 비엔날레라는 말이 보급된 것은 1895년에 세계 최초로 시작된 이탈리아의 '베니스 비엔날레'에 때문. 브라질의 상파울루 비엔날레, 미국의 휘트니 비엔날레와 함께 세계 3대 비엔날레로 꼽힌다.
트리엔날레로는 디자인분야에서 밀라노 트리엔날레가, 순수미술 분야에서는 인도에서 개최되는 트리엔날레가 유명하다.

9) 김병인 저, 『역사의 지역 축제적 재해석』, p. 34.

사'를 일컫는다. 때문에 페스티발의 성격을 띤 영화, 연극, 만화 등과 같은 문화산업 축제를 제전으로 표현하는 것이 적절하다. 영화제, 연극제 등과 같은 문화예술제의 '~제(祭)'는 '제전'의 줄임말이다. '마한민속제전'과 이순신의 애국애족 정신을 계승·선양하여 역사의 교훈을 되살리고자 한 '당항포대첩제전' 등이 있다.

대회는 축전과 비슷한 의미로 사용된다. 대회는 체육대회처럼 '실력이나 기술 따위를 겨루기 위한 모임'의 의미도 있지만, '범민족대회'와 같이 '많은 사람들이 모이는 성대한 회합'의 의미도 지닌다. 그 예로써 '소백산해맞이등산대회', '줄포연날리기대회', '고양꽃아가씨선발대회', '마산향토민속경연대회' 등이 있다.

'리츄얼(Ritual)'와 '라이트(Rite)' 관련 축제의 의미로 제사(祭祀), 제향(祭享), 대제(大祭) 등이 있다. 제사는 '신 혹은 조상을 비롯한 망자의 넋에게 음식을 차려 놓고 지내는 정성 혹은 그런 의식'을 뜻한다. 제사를 높이 부르는 말로 '제향'이 사용된다. 한편 조선시대 종묘(宗廟)·영녕전(永寧殿)·원구단(圓丘壇)·사직단(社稷壇)에서 성대히 올리는 제사를 '대제' 혹은 '국사(國祀)'라 한다. 일반적으로 역사적 인물을 기리는 축제명으로 '~제(祭)'는 '제사', '제향'의 줄임말이다. 그 예로 인헌공 강감찬 장군을 기리는 '낙성대인헌제', 한말 명성황후 민씨가 일본인에게 시해당할 때, 이경직, 홍계훈, 임최수 등 충신들이 일본인과 몸을 아끼지 않고 싸워 전사한 후 그 충절을 위해 고종황제가 칙령으로 세운 사당에서의 추모제인 '장충단제' 등이 있다. '대제'의 예로써 남이 장군을 기리며 그 영혼을 달래는 '남이장군대제'와 조선조 선왕들의 영전을 모신 종묘에서 종묘제례와 종묘제례악 등의 행사와 함께 치러지는 '종묘대제' 등이 있다.

피스트(Feast) 관련 축제의 의미는 우리말로 '잔치'에 가장 가깝다. 잔치는 '경사가 있을 때 음식을 차려 놓고 여러 사람을 청하여 즐김 혹은 그 일'을 뜻하는 말로 여기에는 음식과 술 그리고 각종 볼거리가 제공됨을 의미한다. 연회(宴會)도 잔치와 비슷한 의미를 지니지만 보다 소수의 사람들이 식탁에 모여 술과 음식을 즐기는 모임을 뜻하여 잔치와 규모면에서 구별된다. '융성하게 대접하는 잔치'의 의미인 '향연(饗宴)'은 야구대회를 뜻하는 '백구의 향연' 혹은 '춤의 향연'처럼 한 주제의 풍성한 볼거리를 제공함을 의미하며 축제에 종속된 프로그램의 일환으로 사용된다. 축제의 의미로 쓰인 '잔치'의 예를 보면 '새해경포해맞이잔치', '남구민한마당잔치' 등이 있다.

축제의 의미로 우리에게 고유한 '놀이'란 용어가 있다. 놀이는 놀음놀이의 준말로 '모여서 즐겁게 노는 일' 즉 '유희'와 같은 뜻을 지닌다. '놀이'란 용어는 축제 속에 다양하게 사용되고 있다. 첫째, '고성정월대보름달집놀이', '지인단오한장군놀이', '서산볏가릿대놀이'의 예처럼 전통 민속놀이의 고유명사와 함께 사용된다. 둘째, '고양정월대보름놀이', '군포정월대보름민속놀이', '김천정월대보름맞이 민속놀이', '연천정월대보름맞이 민속놀이'처럼 보통명사로 쓰인다. 셋째는 '놀이'는 축제 자체를 의미하기도 한다. 즉 놀이 속에 축제의 속성을 이미 지니고 있어 구태여 축제란 용어를 반복하여 쓸 필요가 없음을 뜻한다. 한 예로써 '고싸움놀이 축제'에서 '축제'란 용어는 사족(蛇足)에 불과하다. 한편 전국적인 명성을 지닌 몇몇 지방 전통 민속놀이를 제외한 대다수 민속놀이는 축제 프로그램의 일부로 제공된다. 다른 한편 '놀이'는 바깥바람을 쐬는 소풍의 의미를 지니고 있다. 세시풍속 속에 봄에 행하던 '화류놀이', 여름의 '물놀이', 가을의 '단풍구경'[10] 등이 있었다. 이는 관광문화축제와 자연환경축제에 사용된 축제 명으로 '잔치'와 같은 맥락으로 사용 가능하지 않을까 한다. 그 예로써 '무등산철쭉큰잔치'와 '경포대벚꽃잔치'의 경우 '무등산철쭉놀이', '경포대벚꽃놀이'라 함도 무방하지 않을까 한다.

축제를 의미하는 또 다른 용어로 자주 '한마당'이 사용된다. 마당은 '어떤 일을 하는 자리, 처소'의 의미로, 과거 농촌 명절날에는 동구 마당에서 다채로운 놀이 및 행사가 벌어졌다. 오늘날 한마당은 각종 문화예술행사가 가능한 넓은 공간을 의미함과 동시에 축제의 의미를 함축하고

10) 사전 상 구경은 '어떤 일을 보고 즐기는 일'로 유희의 의미를 지닌 놀이와 유사한 뜻을 지닌다.

있다. 그 예로써 '수산정월대보름 민속놀이한마당'와 '여주정월대보름한마당' 등이 있다.

축제의 의미로 '~날'이 사용되기도 한다. 특별한 사건, '도봉구민의 날'처럼 지역구민을 위해 지정한 날, 혹은 시장의 경기활성화를 위해 특별히 제정한 날이 있다. 이 날은 그 자체가 축제의 의미를 지닌다. 조선시대 왕명에 의해 보제원이 설치되면서 한의학의 메카로 뿌리내려 온 경동약령시장의 한약축제인 '서울경동약령시의 날 축제'의 예를 보면, '~날' 다음에 '축제'가 덧붙여져 축제의 의미를 지닌 용어가 중복하여 사용되고 있는 셈이다.

앞서 본 바와 같이 축제를 의미하기 위해 굳이 축제란 용어를 사용할 필요는 없다. 오히려 축제의 성격에 맞는 용어를 적절히 사용함으로써 해당 축제의 성격을 보다 명확하면서도 간결하게 나타낼 수 있다. 한편 축제는 오늘날 '산업이나 기술 따위의 발전을 위하여 농업, 공업, 상업 등에 관한 물품을 모아 일정 기간 동안 여러 사람에게 보이는 모임'인 박람회(博覽會)와 '여러 가지 물품, 또는 작품들을 진열해 놓고 보이는 모임'인 전람회(展覽會)와 같은 전시 이벤트를 모두 포함하고 있다. 그 결과 오히려 행사명에 '축제'란 용어를 사용하면 오히려 해당 축제의 본질적 의미가 더욱 모호해 질 수 있다. 따라서 '청도정월대보름 달맞이', '양양달맞이지신밟기', '회촌정월대보름달맞이굿', '화왕산억새태우기', '검은모래 눈뜨는 날'처럼 축제의 성격을 드러내는 고유명사를 사용하는 것이 가장 바람직하지 않을까 한다. 왜냐하면 일반대중들은 이와 같은 제명을 보면서 이미 이들이 축제임을 알 수 있기 때문이다.

앞서 본 축제명을 도표로 정리하면 다음과 같다.

축제명	의 미
축제	첫째 '축하하여 제사를 지냄', 둘째 '경축하여 벌이는 큰 잔치나 행사를 이르는 말'
페스티발	'일정한 장소에 주기적으로 행해지며 한 종류의 예술제'
축전	정치적 사회적인 사건을 '축하하는 의식이나 식전'
제전	'성대한 예술 · 문화 · 체육 등과 같은 사회적 행사'
대회	첫째 '실력이나 기술 따위를 겨루기 위한 모임' 둘째, '많은 사람들이 모이는 성대한 회합'
제사 (제, 제향, 대제)	'신 혹은 조상을 비롯한 망자의 넋에게 음식을 차려 놓고 지내는 정성 혹은 그런 의식'
잔치	'경사가 있을 때 음식을 차려 놓고 여러 사람을 청하여 즐김 혹은 그 일'
놀이	놀음놀이의 준말로 '모여서 즐겁게 노는 일' 즉 '유희'
한마당	마당은 '어떤 일을 하는 자리, 처소'의 의미로, 한마당은 큰 마당을 의미
~날	
박람회	'산업이나 기술 따위의 발전을 위하여 농업공업상업 등에 관한 물품을 모아 일정 기간 동안 여러 사람에게 보이는 모임'
전람회	'여러 가지 물품, 또는 작품들을 진열해 놓고 보이는 모임'
비엔날레	'2년마다 열리는 행사'

2) 축제 관련 용어의 분석과 실질적 활용

현실적으로 지방자치단체는 축제를 기획할 때 축제의 성격과 그에 적합한 명칭을 찾기가 쉽지 않다. 때때로 축제의 명칭으로 인해 지방자치단체의 고심한 흔적을 엿볼 수 있다. 한 예로 1997년 이후 매해 9월 경기도 과천시가 주최하고 과천한마당축제조직위원회가 주관하는 공연예술축제인 '과천한마당축제(果川-祝祭, Gwacheon Hanmadang Festival)'는 처음 '경기-과천 세계마당극큰잔치'라는 명칭으로 출발하여, 1998년에는 '과천 세계마당극큰잔치'로, 1999년에는 '마당 '99 과천 세계공연예술제'로 명칭을 변경하고, 2000년-2002년 '과천마당극제'로 열렸다. 그리고 2003년 이후 지금의 이름으로 변경하여 사용하고 있다. 이는 앞서 본 바와 같이 대중적 공감과 함께 축제의 특성을 드러내기 위해서는 보다 명확하고 간결한 축제 명의 선택이 절실히 필요함을 단적으로 보여주는 일례이다. '경기-과천 세계마당극큰잔치'가 '과천마당극제'로 변화하는 단계에서도 이 축제의 영자 명 속에 계속 'Festival'을 사용하여 왔다. 그 이유는 'Festival'은 예술제로서의 국내외에 축제 의미를 알리는데 충분하였기 때문이다.

축제명을 분석하고 문제 제기의 차원에서 새로운 축제명을 제안하고자 할 때 다음과 같은 기준과 원칙을 전제로 한다. 그럼에도 불구하고 축제명의 특성상 연구자의 주관적인 관점이 완전히 배제될 수 없음을 미리 언급해 두고자 한다. 단지 적절한 축제명의 모색을 위한 제안으로 여기면 될 것이다.

	축제명 제작 혹은 개선 시 고려 사항
첫째	축제의 성격과 의미를 명확하게 표현하고 있는가?
둘째	가능한 간략한 표현을 사용하고 있는가?
셋째	축제의 고유하면서 운치 있는 특징을 잘 부각하고 있는가?

(1) 예술문화축제 : 축제는 다시 예술문화의 장르에 따라 크게 음악제, 미술제, 연극제, 무용제, 영화제로 세분된다. '~제', '~페스티발', '~전', '~회' 등과 같은 용어가 주종을 이룬다. 하지만 '세계무용축제'에서 보듯 '~축제' 역시 자주 쓰이고 있다. 외래어가 일상화된 현실에서 축제명을 한글명으로 고집할 필요는 없지만 '축제'란 명칭은 굳이 사용할 필요는 없는 것 같다.

(2) 관광문화축제 : 축제의 특성에 따라 대체로 해돋이 축제, 해변축제, 눈얼음축제 등으로 구분하고 있다. 해돋이 축제는 주로 바닷가를 중심으로 행해지고 있으나 '소백산해맞이등산대회'처럼 지리적 특성을 고려한 축제도 있다. 관광문화축제명은 명확한 축제의 특징이 있음에도 '~잔치', '~축제', '~대회', '~축전', '~제전' 등과 같은 다양한 축제명을 사용되고 있다.

축제의 특징	~축제명		참 고
음악제	~음악제	'서울국제음악제' '서울연극제'	* 앞서 보는 바와 같이 음악제와 음악회는 규모면에서 차이가 있다.
	~음악회	'서초금요음악회' '조두남추모음악회'	
	~페스티발	'서울오페라페스티발'	* 음악제를 뜻하기도 하지만 음악제의 한 프로그램 용어로 사용한다.
연극제	~연극제	'거창국제연극제' '수원화성국제연극제'	* '~연극제'만으로 행사 특징을 알 수 없다. - 한 장르의 연극제 특징을 가질 경우 이 명칭은 피하는 것이 바람직하다.
	~제	'춘천인형극제' '공주아시아1인극제'	* 연극 장르 즉 마당극, 인형극, 마임제 등을 부각시킬 때 적절히 사용될 수 있다. - '춘천국제마임축제'의 경우처럼 '~축제'는 모든 예술문화 축제명으로 가능하다.
	~페스티발	'서울프린지페스티발'	* (음악제의 페스티발과 동일함)
영화제	~영화제	'부산국제영화제' '부천국제판타스틱영화제'	* 외국의 경우 '칸느 페스티발', '베니스 페스티발'과 같이 영화제를 개최하는 도시 명으로만 영화제명으로 사용한다. * 한 장르의 영화제인 경우 '부천국제판타스틱영화제'처럼 그 특징을 부각시키고 있다.
	~페스티발	'태백산쿨시네마페스티발'	
미술제	~미술제	'봉산미술제' '홍대거리미술제'	* 매년 개최되면 '~제'와 '~전'의 차이가 없다.
	~미술전	'홍대거리미술전' '금강에서의 국제자연미술전'	
	~비엔날레	'광주비엔날레' '청주공예비엔날레' '세계서예전북비엔날레'	* 회화, 공예 등과 같은 소재와 상관없이 사용되며, 2년, 3년, 4년마다 열리는 특성에 따라 비엔날레, 트리엔날레, 콰드리엔날레로 불린다.
	~트리엔날레		
	~콰드리엔날레		

<table>
<tr><th>축제의
특징</th><th colspan="2">~축제명</th><th>참 고</th></tr>
<tr><td rowspan="5">해돋이
축제</td><td>~축제</td><td>'홍도물과 빛의 축제'
'향일암일축제'</td><td>* '~축제'는 가장 흔히 사용되나 '향일암일축제'처럼 축제의 고유한 특징이나 성격을 부각시키지 못할 수 있다.
* 불가피한 축제명일 경우, '~축제'를 사용해도 무방하게 보인다. 예) '홍도물과 빛의 축제'</td></tr>
<tr><td>~(해맞이)
잔치</td><td>'새해경포해맞이잔치'</td><td rowspan="3">* '~맞이'는 '오는 일이나 때나 사람을 맞이하는 일'을 의미한다. 우리 전통에서는 이 의미에 융숭한 대접을 포함하고 있어 '잔치', '축제', '축전'을 반복하여 사용할 필요가 없다. 그 예로 '청도정월대보름 달맞이' 축제가 있다. 따라서 다음과 같은 축제명도 고려해 봄직하다.
예) '새해경포해맞이잔치' → '새해경포해맞이', '낙산해맞이축제' → '낙산해맞이', '영일만호미곶 한민족해맞이축전' → '영일만호미곶 한민족해맞이'</td></tr>
<tr><td>~(해맞이)
축제</td><td>'낙산해맞이축제'
'땅끝해맞이축제'
'남해해맞이축제'</td></tr>
<tr><td>~(해맞이)
축전</td><td>'영일만호미곶
한민족해맞이축전'</td></tr>
<tr><td>~(일출)제</td><td>'성산일출제'</td><td>* '~제'의 의미가 '제사' 혹은 '제전'일 수도 있다.
- '제사'인 경우 : 해에게 지내는 제는 일종의 천신에게 지내는 제사로 전통적으로 국왕만의 권한이자 대규모로 행해졌다.
* '제전'인 경우 : '성대한 예술·문화·체육 등과 같은 사회적 행사'가 동반되어야 한다. 따라서 성대한 제례의식이나 문화예술제가 동반하지 않으면 부적한 축제명으로 여겨진다.</td></tr>
<tr><td rowspan="2">해변
축제</td><td rowspan="2">~축제</td><td>'부산바다축제'
'봄맞이광안리축제'
'해변대축제'
'해운대축제'
'용유도해양축제'
'부안해변축제'
'돌머리해수욕장갯벌축제'
'한여름밤의 해변축제'
'삼귀바다축제'
'백사대축제'</td><td>* '~축제'는 가장 사용 빈도 높으나 해당 축제의 고유한 특성을 부각시키지 못한 것 같다. 오히려 '검은모래 눈뜨는 날'과 같이 지리적 혹은 지역 문화적 특징을 반영할 수 있는 축제명이 돋보인다.
* 오히려 관광축제의 성격상 '~축제'보다 '~잔치'가 적절하다.
* 전통 세시풍속에 여름 '물놀이'가 있는 것만큼 이 용어 역시 친근감이 있을 것 같다.
예) '돌머리해수욕장갯벌축제' → '돌머리해수욕장갯벌잔치' 혹은 '돌머리해수욕장갯벌놀이'</td></tr>
<tr><td>'보령머드축제'
'신안게르마늄갯벌축제'</td><td>* 지역 특성을 배려한 축제명이다. 여기서도 '~축제'에 대해 진지한 성찰이 필요하다.</td></tr>
</table>

	~잔치	'강릉여름바다예술잔치'	* 관광축제의 성격상 적절한 축제명이 아닌가 한다.
눈얼음 축제	~(얼음)축제	'춘천눈얼음축제'	* 축제의 성격상, 상황에 따라 '잔치', 혹은 '놀이'라 함도 무방하다. 예) '대관령눈꽃축제' → '대관령눈꽃잔치' 혹은 '대관령눈꽃놀이'
	~(눈)축제	'태백산눈축제'	
	~(눈꽃)축제	'대관령눈꽃축제' '한라산눈꽃축제'	

(3) 자연환경축제 : 축제의 특성에 따라 다시 유형을 구별하면 봄꽃축제, 단풍축제, 가을억새 갈대축제, 수액축제 등이 있다. 봄꽃축제는 자연환경축제 가운데 가장 흔히 행해진다. 이들을 보면 같은 소재라 할지라도 '~축제', '~제', '~대제전', '~잔치' 등 다양한 축제명을 사용하고 있다. 단풍축제에는 '~제'와 '~축제' 두 종의 축제명이 사용하고 있다. 가을억새 갈대축제는 '~큰잔치', '~축제', '~제'를 사용한다. 수액축제는 '고로쇠약수축제'를 제외하고 모두 '~제'의 명칭을 지니고 있다. 자연환경축제명은 근원적으로 산악신앙과 결부된 전통문화와 밀접한 관계가 있다.

축제의 특징	~축제명		참 고
봄꽃 축제	~축제	'소백사랑 철쭉사랑축제' '울산배꽃축제' '마이산벚꽃축제' '서면유채꽃축제'	* '~축제' : 가장 사용 빈도 높으나 축제의 특성을 부각시키지 못한다. 오히려 봄꽃축제 중 '소백사랑 철쭉사랑축제'의 경우 '소백사랑 철쭉사랑'이 축제명으로 특색이 있지 않을까 한다.
	~(큰)잔치	'제주유채꽃큰잔치'	* '~잔치' : 봄·가을맞이 축제는 꽃구경, 단풍구경, 갈대숲의 전경과 함께 자연 속의 조용한 휴식 혹은 한바탕 즐거운 유희가 포함되어 있다. 따라서 '~잔치'란 용어는 자연환경축제에 무방하지 않을까 한다. 예) '제주유채꽃큰잔치', '무등산억새꽃큰잔치'
	~(대)제전	'흑석산철쭉대제전'	
	~제	'관악산철쭉제' '제암철쭉제'	
단풍 축제	~축제	'내장산단풍축제' '장성백양단풍축제'	
	~제	'지리산뱀사골단풍제' '피아골단풍제'	* 세시풍속에 봄에 행해지는 '화류놀이'와 '단풍구경(놀이)'란 풍습이 있어 '~놀이' 역시 축제명으로 거부감이 없을 것 같다. 예) '마이산벚꽃축제' → '마이산벚꽃놀이', '내장산단풍축제' → '내장산단풍놀이'

가을 억새 갈대 축제	~축제	'민둥산억새풀축제' '제주억새꽃축제'	* '~제'의 의미가 '제전' 혹은 '제사'일 수도 있다. - '제전'의 의미인 경우 : '흑석산철쭉대제전'처럼 명확히 '제'의 의미를 드러내는 경우도 있다. 이 경우 '제전'이 지닌 의미로 인해 봄을 맞는 화류놀이가 축제의 주(主)가가 아니라, 문화예술행사가 주가 되어야 한다. 그럼에도 불구하고 문화행사의 일환으로 종종 제례를 지내기도 한다. - '제사'의 의미인 경우 : '~제'라 명명된 축제를 보면 봄에는 '~철쭉제'가, 가을에는 '~단풍제' 혹은 '~억세제'가 주를 이룬다. 또한 수액축제는 대부분 '~약수제'란 명을 지니고 있다. 우리 전통문화는 정령신앙 중심의 샤머니즘이 배여 있다. 따라서 이들 축제는 산신제 혹은 용신을 위한 약수제례가 반듯이 행해진다. 예) '관악산철쭉제', '지리산 뱀사골단풍제', '지리산고로쇠약수제'.
	~(큰)잔치	'무등산억새꽃큰잔치'	
	~제	'천관산억세제' '화왕산갈대제'	
수액 축제	~축제	'고로쇠약수축제'	
	약수제	'지리산고로쇠약수제' '가야산거자약수제' '백운산약수제' '거제고로쇠약수제' '지리산약수제' '가야산약수제'	

(4) 주민화합축제 : 주민들을 위한 축제이다. 하지만 지역 특성상 때때로 상권 활성화를 내포한 성격이 모호한 몇몇 축제들이 있다.[11] 여기서도 '~축제', '~문화제', '~날'이란 용어가 사용되고 있다.

축제의 특징	~축제명		참 고
주민 화합 축제 상권 활성화 축제	~(한마음, 한마당) 축제	'남산골한마음축제' '북한산축제'[12] '금천구민축제' '마들축제'[13] '노들한마당축제' '마포구민축제' '양천구민축제' '용산축제'	* 종류와 형태에 구분 없이 사용가능한 축제명이다. * 축제 내용 구성은 '~문화제'와 대동소이하다. - 주민들을 위한 축제 성격상 '~잔치'가 오히려 제격이다. 예) '남산골한마음축제' → '남산골한마음잔치' - '노들한마당축제'의 경우 '한마당'과'축제'는 같은 의미를 가지고 있어 하나를 생략함이 간결해 보인다. 예) '노들한마당축제' → '노들한마당'.

11) 서울시 축제를 기준으로 함.

12) 강북주민잔치로 국악한마당, 구민가요한마당, 기타 체육대회 등이 행해짐.

13) 노원구민축제.

	~문화제 (문화축제)	'살곶이벌문화제'[14)] '강남문화제'	*'~문화제'는 전통민속놀이를 포함한 다양한 문화행사(노래자랑, 글짓기 등)이 행해져 축제의 성격과는 상응하지만 특색이 없어 보인다.
	~날	'광진구민의 날' '도봉구민의 날' '영동포구민의 날' '중량구민의 날'	* 지자체 주민을 위해 제정한 날로써 오히려 주민 축제의 성격을 보다 명확히 드러낸다. * 따라서 '~구민축제'의 경우 '중량구민의 날' 처럼 '~날'이 적절하다 여겨진다. 예) '마포구민축제' → '마포구민의 날', '용산축제' → '용산구민의 날

(5) 역사 및 인물형 축제 : 위대한 인물을 추모하는 추모제로 '축제', '~제전', '~제', '~대제'와 같은 용어가 혼용되어 사용된다. 이 모든 축제가 서로 비슷한 형태를 지니고 있으나 그 용어에 따라 고유한 성격이 배여 있다.[15)]

축제의 특징	~축제명		참 고
추모제	~제	'낙성대인헌제' '장충단제'	* '~제'와 '~대제'는 추모제의 성격이 명확하다. - '~제'와 '~대제'의 차이는 규모 면에서 결정된다.
	~대제(大祭)	'남이장군대제' '종묘대제'	
	~제전	'사육신추모제전'	* 추모제를 지내기는 하지만, 예술문화 혹은 체육행사가 축제의 주(主)를 이뤄야 한다.
	~축제	'구암허준축제'	*'~축제'란 용어 때문에 추모제인지 예술문화축제인지 분명한 성격을 드러내지 못한다. 성격에 맞는 축제명이 필요하다. 예) '구암허준축제'→ '구암허준제' 혹은 '구암허준제전'.
기풍제	~제	'선농향제'	* 조선조 국왕이 농업신을 모시고 기풍제를 지내던 선농단의 제례이다. 전통 제례 의식이 먼저 행해지고, 계속하여 민속예술공연과 놀이가 뒤를 잇는다.

14) 조선 태조 임금의 설화가 전하는 살곶이벌 연못과 살곶이 다리에서 이름 지어진 축제로 봉산탈춤공연, 마당극공연, 3대참여맛자랑경연, 전국왕십리가요제, 소월문화제 등이 행해짐.

15) 서울시 축제를 기준으로 함.

(6) 전통민속축제 : 이 축제는 정월대보름축제, 단오축제, 팔월한가위축제가 주를 이룬다. 정월대보름축제에 사용되고 있는 축제명은 각양각색을 하고 있다. 또한 단오축제와 팔월한가위축제를 비교하여 정월대보름축제는 그 수와 종류에 있어 다양하다. 대보름을 전후하여 축제가 많은 이유는 과거 정초에 3할, 대보름에 4할, 총 7할의 축제가 이때 행해졌기 때문이다. 연구 편의를 위해 먼저 단오축제와 팔월한가위축제를 정월대보름축제와 분리하여 분석하고자 한다.

축제의 특징	~축제명		참 고
단오 축제	~단오제	'법성포단오제' '남대천단오제' '강릉단오제'	* 단오제의 '제'는 제전의 의미를 갖고 있다. 과거에는 정월 14일 밤에 간단한 동제(洞祭)가 행해졌고, 3년마다 단오날에 성대한 단오굿이 벌어졌다. 이때 자연스럽게 민속 예술제가 이어져 행해졌다. 과거에는 '~단오굿'이 전통 축제명이었다. - 오늘날 단오제는 전통문화제전의 의미를 가지며, 행사의 축이자 프로그램의 하나로 단오굿이 행해져 단오제라 함도 무방하다. - 따라서 굳이 '~단오민속축제'라는 모호한 축제명을 사용할 필요가 없다.
	~(단오 민속) 축제	'서울단오 민속축제'	
	~놀이	'지인단오 한장군놀이'	* '지인단오한장군놀이'의 한장군놀이는 단오굿 이후 행해지는 놀이 중 하나로 10여명의 기마를 포함하여 70여 명이 25종의 가장행렬을 하는 행사이다. '~놀이'는 고유한 축제명으로 사용되고 있다. - 이러한 형태는 축제의 특성을 가장 명확히 부각시키는 축제명이라 하겠다.
	~문화제	'갑천문화제'	* '~문화제'는 전통민속축제의 특성을 부각하지 못하는 용어이다.
팔월 한가위 축제	~제	'사선문화제' '마산만날제'	* 전통적으로 팔월 한가위 때는 부락제가 없었다. 추수감사제는 음력 10월에 성주, 조상, 터주, 조왕, 삼신 등께 지내는 고사(告祀)가 추수감사제의 성격을 띠고 있다. - 따라서 '마산만날제'는 프로그램 없이는 한가위 축제임을 알 수 없는 축제명이다.
	~축제	'해남강강술래 축제'	* 해남강강술래는 한가위 전통 민속놀이 중 하나로 특히 호남지방의 강강술래를 대표적인 놀이로 여긴다. - 따라서 '해남강강술래'만으로 그 지역의 고유한 특징의 축제임을 충분히 부각할 수 있다.

<table>
<tr><th>축제의 특징</th><th colspan="2">~축제명</th><th>참 고</th></tr>
<tr><td rowspan="8">정월 대보름 축제</td><td>~(대보름) 축제</td><td>'으능정이대보름축제'
'의령정월대보름 전통민속대축제'</td><td rowspan="2">* '청도정월대보름 달맞이' 축제처럼 '으능정이 대보름 달맞이', '의령정월대보름 달맞이', '낙동민속달맞이', '금산 장동달맞이'가 사족(蛇足) 없이 적절하다고 여겨진다.</td></tr>
<tr><td>~(달맞이) 축제</td><td>'낙동민속달맞이축제'
'금산장동달맞이축제'</td></tr>
<tr><td>~민속놀이
~보름놀이
~민속놀이 한마당</td><td>'군포정월대보름 민속놀이'
'연천정월대보름맞이 민속놀이'
'김천정월대보름맞이 민속놀이'
'고양정월대보름놀이'
'수산정월대보름 민속놀이한마당'</td><td>* 정월 대보름날 행해지는 놀이는 모두 전통민속놀이를 바탕으로 하고 있다. 따라서 '민속'이란 용어는 사족(蛇足)이 될 수 있다. 따라서 '~민속놀이'는 '놀이'로 함이 적절하다. 그 예가 '고양정월대보름놀이'가 있다.
* '수산정월대보름 민속놀이한마당'은 축제의 용어('민속놀이'와 '한마당')를 이중으로 쓰고 있다. 따라서 둘 중 하나를 선택함이 옳다.</td></tr>
<tr><td>~한마당
~한마당 잔치</td><td>'여주정월대보름 한마당'
'나주세시풍속 한마당잔치'</td><td>* '한마당' 자체에 잔치와 유사한 축제의 의미를 지니고 있어 '나주세시풍속한마당잔치'는 '여주정월대보름한마당'처럼 '잔치'를 떼야 한다.
- 세시풍속은 일년 내내 행해지는 풍속을 의미함으로 잘못 선택한 축제명이라 하겠다.</td></tr>
<tr><td>~제</td><td>'탄천장승제'
'간월도 굴부르기군왕제'
'망월제'
'고모령대동제'
'군대마을당산제'</td><td>* 정월 대보름을 전후하여 행해지는 마을단위 기풍·기복 제사를 동제라 한다. 별신은 마을 혹은 시장의 수호신의 총칭으로 대상은 그 마을 전설 속 인물이나 정령이 대상이 된다. 예전 마을에는 이 별신을 당(堂) 모셔두었다. 어촌에는 용왕이나 영등신에게 기풍제를 지냈다. 동제 때 모신 신이 다양한 만큼 제의 이름도 다양하고, 그에 따른 특징도 잘 부각되고 있다.</td></tr>
<tr><td>~(전통)놀이</td><td>'서산 볏가릿대놀이'
'고성정월대보름 달집놀이'
'양양달맞이지신밟기'
'고싸움놀이축제'</td><td>* 볏가릿대, 달집, 달맞이, 모두 기풍을 위한 놀이였다. 고싸움놀이는 일종의 마을 단위 편싸움으로 이긴 편이 그해 풍년이 든다는 속설이 있다. 이 놀이 역시 그 자체가 다른 전통놀이처럼 축제의 의미가 있어 '고싸움놀이축제'처럼 굳이 '축제'를 붙일 필요가 없다.</td></tr>
<tr><td>~문화제</td><td>'태기문화제'
'죽서문화제'
'화도진축제'
'의림지공어축제'</td><td>* 정월대보름 축제의 성격을 전혀 부각하지 못하는 축제 명들이다.</td></tr>
</table>

4. 맺음말

지금까지 살펴본 지방자치단체 축제의 명칭은 때때로 규칙이나 통일성이 없다. 축제의 유형과 그 성격에 따라 일관성 있는 명칭이 필요하다. 이는 궁극적으로 축제에 대한 국가 예산 지원의 당위성과 효율성과도 연계되어 있다. 오늘날 축제의 성패 여부는 그 경제성에 무게 중심을 두고 있다. 다시 말해 해당 축제에 참가한 연인원수에 따라 축제의 성공과 실패를 가늠하고, 또한 그 축제의 존속 가능성을 결정하게 된다. 하지만 이 기준은 이벤트성 축제의 성패 여부를 결정하기에는 적절하지만, 과연 전통 문화의 지킴이로서 개최되는 축제까지 이 기준을 적용하는 것은 분명 무리가 있다. 지역 주민, 나아가 전국민의 공동체 의식과 문화적 자긍심을 일으키는 축제는 비록 당장의 시장성이 없을지언정, 국가적 측면에서 장기적인 충분한 그 이상의 가치를 포함하고 있다. 특히 전통 문화축제는 그 자체에 유무형의 자산을 지니고 있다. 바로 인간 삶의 의미를 고양하게 하는 가치를 지니고 있다. 부분적이기는 하지만 축제 관련 용어 정리, 축제 유형과 성격에 따라 적절한 축제명을 찾아보고자 한 본 연구는 제안적 성격을 지니고 있음을 밝혀둔다. 또한 본 연구자의 능력 한계로 인해 발생할 오류의 가능성도 있음을 시인하고자 한다. 다만 지엽적인 연구이기는 하지만 축제 용어와 명칭에 대해 이런 고찰이 지방자치단체의 축제명 작명 시 한번쯤 더 그 의미와 중요성에 관해 숙고할 수 있는 계기가 되길 희망할 뿐이다.

참고문헌

김병인, 『역사의 지역 축제적 재해석』, 민속원, 2004.

이광규, 『한국인(韓國人)의 일생(一生)』, 한국민속학총서1, 형설출판사, 1981.

이광진, 『민속과 축제의 관광적 해석』, 민속원, 2004.

이상일 외 다수, 『축제와 문화』, 연세대학교 출판부, 2003.

이송미, 『한국의 축제』, 성아출판, 1999.

이승수, 『새로운 축제의 창조와 전통축제의 변용』, 민속원, 2003.

장수근, 『한국(韓國)의 세시풍속(歲時風俗)』, 한국민속학총서4, 형설출판사, 1981.

조흥윤, 『한국의 샤머니즘』, 서울대학교 출판부, 2000.

한상수, 『한국인의 신화』, 문음사, 1982.

엘리아데, 멀치아, 이동하 옮김 『聖과 俗 : 종교의 본질』, 학민사, 1988.

뒤비뇨, 장(DUVIGNAUD Jean), 류정아 옮김, 『축제와 문명(Fête et civilisations)』, 한길사, 1998.

『동아 새국어사전』, 동아출판사, 1995.

A. REY et J. REY-DEBOVE (rédaction dirigée par), *Dictionnaire de la langue Française*, petit ROBERT, Le Robert, 1982.

HENRI BERTAUD DUZAUD, *Dictonnaire de synonymes et contraires*, Les Usuels, 1993.

KEITH Pratte and RICHARD Rutt, *Korea A Historical and Cultural Dictionary*, CURZON, 1999.

_______, *Korean cultural Heritage*, volume II Thought and Religion, Korea Foundation.

한국축제의 전망과 가능성
-수도권 대도시 축제의 사례를 중심으로-

이 현 식

1. 들어가며

이 글은 '한국축제의 전망과 가능성'이라는 이름을 달고 있지만 실제로 그에 부합하는 내용을 담고 있지는 못하다. 1천 여 개에 이르는 한국의 축제들을 모두 검토한 결과가 아니기 때문이다. 물론 모든 개별 축제를 검토한다고 해서 반드시 한국 축제에 대해 전망을 할 수 있는 건 아닐 것이다. 그렇지만 한국의 축제는 너무 다종다양해서 어떻게든 규정하고 분류해서 해석하고 판단을 내리는 일이 불가능해 보인다. 게다가 아직까지는 그에 대한 기초 연구나 선행 연구도 부족해서 한국 축제 전반을 검토하기에는 너무나 많은 노력과 시간을 필요로 한다. 한국의 축제는 좋게 말한다면 매우 역동적이고, 조금 나쁘게 말한다면 그 지향점을 쉽게 판단하기 어려울 정도로 제각각이다. 사정이 그렇게 된 것은 아직까지 축제 문화가 정착되지 못한 탓일 것이다.

축제가 지금처럼 지역마다 일반화되고 일상화된 것은 고작해야 10년 내외의 기간이다. 축제가 하나의 전통, 혹은 관습으로 정착되기에 10년이라는 시간은 너무 짧다. 조금 더 시간이 흐르면 축제는 그 나름의 생명력을 갖고 있는 것과 그렇지 못한 것들이 구별될 것이고 그에 따라 한국 축제의 모습도 어느 정도는 자기의 틀을, 다양성 속에서도 만들어 가지 않을까 생각한다. 그래서 한국은 아직도 축제와 축제 문화가 형성되고 있는 과정에 있다고 보는 편이 온당하다.

이 글은 한국 축제에 대한 이와 같은 상황 인식을 전제로 몇 개의 축제를 사례로 연구한 결과이다. 특히 축제에 대해 지역 문화정책이라는 관점에서 접근하였다. 한 지역이 왜 축제를 필요로 했고 그것이 어떤 과정을 겪어 가며 변화, 발전, 굴절되는가를 살펴보았다. 그래서 축제 내부의 세부적인 과정에 초점을 두기보다는 거시적인 차원에서 축제가 지역 공동체에 어떤 영향을 미치는가, 반대로 지역 공동체 또는 지방자치단체가 어떻게 그 축제에 개입하는가에 관심을 두고 연구를 진행하였다. 그러다 보니 얼핏 보기에 축제와 관계없는 도시의 연혁이나 현황 등과 같은 문제들을 다루기도 하였다. 그러나 이들은 거시적인 측면에서 해당 축제를 제대로 이해하기 위해 필요한 과정으로 이해되었으면 한다.

이 연구에서 사례로 삼은 곳은 부평과 부천이다. 이 두 도시는 모두 수도권에 위치해 있으면서 서울의 위성도시적 성격이 강하다. 본론에서 다시 거론되겠지만 부평과 부천은 서로 인접해 있으면서 같은 역사적 연원을 갖고 있기도 하다. 게다가 이 두 도시는 각각 비슷한 시기에 풍물

축제(부평)와 국제영화제(부천)를 만들어 오늘에 이르고 있다. 그렇지만 그 축제의 성격은 매우 다르다. 대도시에서 만들어진 두 개의 지역 축제를 검토하면서 한국 축제가 오늘날 당면한 문제점 혹은 가능성의 일단을 파악할 수 있으리라 기대한다.

본론에서는 우선 두 도시가 어떤 성격을 갖고 있는지 도시의 연혁과 현황, 특성 등을 알아보고 두 도시의 문화 정책, 제도적 여건, 축제를 기획하게 된 배경과 성과, 축제의 특성과 문제점을 차례차례 검토해 보도록 하겠다. 그 과정에서 자연스럽게 오늘날 한국 축제가 당면하고 있는 문제점의 일단이 드러나리라고 생각한다.

2. 부천과 부평, 이란성 쌍둥이

1) 연혁을 통해 본 두 도시의 특성

부천과 부평은 그 뿌리가 같다. 1914년 3월 1일 부천군이 신설되고, 1940년 부평이 현재의 인천광역시에 통합되기 이전까지는 부천과 부평은 같은 지역으로 인식되어 왔다. 고구려 시대에는 주부토군(主夫吐郡), 통일신라시대에는 장제군(長堤郡), 고려시대에는 수주(樹州), 조선 초에는 부평도호부(富平都護府), 조선 말에는 인천부 부평군(富平郡)으로 시대 변천에 따라 지명을 달리해 왔지만 하나의 지역으로 불려왔던 것이다. 부천(富川)이라는 지명도 1914년 당시 부평군과 인천부의 일부를 통합할 때, 부평의 부(富)와 인천의 천(川)을 조합하여 만들었을 정도로 부천과 부평은 그 친연성이 매우 높다.

부천은 1973년 7월 1일 시로 승격되어 오늘의 부천시로 발전하게 되었고, 그 후 산업화, 도시화에 따른 시세 확장에 따라 1975년에는 김포군의 오정면을, 1983년에는 시흥군 소래읍의 계수리 일부와 옥길리 일부를 편입하였다. 1988년에는 남구와 중구가 생겼으며 1993년 오정구가 증설, 남구는 소사구로, 중구는 원미구로 명칭이 바뀌었다. 현재는 원미구,

소사구, 오정구, 3개 구, 37개 동의 행정구역으로 구성되어 있다.

부평은 정부 수립 이후 1968년까지 인천시 부평출장소의 지위를 누리다가 1968년 인천시 북구청이 설립되면서 부평이라는 이름은 동(洞)에만 남게 되었다. 1988년 인구 증가에 따라 서구가 분구되어 나갔고 1989년 김포군 계양면이 북구로 편입되었으며 1995년 북구청 관할권에서 계양구가 신설됨에 따라 북구를 부평구로 개칭하여 오늘에 이르고 있다.

이 두 도시는 조선시대까지만 하더라도 그 강역(彊域)이 부평과 김포평야를 아우르는 광대한 지역이었다. 서쪽으로는 현재의 경인전철역 백운역 근방부터 동쪽으로는 현재의 영등포구 일부를 포괄하는 광범위한 지역을 아우르면서 계양산 자락에 부평도호부가 설치된 전통적 농경지역이었다. 즉 부평평야와 김포평야를 기반으로 농업을 주요 산업으로 하는 곡창지대였던 것이다.

그러나 부평 지역은 1930년대를 전후하여 일제의 대륙침략 정책으로 산업, 군사기지로 탈바꿈하게 된다. 경인 철도의 부평역을 중심으로 병기고가 설치되고 보급부대가 주둔하면서 지역의 색깔이 변화하게 된 것인데, 부평이 인천으로 편입된 것도 이 시기이다(1940년). 분단 이후에도 이런 사정은 변화하지 않았고 일본군 대신에 한국군과 미군이, 산업지대는 국가산업단지로 더욱 확장되어 농경지를 거대한 공단으로 바꾸어 버렸다. 부평은 이 시기에 '부평공단'이라는 경인 수출공업단지로 사람들에게 인식되게 된다.

그러나 부천은 1980년대 말 대규모 주택단지가 조성되기 이전까지 여전히 농업을 기반으로 한 수도권 변두리 지역의 특성을 강하게 갖고 있었다. 부천을 상징하는 '복사골'이라는 말에서도 알 수 있듯이 이 지역은 복숭아 과수원이 넓게 자리 잡아 복숭아가 이 지역의 오랜 특산물로 알려졌다.

한편 부평은 1980년대부터 군부대의 도시 외곽으로의 이전, 도심지 재개발 사업 등으로 대규모 택지개발 사업이 이루어지면서 거대한 아파트 단지가 속속 들어서기 시작한다. 최근에는 삼산 택지개발지구가 조성되어 신도시의 모습을 띄기 시작하고 있다. 남아 있던 소규모 공장들도 점차 철거되기 시작하고 현재는 서울의 위성도시, 베드타운으로 지역의 정체성(identity)이 위협받고 있는 실정이다.

이 점은 부천도 마찬가지이다. 서울 인구의 분산정책으로 일산, 분당, 평촌 등 서울 주변 지역이 신도시로 조성되면서 부천 역시 중동 지역이 신도시로 개발되기 시작하였다. 과거 평야를 이루었던 곳이 지금은 거대한 아파트 단지로 바뀌어 버렸으며 중동 인근의 상동지역이 다시 아파트 단지로 개발되어 수도권의 전형적인 베드타운형 신도시의 모습으로 전환되고 있다. 복숭아밭이 넓게 펼쳐져 있던 소사(少沙 : 부천의 옛 지명)가 지금은 시멘트의 밀림이 되어버린 것이다.[1)]

2) 교통 환경의 변화 - 서울로 가는 지름길

부천은 북쪽과 동쪽으로는 서울시의 강서구 · 양천구 · 구로구와, 그 남쪽으로는 광명시와 경계를 이루고 있으며, 서쪽은 인천광역시의 계양구 · 부평구 · 남동구와 남쪽은 시흥시와 맞닿아 있다. 부평 역시 동쪽으로는 부천시, 북쪽으로는 인천광역시 계양구, 서쪽은 인천광역시 서구, 남쪽은 인천광역시 남구와 남동구와 연접해 있다. 두 곳 모두 서울 서쪽에 위치하고 있으면서 서울로 이르는 교통편이 잘 발달되어 있다는 공통점이 있다.

이 두 곳은 모두 경인고속도로와 경인전철, 경인국도가 모두 서에서 동으로 횡단하고 있고 수도권 외곽 순환고속도로가 남북으로 종단하고 있는 지점에 위치하고 있다. 한편 서울 지하철 7호선이 부천을 지나 인천지하철 1호선 부평구청역과 연계될 예정으로 있다. 한편 부평구 남북으로는 인천지하철 1호선이 관통하고 있으며 부평역에서 경인전철과 교차, 환승할 수 있다. 수도권 서부 지역의 교통 요충지 역할을 하고 있다는 점을 여기에서도 짐작할 수 있다.

---

1) 부평과 부천의 일반적인 현황과 연혁에 대해서는 각각 부천시 홈페이지(www.bucheonsi.com)와 부평구 홈페이지(www.icbp.go.kr)를 참고할 것.

이 두 지역이 서울과 심리적 거리를 단축할 수 있는 결정적 계기는 1969년 경인고속도로의 개통으로부터 비롯되었다. 경인고속도로의 개통은 부평, 부천과 서울을 20분 이내로 단축시켰다. 당시 교통 환경을 감안하면 부평·부천에서 서울로 가는 시간이 획기적으로 단축된 것이었다.[2)] 거기에 1974년 경인철도의 전철화가 이를 더욱 크게 가속화시켰다. 1회 운행의 차량수가 늘었고 운행 횟수도 대폭적으로 증가하였다. 2006년 완전 개통 예정인 경인전철의 복복선화는 그 완결편이 될 것이다.

1980년대까지 서울과 부평, 부천을 연결하던 교통 노선은 경인철도와 경인국도, 경인고속도로가 전부였지만 지금은 여기에 제2경인고속도로, 수도권외곽순환고속도로, 88올림픽도로와 연결되는 수도권 매립지 도로 등으로 대폭 늘어났다. 철도 역시 복선에서 복복선으로 선로가 늘어났으며 앞으로 서울지하철 7호선과 인천지하철이 연계되고 공항철도와 인천지하철이 연결되면 이 두 도시는 수도권 광역 교통망의 중심축으로 자리 잡을 것이다.

3) 인구와 면적, 재정

부평은 2003년 12월 현재 31.99km^{2}의 면적에 인구 약 55만 4천명이 거주하고 있다. 인구밀도는 17,318명으로 인천광역시 가운데에서 가장 높다. 부천시는 총 면적 53.44km^{2}로, 경기도 면적의 0.5%에 해당한다. 부천시 인구 역시 2003년 12월 현재 85만 2천 명으로 경기도 가운데에서 가장 높은 인구밀도를 보이고 있다. 부평과 부천 모두 2003년 기준으로 30대 전후반과 40대 초반의 인구비율이 높은 것으로 나타났다. 인구 면에서 보더라도 이 두 곳은 수도권의 신도시적 성격을 강하게 나타내고 있다.

---

2) 심승희, 「인천과 인천사람 : 끊임없는 세포분열」, 인천발전연구원 편, 『인천재발견 上』(인천발전연구원, 2001), 135-165면 참조.

〈표-1〉 부천시의 인구 현황 (기준 : 2002. 12. 31)

년도	세대	인구			인구밀도(명/km^2)
		계	남	여	
1980	51,161	221,475	112,725	108,750	4,488
1990	183,196	667,993	336,040	331,953	12,804
2000	255,598	780,003	395,268	384,735	14,595
2001	259,495	785,754	398,141	387,613	14,703
2002	275,000	821,081	415,142	405,939	15,365

자료 : 『부천시정주요통계』(부천시, 2003)

〈표-2〉 부평구의 인구 현황 (기준 : 2002. 12. 31)

년도	세대	인구			인구밀도(명/km^2)
		계	남	여	
1980	78,778	350,142	172,538	177,604	–
1990	167,455	616,896	310,454	306,442	8,024
2000	176,797	548,145	276,785	271,360	17,135
2001	180,135	553,961	279,338	274,623	17,322
2002	187,280	560,463	282,504	277,959	17,525

자료 : 『부평구통계연보』(부평구, 2003), 비고 : 1995년 계양구 분구

재정 규모는 일반회계 기준으로 보았을 때 부평은 2004년에 약 1,728억 원이고 부천은 4,735억 원에 이른다. 인구와 면적 등을 비교해 보더라도 부천의 재정 규모가 훨씬 크다는 것이 금방 나타난다. 이렇게 두 도시가 재정적인 측면에서 큰 차이가 나는 것은 특별히 부천의 경제 상태가 좋아서라거나 개개인들이 더 많은 세금을 내서가 아니라 지방자치법이 규정하는 법적 위상이 다르기 때문이다. 부평은 인천광역시 산하 자치구로서의 법적 지위를 갖지만 부천은 경기도 산하 시(市)로서의 법적 지위를 갖는다. 똑같은 기초자치단체라고 하더라도 두 곳의 법적 지위는 다르다. 아울러 도(道) 아래의 시(市)와 광역시(廣域市) 아래의 자치구(自治區)가 거둬들일 수 있는 세금의 종류가 다르다. 시가 훨씬 더 많은 권한을 가

지며 국가나 도(道)로부터 위임받은 사무가 많다. 그에 따라 재원(財源) 역시 많게 되는 것이다. 그러다 보니 재정 규모가 자치구와 시는 달라지게 된다. 부평과 부천의 재정 규모가 차이나는 데에는 그런 이유가 있다.

지금까지 보아온 것처럼 두 도시는 비슷한 역사적 경험을 공유하고 있다. 농업을 기반으로 하는 전통적인 농경사회가 근대화 이후 거대도시 서울 인근에 위치하고 있는 이유로 인해 주변부 도시, 서울의 위성 도시로 급격하게 뒤바뀌게 되었던 것이다. 그런 변화는 아직도 현재 진행 중이다.

3. 축제 기획의 배경

여기에서는 두 도시가 어떻게 해서 축제를 기획하게 되었는지 그 배경에 대해 살펴보기로 한다. 이는 앞에서 살펴본 도시의 특성과 무관하지 않으며 또한 이를 통해 한국에서 지역 축제가 어떤 연원에서 그렇게 우후죽순격으로 갑자기 많이 생겨났는가를 이해하는 데에도 시사점을 줄 것이라고 생각한다.

이 두 도시가 축제를 기획하게 된 배경의 가장 핵심적인 요인은 지방자치제도의 전면적 실시이다. 1995년 자치단체장의 직선과 자치단체의회 의원 선거를 통해 우리나라도 지방자치 시대를 열게 된다. 자치단체장에게 예산편성권과 인사권을 포함한 핵심적인 사무가 중앙정부로부터 이관되면서 각 자치단체는 모두는 아니지만 많은 영역에서 주민들의 수요와 이익을 대변할 수 있는 정책을 자율적으로 수립할 수 있게 된다.

부천과 부평 두 도시도 똑같은 상황에 놓이게 된다. 이들은 수도권의 여러 주변부 도시 중 하나로, 다른 도시와 크게 구별될 것이 없는 곳들이었다. 베드타운적 성격을 크게 벗어날 게 없는 도시들이었던 것이다. 지역의 특산물이 있는 것도 아니고 특별한 장소 자산을 갖고 있는 것도 없는 변두리 도시의 모습이었다. 그러나 지방자치단체로서는 이런 상황을 그대로 인정하고 현실에 안주하기는 어려웠을 것이다. 부천과 부평이

축제를 기획하게 된 배경에는 이런 저간의 사정들이 작용하고 있었다.

더구나 축제는 여러모로 단기적으로 시행하기에 좋은 사업이었다. 성과가 확연히 눈에 드러나는, 요컨대 투입과 산출이 현실에서 잘 증명되는 사업이었고 명분도 있었다. 언론과 학자들은 21세기는 문화의 세기라고, 이제 문화가 경쟁력인 시대라고 소리 높여 외치고 있었다. 축제는 지방정부의 입장에서 보자면 지방자치제가 실시되고 있음을, 아울러 지방정부 집행자들의 실체를 주민에게 알릴 수 있는 가장 매력적인 정책 수단으로 떠올랐던 것이다. 이 두 도시는 지방자치제도가 실시된 세 번째 해에 똑같이 축제를 개최한다. 1997년 부천은 '부천국제판타스틱영화제'를, 부평은 '부평풍물축제'를 열게 되는 것이다. 아마 그 다음해 실시될 지방선거를 염두에 둔 탓도 조금은 작용했을 것이다. 그러나 비슷한 배경과 연혁, 지리적 위치를 갖고 있는 두 도시가 선택한 축제의 모습은 너무 달랐다.

1) 부천의 경우

부천은 부평에 비해 지역의 역사적 전통은 더욱 희박한 곳이다. 원래 부평에 소속되었던 곳이 인구가 증가하면서 독립한 지역이기 때문에 그렇다. 양귀자의 소설 『원미동 사람들』에서도 잘 드러나고 있듯이 부천은 서울의 변두리 도시에 불과했다. 그러던 것이 1993년 중동 신시가지 개발과 함께 아파트 밀집 지역으로 변화하고 인구 유입이 급증하기 시작했다. 도시의 정체성은 희박하고 대부분 외지로부터 유입된 사람들이 부천 시민을 형성하였다.

이런 문제를 해결하기 위해 지방자치제의 실시와 함께 부천은 도시의 정체성을 문화에서 찾기 시작했다. 부천은 문화를 수사(修辭)와 립 서비스(lip-service) 수준의 문화가 아닌 말 그대로 도시 정책의 주요 근간으로 삼기 시작한 것이다.

부천이 1997년 '부천국제판타스틱영화제'를 기획하게 된 것은 어떤 특징도 없는 도시를 문화도시로 탄생시키기 위한 전략의 일환이었다. 1996년

'부산국제영화제'가 처음으로 개최되어 그 성과를 주목받기 시작했고 1990년대 들어 한국 영화는 점차 그 창조적 생산력을 대내외에 과시하고 있었다. 한국 영화의 시장 점유율은 1997년 드디어 25%를 넘어섰고 〈은행나무침대〉, 〈접속〉, 〈초록물고기〉 등이 연이어 히트하고 이창동, 홍상수, 강제규 등의 새로운 신진 감독들이 등장하면서 영화의 시대를 예고하고 있었다.[3)]

특히 1998년 민선 2기 시장이 취임하면서 부천은 5대 문화사업을 시의 핵심 과제로 삼아 선택과 집중 전략으로 꾸준히 시행하기 시작하였다. 많은 예산과 인력을 여기에 쏟아 부었다. 5대 문화사업이란 '부천필하모닉오케스트라(BPO)', '부천국제판타스틱영화제(PiFan)', '부천국제대학애니메이션페스티발(PISAF)', '부천만화정보센터(BCIC)', '복사골예술제'를 가리킨다. 처음에는 잘 알려지지 않았지만 부천은 이제 이 사업들을 10년 가까이 추진해 온 결과, 수도권의 대표적인 문화도시로 인식되기 시작했다. 2001년에는 기초자치단체로서는 전국 최초로 문화재단을 설립해서 전문가들로 하여금 문화시설을 운영하고 문화정책에 대한 자문이 이루어지도록 제도화했다. 부천의 도시 이미지가 과거 변두리 도시로부터 수도권의 문화도시로 점차 이미지를 바꿔 가기 시작한 것은 이런 과정이 있었기에 가능한 것이었다. 거기에서 '부천국제판타스틱영화제'가 기여한 공로는 매우 크다.

'부천국제판타스틱영화제'는 SF, 판타지, 로맨스 등 특정 장르의 영화를 대상으로 하는 영화제로 그만큼 부산영화제와 차별성을 갖는다. 대중성은 떨어질지 몰라도 확실한 매니아층을 주 타겟으로 잡아 영화제로서의 생명력을 갖도록 했다. 영화제 초대 집행위원장을 맡은 이장호 감독의 당시 인터뷰 기사와 수석프로그래머였던 김홍준 감독의 인터뷰 기사를 보면 부천이 그리고 있는 축제의 꿈이 느껴진다.

---

3) 1990년대 영화시장의 전반적인 흐름에 대해서는 김학수, 『스크린 밖의 한국영화사 2』(인물과사상사, 2002)를 참조.

오케스트라가 있다. 아담한 신도시를 품고 있다. 영화에 대한 비전까지 갖췄다. 이 도시는? 정답은 '부천시'다. 그래서 그는 이 곳에 자신의 미래를 걸기로 했다. 신참 부천 시민인 영화감독 이장호씨. 그는 작년(1996년) 10월 이 곳에 전입했다. 오는 8월에 열릴 부천 국제판타스틱 영화제 집행위원장을 맡은 것이 계기가 됐다. 하지만 그의 부천에 대한 애정은 이미 '토박이급'이다. "부천엔 서울에 없는 것이 있어요. 그것은 바로 미래죠." 털털한 웃음과 함께 말문을 연 이감독은 '인구 80만으로 전국 8대 도시인 부천은 이번 영화제를 통해 미래형 문화도시로 거듭날 것이 확실하다'고 장담한다. 그가 준비하고 있는 이번 영화제는 오는 8월 29일부터 9월 5일까지 8일간 부천의 12개 극장이 참여하는 가운데 열린다. 주제는 '사랑, 모험, 환상'. 부천 영화제에는 미국 유럽 남미 동남아 등에서 흥행에 성공한 30개국의 60여편이 출품될 예정이다. 그는 "이번 축제를 통해 부천 시민들의 흔들림 없는 주인의식이 발휘되길 기대한다"고 말하고 "앞으로 문화도시 부천에 대규모 애니메이션 타운을 조성하고 싶다"고 포부를 밝혔다.(『조선일보』 1997. 03. 21)

달세계 여행의 꿈을 담은 95년전 흑백 무성영화로부터 현대 초현실주의 필름까지. 그 시대 인간의 환상을 담은 작품 80편이 영화팬들과 만난다. 8월 29일부터 9월 5일까지 열릴 제1회 부천국제판타스틱영화제(pifan) 초청작 80여 편의 윤곽이 9일 드러났다. 작년 출범한 부산국제영화제가 국제 무대에서 호평받은 신작들의 '뷔페 차림'이었다면 부천영화제는 판타스틱 영화 일색으로 메뉴를 정돈한 '전문 식당'이다. 판타스틱 영화란 유럽에선 장르 영화중 환상에 기반한 마니아 취향 작품들을 가리킨다. 그러나 이 영화제 프로그래머 김홍준 감독은 "판타스틱 영화의 한국적 개념을 만들어 간다는 생각으로, 대중적 취향의 일반 영화까지 폭을 넓혔다" 고 말했다. (『조선일보』 1997. 07. 10)

대중 동원력이 큰 영화라는 대중문화의 매체를 축제화하는 데에 성공함으로써 부천은 수도권 도시 가운데에 자기 정체성을 갖는 데에 일정한 성공을 거둔 것으로 보인다. 특징 없는 서울 주변의 변두리 도시가 어떻게 활력있는 문화도시로 바뀌어가고 있는지, 또 도시의 인지도와 이미지 개선에 어떻게 성공했는지, 그리고 거기에서 축제가 미친 영향력이 얼마나 큰 것인지를 부천의 사례는 잘 보여주고 있다.

2) 부평의 경우

부평은 부천과 달리 부평권의 중심지였다. 부평평야의 중심지였으며 일제 강점기하에서 체계적으로 도시로 개발된 곳이었다. 부평역 앞에서 계양산에 이르는 부평대로는 이미 식민지 시대부터 계획되어 있었다.[4] 부천과 비슷하게 서울의 변두리 지역이지만 나름의 전통과 역사를 갖고 있을 뿐만 아니라 자기 정체성을 유지하려는 의지가 매우 강한 곳이라고 볼 수 있다. 어쨌거나 지리적인 위치로 보더라도 부천에 비해 서울과는 거리가 조금 더 떨어져 있고 인천광역시에 소속되어 있는 곳이다. 그러나 부평은 비록 행정구역상으로는 인천광역시에 소속되어 있지만 인천과 구별되는 문화적 특성을 갖고 있는 도시이다. 바닷가에 가까운 옛 인천지역은 개항장이 있고 항구와 부두의 존재로 바다와 친숙한 정서가 강하다. 그러나 부평은 오랜 시간 농업을 기반으로 한 공동체 생활을 누려왔기에 원래의 인천지역과는 구별된다는 의식이 지역 토박이들에게 강하게 자리 잡고 있다.

그러나 부평은 일제 강점기부터 조성되기 시작된 병기창고와 각종 공업단지, 그리고 해방 이후 들어선 미군부대 등으로 애초의 그와 같은 정서는 사라져 버렸다고 해도 잘못된 말은 아니다. 더구나 대우자동차 부평공장으로 지역 경제가 상당 부분 유지된다는 점 역시 무시할 수는 없는 일이었고 1980년대 후반부터 들어서기 시작한 아파트 단지는 부천과 유사하게 외부로부터 인구 유입을 증가시켰다. 부평이 전통 있는 농업지역이라고는 해도 그런 자취는 모두 사라져 버렸으며 지역에서 특별히 내세울 만한 장소 자산이나 문화재, 혹은 자원이 있는 것은 아니었다. 또한 부천과 마찬가지로 일부 토착민을 제외하고 주민의 대다수는 부평 지역에 대한 소속감이 결여되어 있었다.

부평에서 풍물축제를 개최하게 된 것은 이 같은 부평 지역의 역사적 특성과 현재적 조건을 고려한 이유가 크다. 농경문화에 토대를 둔 부평 전래의 풍물을 살려나가면서 주민들의 지역 소속감을 고취하고 지역의

---

4) 인천광역시 편, 『인천의 도시계획 1883-2001』(인천광역시, 2004), 26, 27면 참조.

일체감을 만들어 내기 위해 축제가 고안된 것이다. 더구나 '풍물'이 갖고 있는 축제적 성격으로 인해 비교적 안정된 축제 운영 체제를 갖추고 있다. 2001년부터 조례를 제정, 부평구축제위원회가 축제를 담당토록하고 있다. 축제위원회 밑에는 축제 기획단이 조직되어 있어서 실무진과 전문가들이 축제를 기획·운영한다.[5] 아래에 소개하는 부평축제위원회의 위원장과의 인터뷰 기사를 통해 부평풍물축제의 단면을 엿볼 수 있다.

> 오는 19일 개막하는 제8회 부평풍물축제를 준비중인 심갑섭(62) 부평구 축제위원장은 올해 축제를 지역 주민 모두가 동참해 즐길 수 있는 '참여형' 행사로 준비했다고 밝혔다. - 중략 - "부평에 30년 넘게 살았지만 학교와 직장이 서울에 있어서 부끄럽게도 지역을 위해 한 일이 아무것도 없었습니다. 제가 가진 경험으로 지역에 봉사하는 마지막 기회라고 여겨 최선을 다하고 있습니다."
>
> 부평풍물축제가 처음 선보인 것은 지난 97년. 구민의날 기념 행사의 하나로 열렸던 축제를 계기로 부평구가 독자적인 지역 축제를 출범시켰다. 민간 전문가들로 구성된 축제위원회가 매년 축제의 주제에서부터 초청할 단체 선정, 축제 기간 등 모든 것을 스스로 결정하고 시와 구는 이들의 행사를 지원하고 있다. 부평풍물축제는 우리의 전통문화인 풍물을 중심으로 다른 지역문화축제와 차별화한 독특한 거리타악축제로 자리잡아가고 있다. "부평 축제가 풍물을 중심으로 하는 데에는 그럴만한 배경이 있습니다. 평야지대인 부평은 고려시대 이래 농경문화의 중심지여서 예전부터 마을마다 풍년을 기원하는 소단위 축제가 열려왔습니다. 게다가 전국에서 유일하게 21개나 되는 동풍물단이 아직도 활동하고 있고, 한 지역에 풍물잡이 수백명이 살고 있는 곳 역시 전국에서 부평 뿐입니다." - 중략 - 심 위원장은 "일방적으로 보여주는 축제가 아니라 함께 참여해 완성하는 축제를 준비하고 있다"고 강조했다. (『경인일보』, 2004. 05. 17)

부평풍물축제는 그러나 자치구가 후원하는 행사이므로 일정한 제약이 있다. 재정적인 후원이 크지 못하고 부천시와 다르게 도시의 종합적인 정책의 밑그림과 마스터플랜 속에서 시행되는 행사는 아니다. 구 차원에서 그런 독자적인 정책을 입안하기도 쉽지 않고 설령 입안했다고 하더라도 그대로 추진하기에는 어려움이 따른다.

---

5) 부평풍물축제 전반에 대해서는 부평구축제위원회 편, 『2004 부평 풍물 대축제 평가보고서』(인천광역시부평구, 부평구축제위원회, 2004)를 참조.

그렇기 때문에 부평구가 문화적인 면에서 역점을 기울이는 가장 큰 사업이 풍물축제이다. 풍물축제를 통해 부평은 전통을 현재화하고 공업도시로서의 이미지를 탈피하려고 한다. 아울러 주민들이 축제에 적극 참여하도록 유도함으로써 지역 소속감을 높이기 위해 노력한다. 풍물은 그를 위해 매우 훌륭한 매개체이다. 다음 장에서는 이 두 축제의 운영과 성과에 대해 간략히 살펴보도록 한다.

4. 축제가 일궈낸 성과들

1) 부평의 사례

부평풍물대축제는 1996년 "늘푸른 부평문화예술제"가 계기가 되어 1997년부터 부평풍물대축제라는 이름으로 개최되었다. 2001년부터는 "인천광역시부평구축제위원회설치및운영조례"를 제정하여 완전 민간 축제로 전환하였고 부평구에서는 민간 행사 보조위탁사업의 한 형태로 축제를 진행시키고 있다. 축제위원회 26명, 축제 기획단 30명으로 구성되어 운영되고 있으며 행사 계획 수립과 집행에 관한 최종 결정권자는 축제위원회 위원장이 갖고 있다. 위원장은 물론 민간인이다. 위원장에 대한 임명권자는 부평구청장이지만 위원장은 대부분 지역 내 문화예술 분야의 신망있는 원로가 위촉된다. 게다가 축제위원회와 기획단 내부에서 위원장에 대한 대략적인 합의를 통해 구청장에게 추천되므로 구청장은 이를 무시할 수 없다. 첫 번째 축제를 기획할 당시부터 부평구 내의 풍물단, 부평문화원 등 지역의 풍물과 관련된 인사들과 부평 지역의 문화계 인사들이 결합하여 축제를 만들어 냈으므로 그런 관행은 이미 정착단계에 와 있다. 축제가 출범한 이후 3명의 구청장이 거쳐 갔지만 풍물축제의 전통과 관행은 뒤바뀌지 않았다. 이런 관행이 제도적으로 완전히 정착된 것이 2001년 축제위원회의 출범이었다.

부평풍물축제는 인천시의 대표적인 축제로 인식되고 있다. 2003년 인천광역시에서 "문화예술중장기발전계획"을 수립하면서 시민 1천 명을 대상으로 설문조사를 실시한 바가 있는데 지역 내의 여러 축제들 가운데에 부평풍물축제에 대한 인지도가 절대적으로 높았다. 이렇게 풍물축제가 지역 내에서 안정되게 자리잡게 된 배경에는 동(洞) 단위로 조직되어 있는 풍물패가 존재하고 있다. 부평은 21개의 행정동이 소속되어 있는데 모든 동 별로 주민들이 자발적으로 결성한 풍물패가 있는 것이다. 비록 아마추어라 하더라도 이같은 풍물 인구의 존재는 풍물축제를 성공할 수 있도록 만든 원동력으로 작용했다. 즉, 외부 풍물패에 의해 축제가 인위적으로 '기획'되고 '공연'되는 것이 아니라 주민들 스스로에 의해 잔치마당이 벌어지고 거기에 외부 풍물패가 결합되었던 것이다.

두 번째로 축제 초기부터 부평풍물축제는 주민들 스스로의 참여에 의해 기획되고 진행되었다는 점이다. 부평구청이라는 행정조직이 축제를 지원하기는 했지만 문평문화원과 협조 아래에 스스로의 힘으로 축제를 만들어 온 것이다. 요컨대 외부 기획사에 의해 축제가 의도된 연출로 끝나지 않았던 것인데, 이 점은 축제의 성패에 있어 매우 중요하다고 볼 수 있다. 처음에는 다소 실수도 있고 어설프기도 했으나 구청의 직원들과 부평 지역의 문화 예술인, 문화기획자 등이 참여하여 축제를 만들어 갔다. 그런 노하우가 매년 축적되면서 축제는 거듭 새로운 모습으로 발전할 수 있었다. 그 과정을 통해 자연스럽게 축제를 함께 고민하고 발전시킬 수 있는 인적 네트워크가 구성되는 결과도 얻었다. 이런 네트워크에서 지역 문제에 대한 활발한 토론, 지역 문화를 활성화시키기 위한 다양한 고민들이 토로되곤 한다. 이를 통해 확보된 지방정부와 시민 사이의 수평적 대화 채널은 아마 눈에 보이지 않는 수확일 것이며 그것이 진정 지역 공동체의 바람직한 모습을 가꿔가는 과정일 것이다.

한편 구청의 일부 공무원들은 아예 축제 매니아, 풍물 매니아로 바뀌어 아마추어 수준을 능가하는 축제 기획자와 공연 연출가임을 자임하고 나섰다. 축제위원회와 기획단이 조직될 수 있었던 현실적 힘은 그런 데서부터 연유한다. 그렇지 않고 부평구청이 외부의 축제 대행 기획사에 일임하는 편한 길을 선택했더라면 기획사의 상업적 의도로 여느 축제와 다를 바 없는 그렇고 그런 축제로 전락했을 것이며, 축제를 통한 지역 활성화나 지역 내 문화적 역량의 성숙은 이뤄내지 못했을 것이다. 또한 기획사가 매번 바뀔 가능성도 있는지라 축제를 통해 지역에 축적되는 것 역시 많지 않았을 것이다.

그런데 부평풍물축제가 시민들에게 그렇게 인지도를 높이게 된 결정적인 계기는 2001년부터 축제의 주요 무대를 도심 대로로 옮기면서부터이다. 2001년부터 부평풍물축제는 왕복 10차선 대로인 부평로를 주 행사장으로 사용한 것이다. 토요일과 일요일 이틀간 2km 구간에 달하는 대로를 차 없는 거리로 선포하고 이곳에서 축제를 개최하였다. 부평로는 부평역에서부터 부평시장에 이르는 부평의 가장 주요한 간선도로이자 부평 지역 핵심 상권을 관통하는 도로이다. 앞에서도 살펴보았지만 부평역은 경인전철과 인천지하철의 환승역이기도 하다. 또한 부평 시장은 부평 지역 내 최대의 상권으로 문화의 거리가 설치되어 있는 곳이다. 애초에는 교통 대란으로 인한 민원이 빗발치지 않을까 우려했으나 행사는 무리 없이 마무리되었다. 도심 한복판의 대로가 축제의 마당으로 됨으로써 많은 시민들이 행사에 참여할 수 있었을 뿐만 아니라 축제의 인지도를 높이는 데도 상당한 기여를 했다. 지역 상가의 매출도 늘어나 지역 상인들의 자발적 참여를 유도하기도 하였다.

또한 대부분의 사람들이 주말 도심의 도로에서 자유롭게 축제에 참가하는 경험은 축제 고유의 일상성으로부터의 탈출을 경험케 했다. 늘 자동차로 채워져 있던 도로에서 서로 어울려 풍물을 치고 음악이 울려 퍼지는 일은 주민들에게 상당한 매력으로 다가왔다. 실제 이에 대한 설문조사 결과 주민들의 압도적 대다수가 거리 축제를 찬성한다고 대답하였다. 2004년 축제 기간에는 경찰 추산 연인원 80만 명이 축제에 참여한 것으로 집계되었다. 입장료가 따로 없어서 정확한 참여자 수를 추계하는 것은 어렵지만 어쨌거나 부평 대로에 실제로 많은 인파가 축제 기간 동안 모여드는 것은 부인할 수 없는 사실이다.[6]

2003년부터 폐막제 때부터는 부평 대로에서 물풍선 싸움이 벌어진다. 5월 하순 따뜻한 날에 축제의 마지막을 장식하는 물풍선 싸움은 행사의 하이라이트이다. 지역 내 유지들, 인천광역시장과 부평구청장을 가릴 것 없이 주민들은 한데 어울려 물풍선 싸움을 하는데 참여한 모두 남녀노소, 지위 고하를 가리지 않고 물풍선을 던지면서 하나의 공동체가 된다. 시장도 구청장도 물풍선을 맞아 옷이 물에 흠뻑 젖지만 오히려 그래서 더욱 즐거워하며 그를 통해 서로 어우러지는 장이 만들어진다. 축제만이 만들어낼 수 있는 평등의 장이고 대동 세상이다.

2) 부천의 사례

부평풍물대축제에 비해 부천국제판타스틱영화제(PiFan, 이하 부천영화제로 약칭)는 훨씬 인지도도 높고 그 규모도 크다. 사실 부평풍물축제는 국내가 주 대상이고 그 성격이 앞에서도 본 것처럼 지역민을 중심으로 한 지역 축제적 성격이 강하다. 그에 비해 부천영화제는 영화를 매개로 한 국제 예술제적 성격이 강하고 영화에 대한 국가적, 국민적 관심이 큰 만큼 언론의 집중 조명을 받기 쉽다는 이점도 있다. 실제로 2004년 부천영화제의 경우 주요 일간지, 경제지, 스포츠지, 무가지, 지역 일간지 등 신문에 보도가 나간 것만 230회, 주간지 및 월간지에 36회에 이르고, 공중파 및 케이블 TV의 31개 프로그램, 라디오 10개의 프로그램에 노출되었다. 적게 잡아도 광고 효과가 약 25억 원을 넘는 성과를 기록하였다.[7] 이같은 홍보 효과가 부천시로서는 가장 큰 성과인 셈이다.

부천영화제는 사단법인 부천국제판타스틱영화제조직위원회에 의해 운영된다. 조직위원회 아래에 집행위원회가 있고 별도로 사무국이 구성되어 일상 업무 및 영화제 기간 동안 각종 행정 지원과 행사 진행을 처리한다. 사단법인이므로 이사회가 구성되어 있고 조직위원장은 부천시장이,

---

6) 부평구축제위원회 편, 앞의 책 참조.

7) 부천국제판타스틱영화제 사무국 편, 『2004 PiFan 평가보고서』(부천국제판타스틱영화제 사무국, 2004) 미간행 자료집, 참조. 부천 영화제 전반에 대한 것은 이 책을 참조하였음.

집행위원장은 전문 영화인이 맡아서 진행한다. 조직위원회가 최종 의사결정 기구이자 책임과 권한을 갖고 있지만 영화제의 프로그램 기획과 운영 등은 집행위원회가 맡아서 처리한다. 초대 집행위원장은 영화감독 이장호 씨가 맡았고 이후 김홍준 영화감독이 2005년 초까지 집행위원장을 맡았다. 집행위원회는 영화제와 관련한 전문성을 담아내는 기구의 성격이 강하다.

부천영화제의 예산은 2004년 당초 예산을 기준으로 총 24억 2천 5백만 원이며 이중 국비가 5억 원, 경기도로부터 지원받는 도비가 3억 원, 부천시가 6억 원 등 14억 원의 보조금을 지원받는다. 그러나 이 외에도 문예진흥기금이 포함된 협찬금으로 5억 1천 5백만 원, 후원회 수입이 8천만 원 정도가 있으며 티켓 판매를 통한 입장 수입이 2억 1천 5백만 원 가량 된다.

2004년에는 7월 15일부터 7월 24일까지 10일간에 걸쳐 진행되었으며 공식 상영관 6개소, 야외 상영관 1개소에서 총 32개국 261편의 장, 단편 영화가 상영되었다. 공식 초청 인사는 국내 1,314명, 해외 124명이며 영화제 기간 동안 야외 상영을 포함해서 총 215회의 상영이 이루어졌다. 2004년 영화제 운영을 위해 집행위원장과 사무국장을 포함하여 43명이 근무하였으며 1,173명의 자원활동가가 지원 218명이 최종 선발되어 영화제 운영을 지원하였다. 상영관의 순 입장객 수는 64,603명이며 행사 관람 및 참가인원을 포함하여 83,413명이 축제에 참여하였다. 매진율은 총 204개의 스크린 수에서 94회의 스크린이 매진되어 46%의 매진율을 기록하였고 심야상영 관람객의 평균 객석 점유율은 89.1%에 달하였다.

지역별 관객 구성비를 보면 서울이 44.2%, 부천시가 17.7%, 부천시를 제외한 경기도가 17.5%, 인천시가 11.9%, 기타가 8.3%이며 관람객의 연령대는 20대가 70%, 30대가 19.4%, 10대가 6%, 40대 이상이 3%로 20대, 서울에서 온 관람객이 가장 많은 비율을 차지하고 있다.

1997년 영화제가 시작된 이후 부천영화제는 지속적으로 성장해왔으며 대내외적으로도 특성을 살린 고유한 영화제로서의 지위를 확실하게 굳히고 있다. 부천영화제는 유럽판타스틱영화제연합이 공인하는 아시아권의 유일한 판타스틱 영화제이기도 하다. 아래 표는 부천영화제 1회 때부터 2004년까지 행사의 개요와 성과를 정리한 것이다.

〈표-3〉 부천영화제의 개요와 성과

구 분	제1회('97)	제2회('98)	제3회('99)	제4회('00)	제5회('01)	제6회('02)	제7회('03)	제8회('04)
기 간	8. 29~9. 5 (8일간)	12. 18~12. 23 (6일간)	7. 1~7. 24 (9일간)	7. 13~7. 21 (9일간)	7. 12~7. 20 (9일간)	7.11~7.20 (10일간)	7.10~7.19 (10일간)	7.15~7.24 (10일간)
상영관	부천시민회관 등 5개소 6개관, 야외	부천시민회관 등 9개소 10개관	부천시민회관 등 6개소 5개관, 야외	부천시민회관 등 6개소 5개관, 야외	부천시민회관 등 5개소 4개관, 야외	부천시민회관 등 5개소 4개관, 야외	부천시민회관 등 6개소 7개관, 야외	부천시민회관 등 7개소, 야외
상 영 작품수	27개국 113편 (장편64, 단편49)	20개국 155편 (장편39, 단편30, 오프시어터 86)	29개국 102편 (장편56, 단편46)	31개국 141편 (장편88, 단편53)	35개국 140편 (장편74, 단편65)	38개국 172편 (장편74, 단편98)	35개국 187편 (장편87, 단편100)	32개국 261편 (장편83, 단편178편)
초 청 외국인	16개국 80명	13개국 61명	17개국 78명	23개국 120명	17개국 73명	15개국 60명	22개국 108명	23개국 124명
국내 초청	1,600명	1,500명	1,600명	586명	911명	1,044명	989명	1,314명
관람객 (유료)	91,313명 (38,739명)	76,646명 (60,703명)	150,250명 (38,022명)	97,479명 (40,102명)	86,762명 (38,779명)	69,530명 (57,927명)	77,370명 (61,285명)	70,603명 (64,603명)
페스티발 레이디	강수연	추상미	진희경	배두나	장진영	하지원	박한별	-
예산액 (천원)	1,360,846	1,455,768	1,711,567	2,394,682	2,626,975	2,302,054	2,203,381	2,425,145

* 자료 : 부천국제판타스틱영화제 사무국 제공

3) 성과의 정리

지금까지 부평과 부천의 축제가 거둔 성과를 살펴보았다. 이 두 축제는 비슷한 지역에서 탄생하였으면서도 그 성격은 매우 다르다. 앞에서도 언급한 바와 같이 어떻게 보면 이런 축제의 모습을 통해 한국 축제의 단면을 시사받을 수 있다. 축제를 기획한 배경으로부터 축제의 성격에 이르기까지 두 축제는 비록 비슷한 역사적 경험과 조건을 갖고 있는 지역에서 기획된 것이지만 그 모습은 매우 다르다.

부평풍물축제는 지역 내부와 밀착되어 있다. 그리고 그것이 부평풍물축제의 생명력이라고 할 수 있다. 주민들의 지역 소속감을 고취시키고 지역의 오랜, 그러나 지금은 잊혀져 버린 정체성을 되찾기 위해 축제가 기획되고 시행되었다. 지역에서 벗어나는 순간 부평의 축제는 그 의미를 상실할 것이다. 부평이라는 자치구에서 시작된 축제이고 그 성과가 인정되고 있지만 부평풍물축제는 쉽사리 자치구를 벗어나 인천 전체의 대표 축제가 되지 못하고 있다. 워낙 지역적 기반이 강하기 때문이다.

또 하나 부평풍물축제로부터 발견하는 것은 축제를 민간의 자율적 기구에 완전히 일임했다는 점이다. 이 또한 앞에서 말한 지역에 기반한 축제라는 성격과 밀접히 연결되는 문제이다. 관이 주도한 축제가 아니었기 때문에, 그리고 축제를 처음 기획하고 시행할 때부터 민간 전문가들이 강하게 결합되어 있었기에 가능한 일이었다. 대부분 우리나라의 지역 축제들이 겉으로는 민간축제를 표방하면서도 내부에서는 관이 주도하는 형태로 진행되는데 부평의 경우는 다르다. 관은 지원 기능에 머물러 있을 뿐이다. 그만큼 축제에 관한 한 축제위원회와 축제 기획단의 자체 역량이 강하고 관과의 협조, 의사소통이 잘 이루어지고 있는 구조이다. 그것이 거의 10년에 가까운 세월 동안 축적되어 있으므로 쉽사리 변하지도 않도록 구조화되어 정착되었다.

그렇지만 부천 축제는 다르다. 영화를 매개체로 해서 의도적으로 기획된 성격이 강하다. 부천영화제가 개최되기 이전에 부천과 영화와의 관련성은 전혀 없었다고 해도 과언이 아니다. 부천은 수도권 위성도시로서의 정체성에서 벗어나기 위해 의도적으로 축제를 고안해 낸 것이고 그 과정에서 영화라는 매체에 주목, 영화제를 기획한 것이다.

부천영화제가 짧은 기간에도 성과를 거둘 수 있었던 것은 국내의 영화 붐과도 상당한 영향을 받았다고 볼 수 있다. 1990년대 이후 새롭게 등장한 영상 세대들을 중심으로 영화 매니아 층이 비교적 두텁게 형성되기 시작했고 한국 영화의 경쟁력이 때맞춰 급성장했다. 물론 영화의 작품성이 이를 뒷받침했기에 가능한 일이었다. 이런 환경이 마련되어 있었으므로 부천영화제는 여러모로 덕을 볼 수 있었다. 서울과 인접한 지리적 조건 역시 거기에 긍정적인 영향을 미쳤다. 또한 내부적으로는 집행위원회를 통해 영화제를 기획 운영할 수 있는 전문인력을 확보한 점을 들 수 있다. 평상시에는 사무국을 운영하면서 관련 네트워크를 유지하고 영화제 기간을 전후해서 많은 전문가들이 영화제 사무국에서 일을 할 수 있도록 만들었던 것이다. 한편 비교적 넉넉한 재원을 갖고 있는 부천시가 정책 의지를 갖고 상당한 재정적, 행정적 지원을 해 주었던 것 역시 축제 성공의 주요한 요인이었다. 부천이 내세우는 5대 문화사업 중 대표주자로서 부천영화제는 부천이라는 도시의 그늘 아래에서 성장할 수 있었던 것이다.

5. 한계와 문제점

그러나 두 축제는 문제점이 없지 않다. 최근 부천영화제를 둘러싸고 일어나는 여러 잡음들이 그 대표적 예이다. 김홍준 집행위원장의 해촉으로 표면화된 부천영화제의 문제점은 한국 축제가 가야 할 길에서 많은 시사점을 던져주고 있다. 어쨌거나 이 두 축제가 맞닥뜨리고 있는 문제점 또는 한계는 오늘날 한국 축제가 당면하고 있는 문제의 일단을 보여주는 것이라고 말할 수 있을 것이다.

1) 굴레가 되어버린 지역성과 고갈되는 기획력 – 부평의 사례

부평풍물축제의 한계랄까 문제점은 비교적 명확하다. 풍물축제에 참여하는 사람들을 보면 압도적인 대다수가 부평구민들이고 일부 인접한 계양구민들이 관람객으로 참여하고 있는 정도이다. 축제위원회나 기획단원들은 외부의 관광객들이 방문하기를 기대한다. 부평구청의 관계자들 역시 마찬가지이다. 그러나 외부의 관광객들이 부평풍물축제만을 보기 위해 방문하기에는 거기에 걸맞는 이벤트가 많지 않다. 그런 점에서 부평풍물축제가 욕심을 부평 밖으로 돌리게 되면 그것은 그대로 한계가 된다. 지역에 깊이 뿌리를 박고 있기 때문이다. 물론 이는 생각하기에 따라서 한계가 아닐 수도 있다. 지역과 밀착된 축제가 오히려 생명력이 강하기 때문이다.

그러나 이 문제는 그렇게 간단하게 생각할 문제는 아니다. 해를 거듭할수록 축제의 형태는 고정화되고 기획력은 고갈된다. 기획단원들도 매너리즘에 빠지기 쉽다. 풍물이라는 매체 자체는 변화가 많지 않고 일정한 형식적 틀을 유지한다. 지역민들이 함께 어울려 한바탕 신명나는 장을 만드는 것으로 만족하자면 그것으로 족하지만 거기에 머무르기에는 아쉬움이 크다. 그런 점에서 축제를 통해 관광객을 끌어 모으고 지역의 상권을 활성화시키겠다는 축제 관계자들의 의욕은 충분히 이해할 수 있는 일이다. 그러나 자치구로서 재정은 한계가 있어서 이를 넘어서기가 쉽지 않다. 유사한 외국의 공연진, 그것도 상당한 명성을 갖고 있는 공연단을 초청하기에는 재정 기반이 취약하다. 부평풍물축제는 매년 4억 내외의 예산을 갖고 진행되는데 그것도 확보하기가 수월치 않다. 축제를 크게 확장하기에 여건이 뒤따르지 못하는 것이다. 전용 공연장이 있는 것도 아니고 체계적인 교육 시스템이 갖춰져 있어서 풍물인들의 메카가 되기도 쉽지 않다. 부평구는 장기적으로 그런 계획을 세워놓고 있기는 하지만 단기간 내에 실현될 가능성은 크지 않다. 그것들이 모두 예산이 들어가는 사업인데 인천광역시나 중앙정부로부터 그런 지원을 받는 것은 단 기간에 이루어질 일이 아니다.[8)]

또한 지역 내부의 인사들로 축제위원회와 기획단이 꾸려지다 보니 서로간의 의사소통과 지방정부와의 협조는 잘 이루어지고 있으나 외부인들이 그런 구조 안으로 끼어들기가 쉽지 않다. 전혀 새롭게 고민하는 외부인과의 의사소통의 틀을 만들어내기에 이미 부평풍물축제는 자기 내부의 틀이 너무 단단하게 뭉쳐져 있다. 풍물이라는 장르에 대한 전문적인 고민, 타 장르와의 혼융을 통한 실험, 혹은 부평 고유의 풍물을 새롭게 창안해내는 일 등이 필요하다는 것을 스스로도 인식하고 그에 대한 고민을 하고 있지만 돌파구가 쉽게 마련되고 있지는 못하다. 새로운 외부 인력을 수혈할 수 있는 틀이 없는 것이다. 물론 풍물 경연 대회 등을 통해 여러 지역의 사람들이 서로 어울리고 교류하는 장은 마련되어 있다. 그

8) 부평구풍물축제 기획단장과의 인터뷰, 2005년 4월 18일. 축제위원회 사무실.

러나 그들은 손님 이상의 역할을 하지는 못한다.

부평풍물축제가 지역 정체성에 대해 강한 집착을 보이는 것은 풍물축제가 자리잡고 정착되는 데에 상당한 기여를 한 것으로 인정되지만 일정한 시간이 지나면 그것이 곧 굴레가 될 가능성이 큰 것이다. 기획단원들의 일방적인 희생과 봉사로 축제가 지금까지 성장해 왔지만 새로운 세대들이 보완되지 못하고 있는 게 현실이다. 노력과 희생에 대한 합당한 보상이 주어지지 못한다는 것이 가장 큰 이유일 것이다. 제대로 된 지역축제를 만들겠다는 열정과 노력이 지금까지 기획단을 이끌어 온 정서였는데 그런 열정이 무작정 지속되기는 힘든 구조이고 현재의 기획단원들을 이어나갈 후속 세대는 보완되지 못하고 있는 실정이다. 부평 풍물축제가 지역을 넘어서서 보편성을 획득해 가는 문제, 부평 밖으로 나와 타자와 결합하는 문제가 앞으로 부평풍물축제가 발전하는 데에 중요한 전환점이 될 것이다. 그렇게 해야 비로소 부평풍물축제가 이뤄내고 싶어하는 국내 최고의 풍물 거리 축제로 재탄생할 수 있을 것이다.

2) 지역과 밀착되지 못한 당신들의 축제 – 부천의 사례

부천영화제는 지금도 홍역을 앓고 있다. 김홍준 집행위원장의 해촉을 계기로 영화인 회의와 부천영화제조직위원회가 갈등을 빚다가 급기야 조직위원회 이사진이 전원 사퇴하고 비상대책위원회 체제로 축제가 준비되는 사태에까지 이르렀다. 물론 이런 갈등은 겉으로 보자면 2004년 보궐선거로 당선된 현 부천시장과 집행위원회측과의 마찰 때문으로 보인다. 새 부천시장은 부천영화제를 조건 없이 지원하기보다는 지원하는 만큼 부천시가 얻을 건 얻겠다는 생각이 강하고 영화제 집행위원회는 이런 개입에 반발하는 모습을 보여 왔다. 여기에서 그 전후 과정을 상세히 살펴보는 것은 논의에 큰 도움이 되지는 못하고, 다만 그런 갈등은 표면적인 이런저런 이유 이외에도 조금 더 근본적인 문제를 내포하고 있다는 점에 주목해야 할 것 같다. 그리고 그것은 다만 부천영화제에만 국한된 문제가 아니라 부천영화제와 유사한 축제들도 충분히 겪을 수 있는 일이라는 점에서 중요성이 크다. 가치를 개입시키지 않은 상태에서 문제의 원인을 객관적으로 드러냄으로써 시사점을 얻을 수 있을 것으로 기대한다.[9)]

갈등의 핵심에는 축제를 바라보는 기본적인 관점이 서로 다르다는 점이 놓여 있다. 핵심을 간추리자면 축제의 주인을 누구로 생각하느냐에 있는 것인데, 부천영화제의 주인을 영화인으로 보느냐, 혹은 부천시민으로 보느냐로부터 문제가 비롯되었다. 이런 식의 양분법이 결코 옳지 않다는 것을 모르는 바가 아니나 갈등의 밑바탕에는 그런 인식의 차이가 실제로 존재하고 있다. 새로 당선된 시장의 입장에서 보자면 부천영화제는 부천시민을 위한 축제라기보다는 일부 영화인을 위한 축제, 서울시민이 더 즐기는 축제로 고착되고 있다는 생각을 한 것으로 판단된다. 그러나 영화인들은 지방정부 권력이 재정을 지원한다는 명목 아래에 문화의 자율성, 예술의 전문성을 무시하고 권력을 사사롭게 휘두른다는 생각을 강하게 갖고 있다. 지역 축제가 과연 어떠해야 하는가에 대해 이해하는 각도가 다른 것이다.

이것은 사실, 부천영화제가 기획될 때부터 잠재된 문제였다. 영화와 관련된 어떤 지역적 기반도 없이 만들어진 축제가 부천영화제였으므로 축제를 기획하고 운영하는 주축은 외부 전문가일 수밖에 없었다. 그런 전문성을 인정하고 그들에게 최대한의 자율성을 주었을 때 부천영화제는 성공을 거둘 수 있었다. 또 축제의 성격이 국제영화제였으므로 그렇게 축제가 운영되는 것이 당연한 것이기도 하다. 축제가 8년째 지속되면서 그것은 자연스럽게 정착되는 분위기였다. 그러나 문제는 그것의 정당성에 대해 의심을 품을 때 발생한다. 왜 부천시민들의 세금을 외부인들에게 지원하고 또 그것이 시민들에게 실제로 혜택이 되어 돌아오지 않는가에 대해 의심을 품게 되면 축제의 정체성이 흔들리기 시작하는 것이다. 자원활동가의 대부분도 외부인들이고 관람객의 대다수도 외부인이라는 사실에 대해 새로 당선된 부천시장이 문제를 제기했다는 사실이 그런 점을 증명한다.[10)] 이는 축제가 어떻게 지역 내부와 결합될 것인가의 문제

9) 부천국제판타스틱영화제 사무국장 인터뷰, 2005. 4. 1. 부천영화제 사무국 사무실.

와 관련해서 중요한 시사점을 준다. 외부 관광객을 많이 유치함으로써 지역 경제를 활성화시키겠다는 것을 축제의 목적으로 생각하는 부류도 있지만 지역민과 더 깊이 밀착하는 축제에 대한 요구도 있는 것이다. 이론적으로 그 둘이 반드시 배치되는 것은 아니라고 하더라도 현실은 이렇게 그 둘이 대립하고 갈등하는 양상으로 나타나기도 하는 것이다.

여기에서 중요한 것은 축제를 만들어 나가는 과정에서, 그것이 어떤 성격의 축제라고 하더라도, 축제에 대한 지역의 합의 과정이 반드시 필요함을 말해 준다는 점이다. 그것이 충분히 합의되지 못했을 때 부천영화제처럼 자치단체장이 바뀌게 된다면 갈등이 빚어지는 일도 발생하게 된다. 합의의 형태는 물론 매우 다양하고 사안마다 다를 수 있다. 지역민들의 요구나 지역민들의 참여도 그런 합의의 하나일 수 있겠지만 어느 누구도 무시할 수 없을 만큼의 성과를 거두는 것이 합의의 형태가 될 수도 있다. 어쨌거나 부평풍물축제라면 결코 생각할 수 없는 일이 부천영화제에서 벌어지는 것은 그런 합의가 충실하게 이루어지지 못한 까닭이 크다.

그럼에도 불구하고 기본적으로 지적되어야 할 문제는 부천영화제의 자율성과 전문성을 충분히 고려하지 못한 자치단체장의 사고방식이다. 생각이 다르다고 해서, 또 이런 저런 조건이 바뀌었다고 해서 축제의 사령탑이라고 할 수 있는 집행위원장을 쉽게 바꾸는 처사는 이해하기 어려운 일이다. 이는 또한 역으로 한국 축제의 취약한 기반을 단적으로 입증하는 사건이기도 하다. 시장 한 사람에 의해 8년 동안 지속되어 왔던 축제가 파행을 겪는 것은 그만큼 한국 축제의 자생력이 미약하다는 것을 보여준다. 사단법인 부천국제판타스틱영화제조직위원회 이사회 역시 그 과정에서 자기의 무력한 실체만을 그대로 드러냈을 뿐이다.

부천영화제의 최근 사태는 축제가 어떻게 지역적 기반을 강하게 가져야 하는가, 그리고 이런저런 외압에도 견딜 수 있는 자생적 기반을 어떻

---

10) 자원활동가와 관람객의 지역이 부천 외부가 많다는 사실은 부천국제판타스틱영화제조직위원회가 내놓은 『2004 피판패널프로그램 - 온라인, 현장 관객설문』(미간행 자료집)에 조사되어 있다.

게 마련할 수 있을 것인가에 대해 과제를 남긴 것이라고 할 수 있다. 이것은 비단 부천영화제만이 아니라 한국 축제가 앞으로 넘어야 할 문제를 우리에게 제시한 것이기도 하다.

참고문헌

김학수, 『스크린 밖의 한국영화사 2』, 인물과사상사, 2002.

부천시, 『부천시정주요통계』, 부천시, 2003.

부천국제판타스틱영화제조직위원회 편, 『2004 PiFan평가보고서』(미간행 자료집), 2004.

부천국제판타스틱영화제조직위원회 편, 『2004 피판패널프로그램 - 온라인, 현장 관객설문』(미간행 자료집), 2004.

부평구축제위원회 편, 『2004 부평 풍물 대축제 평가보고서』, 인천광역시 부평구 · 부평구축제위원회, 2004.

인천광역시부평구. 『부평구통계연보』, 부평구, 2003.

인천광역시 편, 『인천의 도시계획 1883-2001』, 인천광역시, 2004.

인천발전연구원 편, 『인천재발견 上』, 인천발전연구원, 2001.

인터넷 사이트

부천시청 홈페이지(www.bucheonsi.com)

부평구청 홈페이지(www.icbp.go.kr)

부평풍물대축제 홈페이지(www.bpf.or.kr)

부천국제판타스틱영화제 홈페이지(www.pifan.com)

조선일보 홈페이지(www.chosun.com)

경인일보 홈페이지(www.kyeongin.com)

법제처 홈페이지(www.moleg.go.kr)

BSC를 이용한 지역축제 평가 지표 개발에 관한 연구
— 문화관광축제를 중심으로 —

진 대 현

1. 서론

지방자치제도가 실시된 이후 각 자치단체들은 지역문화를 특성화하여 관광객을 유치함으로써 지역경제 발전을 도모하고자 축제 상품화 노력을 활발하게 전개하고 있으며, 중앙정부 역시 외래 관광객 유치 확대와 지역경제 활성화를 위해 지역 축제들 중에서 매년 문화관광축제로 선정하여 재정적 지원을 하고 있다. 이로 인해 수많은 지역 축제가 매년 경쟁적으로 새롭게 탄생하고 있으며, 지역 축제 개최 건수가 1996년 문화체육부의 조사 결과 412개이었으나, 2001년도에 문화연대에서 제출한 "지역 축제 실태조사 및 개혁방안 연구 종합보고서"에서는 800여 개로 추정하고 있어 큰 폭의 증가추세를 보이고 있는 실정이다(이현식, 2003).

지역 축제가 이렇게 경쟁적으로 많이 개최되는 주된 이유는 지역축제가 시설 개발을 초래하지 않고 관광객 만족을 유도할 수 있는 관광 유형으로서 물리적 환경의 공급과 관광객의 욕구와 행태를 기초로 한 수급의 문제를 조직화하여 대응할 수 있는 대안적 관광으로 부각하고 있기 때문이다. 그러나 지역축제가 양적으로 크게 증가한 반면에 독특한 지역문화의 내용을 표현하는 프로그램의 부족, 축제 내용의 매력성 부족, 관 주도형 축제, 경영마인드 미흡, 축제 조직자들의 전문성 결여(관광연구원, 2002) 등이 지적되고 있으며, 이 밖에도 타 지역축제와의 프로그램 비차별성, 지역성 행사의 부족 등으로 인한 질적 문제점들이 부각되고 있다. 이렇듯 지역축제의 양적 성장 및 질적 하락이 교차되는 시점에서 지역축제가 지역경제를 활성화시키는 동시에 지역 이미지 제고, 지역문화 발전 등의 사회문화적 파급효과를 제고시키기 위해서는 지역축제에 대한 올바른 평가와 대안을 제시하는 것이 필요하다.

본 연구는 지역축제를 합리적으로 평가할 수 있는 평가 지표를 개발하는데 목적을 두고 있으며, 이를 위해 기존의 지역축제 평가 방식을 분석하여 문제점을 도출하고 이를 해결하기 위하여 최근 기업의 경영 성과평가를 위해 개발된 BSC(Balanced Scorecard : 균형성과표)를 지역축제 평가에 도입하여 평가 지표를 개발하고자 한다.

BSC는 기존의 지역축제 평가가 현재 시점에서 관광객 만족도를 중심으로 평가함에 따라 발생하는 문제점을 보완하고, 미래 시점에서의 평가를 통해 지역축제가 장기적으로 성장하도록 유인을 제공해 준다. 또한 BSC에서는 기존 지역축제 평가 방식에서는 설명이 되지 않는 평가 항목 및 평가 지표간 인과관계를 정립함으로써 축제 담당자의 전략적 업무수행을 가능하게 한다. 이러한 측면에서 지역축제를 균형 있게 종합적으로 평가하기 위해서는 BSC의 도입이 많은 도움이 되리라 판단된다.

2. 지역축제 평가에 관한 이론적 고찰

1) 지역축제 평가의 개념

평가(evaluation)는 어떤 사물의 가치를 주관적으로 결정하는 것(Getz, 1997)으로 광의적 개념의 평가는 사업 추진이나 정책 과정의 연속선상에서 이루어지는 동태적 과정으로 사업 결정 과정상의 사전적 평가와 집행 과정에서 이루어지는 과정 및 집행 평가를 포함한다. 그러나 지금까지 지역축제 평가는 평가를 성과 혹은 목표 지향적인 일련의 분석 과정으로만 파악한 나머지 사업의 결정 과정이나 집행 과정에서의 가치판단을 유보한 채 단순히 결과물에 기초하여 판단함으로써 협의적 개념 규정을 벗어나지 못하고 있다(한국지방행정연구원, 1999).

축제를 평가하는 이유는 첫째는 문제를 규명하고 해결하기 위해, 둘째는 관리 개선 방법을 발견하기 위해, 셋째는 축제 프로그램의 가치를 결정하기 위해, 넷째는 축제의 성공 또는 실패를 측정하기 위해, 다섯째는 비용과 편익을 판단하기 위해, 여섯째는 축제의 파급효과를 측정하기 위해, 일곱째는 스폰서와 관계당국을 만족시키기 위해, 여덟째는 승인, 신뢰, 지원을 얻기 위해서이다(Getz, 1997). 이러한 의미에서 지역축제 평가는 축제 개최 후 실질적인 영향이나 효과성을 평가하는 사후적 평가뿐만 아니라 축제 개최 이전에 사업의 타당성이나 의사결정 과정의 합리성 등에 관한 사전적 평가를 과학적 기법을 이용하여 일정한 기준과 절차에 따라 체계적으로 수행함으로써 축제 사업의 합리적 사전 결정과 사후 관리를 유도하는 일련의 과정으로 파악할 수 있다(문성종외, 2001).

2) 지역축제 평가의 유형

지역축제 평가는 평가 범주에 따라 형성평가(formative evaluation), 과정평가(process evaluation), 산출평가(outcome evaluation)로 구분된다(Getz, 1997).

형성평가는 축제가 개최되기 이전에 사업 타당성을 대상으로 분석하여 축제 개최 여부를 판단하기 위해 수행되는 평가로 사전 평가라 할 수 있다. 즉, 축제가 개최될 경우 나타나게 될 파급효과를 사전적으로 평가하여 사업의 타당성을 판단하고, 사업의 타당성이 있는 경우에 이를 가장 효율적으로 집행할 수 있는 방안을 탐색하는 과정에서의 평가가 이에 해당한다. 형성평가를 통해서 축제의 개최 여부를 결정할 수 있고, 투자의 우선순위를 설정할 수 있어 성공적인 축제의 실현 가능성을 검증하는데 기여를 한다.

과정평가는 축제 기획, 축제 운영 등 축제 준비 과정을 대상으로 수행되는 평가를 말한다. 과정평가는 축제 기획 및 축제 운영의 효율성을 향상시키기 위해 적용할 수 있으며, 축제 준비 과정이 결과물인 축제 성과와 인과관계가 있다는 점에서 축제성과의 원인을 규명하는데 기여를 한다.

산출평가는 축제 개최 이후에 축제 성과를 대상으로 수행하는 평가로 축제의 실질적 효과와 영향, 전반적인 가치와 전체 과정에서 나타난 결과 및 결함을 평가하는 것이다. 산출평가는 축제의 개최 목표가 명확하게 확인될 수 있는 상황 특히, 목표 달성이나 성취의 정량적 평가가 가능한 상황에서 그 목표를 어느 정도 달성하였는가를 평가할 뿐만 아니라 축제 개최 이후에 나타나는 파급효과의 영향에 대해서도 평가를 한다.

형성평가는 이미 개최되고 있는 지역축제를 평가하는 외부 평가의 경우에는 수행하기 어렵고 이는 지방자치단체의 자체 평가를 통해 수행될 수 있다. 일부 축제가 관광객이나 지역 주민들의 호응을 받지 못하여 지속적으로 개최되지 못하는 경우가 있는데. 이는 축제 사업의 타당성 분석을 위한 형성평가를 하지 않았거나 제대로 평가가 이루어지지 못했기 때문이다. 축제 개최가 결정되면 지역 내 많은 인적, 물적 자원이 투입되므로, 축제가 실패로 나타난 경우에는 지역 경제에 큰 손실이 될 뿐만 아니라 지역 이미지에도 부정적 영향을 미친다는 측면에서 형성평가는 축제 개최 이전에 반드시 수행되어야 할 것이다.

일반적으로 대부분의 축제 평가는 산출평가에 초점을 두고 있다. 이는 과정평가의 대상인 축제 준비 과정이 무형적이며 질적 특성을 갖고 있기 때문에 평가하기가 쉽지 않고, 자료 수집이 용이하지 않으며, 평가 기간 및 비용도 상대적으로 많이 들기 때문이다.

그러나 과정평가는 산출평가와 인과관계를 갖는 평가로서 산출평가 결과의 원인을 규명할 수 있다는 점에서 축제 평가시 산출평가를 포함한 과정평가가 병행되어야 할 것이다.

산출평가는 결과물인 축제 성과를 대상으로 하며, 축제 성과는 축제 개최 목표를 얼마나 달성했는가로 측정한다. 지방자치단체가 축제를 개최하는 목적은 경제적 파급효과에 따른 지역 경제 활성화와 지역 이미지 제고, 지역문화 발전, 지역 주민의 화합 등의 사회문화적 파급효과를 기대하기 때문이다. 그러나 대부분의 산출평가는 설문조사를 통한 방문객의 축제 만족도를 측정하여 수행되고 있다. 즉, 방문객의 축제에 대한 만족도 수준으로 축제의 성공 여부를 판단하는 것이다. 그러나 방문객의 축제 만족도는 궁극적인 축제의 개최 목적이 아니고 개최 목적을 달성하는 하나의 수단으로 작용하며, 진정한 의미의 축제 성과를 측정하는 대용치(surrogate) 역할을 하고 있다고 볼 수 있다. 따라서 산출평가에서는 평가 범주를 방문객의 축제 만족도뿐만 아니라 축제가 지역에 미치는 경제적, 사회문화적 파급효과를 동시 포함해야 할 것이다.

3) 선행 연구의 고찰

선행 연구에 나타난 지역축제 평가 방식은 크게 두 가지로 구분할 수 있는데 첫째는 평가 범주를 결과물인 축제 성과에만 초점을 두고 평가하는 방식(축제 성과 평가 방식)과 둘째는 축제를 하나의 시스템으로 인식하여 축제 기획, 축제 운영에 대한 내부 프로세스 및 축제 성과 등 축제 전 과정을 종합적으로 평가하는 방식이다(축제 전 과정 평가 방식). 여기서 축제성과는 결과물로서 제공되는 축제 품질과 축제가 미치는 지역의 경제적, 사회문화적 파급효과를 포함한 개념이다.

(1) 축제 성과 평가 방식

축제 성과 평가 방식에 따른 대부분의 선행 연구에서는 축제 성과를 축제의 경제적, 사회문화적 파급효과보다는 축제 품질에 초점을 두고 축제가 제공하는 서비스 품질 또는 축제 만족도를 방문객을 대상으로 설문조사를 통해 평가하고 있다. 서비스 품질은 관광객의 축제에 대한 기대수준(expectations)에서 지각 수준(perceptions)을 차감하여 측정하며, 축제 만족도는 만족도에 영향을 미치는 요인들에 대한 관광객의 평가로 이루어진다. 서비스 품질을 측정하는 대표적인 측정 도구로는 Parasuraman, Zeithmal과 Berry가 개발한 SERVQUAL이 있다. 축제 성과 평가 방식을 취하고 있는 연구에서 축제 품질을 측정하기 위해 SERVQUAL을 많이 사용하고 있는데 그 이유는 첫째, 축제의 내용물을 축제가 제공하고 있는 서비스로 인식할 경우 평가 대상이 보다 명확해지며 둘째, 이로 인해 여러 지역축제가 가지고 있는 주제의 다양성을 극복할 수 있고 셋째, 서비스 품질에 대한 평가는 주관적이기 때문에 축제가 제공하는 서비스에 대한 관광객의 기대수준과 이에 대한 지각 수준을 측정함으로써 방문객의 개인적 차이와 주관성을 극복할 수 있기 때문이다.

변우희(2000)는 "경주 세계 문화엑스포의 관광 영향도 평가 및 비교분석"에서 세계 문화엑스포의 가치를 평가하였다. 이 연구에서 가치를 평가하는 요인으로 행사 내부 평가성, 관광 이미지 효과성, 대외국인 한국 전통먹거리 다양성, 국제관광 효과성, 행사의 질적 효과성, 국내 행사 효과성 등의 5가지를 제시하였다. 그러나 이 연구는 문화엑스포의 관광 상품화 가능성을 측정하는 데에는 도움이 되지만 지역축제의 개최 효과에 대한 평가로서는 미흡하다고 할 수 있다.

민병호와 손대현(2001)은 강진청자문화제와 금산인삼축제를 대상으로 프로그램 내용(공연의 수준, 프로그램의 재미, 체험 기회, 예정 시간 준수, 프로그램의 향토성), 편의시설(장애자와 어린이를 위한 시설, 휴식 공간의 편리, 주차 시설의 편리, 화장실의 편리), 정보제공 체계(안내소의 유익성, 행사장까지 안내 표지판의 기능, 팜플렛의 유익성), 판매 상품 품질(토산품의 품질, 판매 음식의 다양성, 판매 음식의 품질, 토산품의 다양성), 판매 서비스(판매 음식의 가격, 토산품의 가격, 판매원의 친절도), 행사장 환경(행사장의 안전성, 행사장의 청결도, 관람자의 밀도), 지역사회발전(지역 환경, 지역 이미지, 지역 경제발전, 지역 문화 발전, 지역 주민화합, 국제적 축제로 발전 가능성)의 7가지 평가 항목과 28개의 세부 항목을 이용하여 축제의 서비스 품질을 측정하였다. 축제의 성과 평가 범위를 축제의 품질 뿐만 아니라 지역의 경제적, 사회문화적 파급효과를 평가했다는 점에서 의미가 있다. 그러나 지역의 경제적, 사회문화적 평가 지표 대부분이 방문객보다는 지역 주민이 인식하기가 더 용이하다는 측면에서 설문을 관광객을 대상으로 한 것은 평가의 신뢰성을 떨어뜨리는 요인으로 작용할 수 있다.

오정학, 허상현과 오휘영(2002)는 경주 벚꽃마라톤 축제를 대상으로 행사관리, 주변 환경, 부대행사, 지원시설 4개의 요인 및 21개의 평가 지표를 도출하여 축제 만족도를 분석하였다. 다중회귀분석 결과 숙박시설이 포함된 지원시설이 유의하지 않은 것으로 나타났다. 이는 방문객 대부분이 비숙박자이기 때문인 것으로 다양한 지역축제를 비교 평가하기 위해서는 각 축제가 공통적으로 갖고 있는 평가 항목을 사용하거나 평가 항목의 가중치를 축제 특성에 맞게 탄력적으로 부여해야 한다는 점을 시사하고 있다.

채용식(2002)은 강원도에서 개최되고 있는 6개의 지역축제의 축제 정책 평가를 비교 분석하기 위해 홍보 및 안내, 행사 진행 전반, 축제 프로그램, 쇼핑 및 음식, 운영 및 참여 주체, 관광객 수용 태세, 숙박 및 연계 관광 등 7개의 평가 항목을 적용하였다. 조사 방법은 축제 담당자, 축제 전문가, 축제 이벤트 사업자, 지역 주민을 대상으로 면접조사 및 축제 현장의 참여 관찰을 병행하여 실시하였다. 내부 프로세스와 관련된 일부 평가 항목을 적용했다는 점에서는 바람직하나 '축제 프로그램', '쇼핑 및 음식'에 관한 평가 항목은 관광객이 직접적으로 인식하고 평가할 수 있는 항목임에도 불구하고 조사 대상에서 방문객이 빠졌다는 것이 문제점으로 지적된다.

Lunberg(1990)는 대부분의 지역축제가 외래 관광객 유치에 따른 경제적 효과에 치중함으로써 지역축제가 지역사회에 미치는 사회적 영향을 고려하지 못하고 있다고 보고 지역축제에 미치는 지역의 사회문화적 파급효과를 연구하였다. 그는 이 연구에서 축제가 지역사회에 미치는 파급효과를 사회적 편익(social benefits)과 사회적 비용(social costs) 2개의 요인으로 구분하고, 사회적 편익으로는 고용 창출, 부동산 가격 상승, 지방정부 세수 증가, 여가선용 기회 창출, 축제 행사장 주변 환경 개선, 기간

시설 확충, 교육적 기회 제공 등 5개의 세부 항목을, 사회적 비용으로는 환경오염, 범죄 발생, 교통 혼잡, 사회적 고립감, 생필품 물가상승 등 5개의 세부 항목을 도출하였다. 그러나 이 연구는 축제의 파급효과를 사회적, 환경적 측면만을 중시한 반면 문화적 측면을 고려하지 못하고 있다는 한계가 있다.

Delamere(1998)은 "지역축제의 사회적 영향에 대한 지역 주민의 태도"에 관한 연구에서 축제가 지역사회에 미치는 파급효과를 일반적 편익(General Benefits), 쾌적성 손실(Amenity Loss), 지역통제 손실(Loss of Community Control) 3가지 속성으로 구분하고, 일반적 편익에는 지역 이미지 제고, 지역의 독특성, 새로운 체험 기회 제공, 지역 정체성 제고, 지역 복지 기여, 지역 주민의 자긍심 제고, 지역 문화의 계승, 학습 기회 제공, 다양한 문화 체험, 쾌적성 손실에는 지역 주민의 일상생활 피해, 지역 주민의 사생활 침해, 지역의 혼잡성, 소음 공해, 지역 내 유락시설의 과도한 사용, 교통 혼잡, 지역 통제 손실에는 문화재 파괴, 범죄 발생, 지역 집단간 갈등, 사회적 고립감 등의 세부 항목을 도출하였다. 이 연구에서 제시된 평가 지표들 중 지역 내 유락시설의 과도한 사용을 제외한 나머지 평가 지표들은 축제의 지역 사회문화적 파급효과를 측정하는데 활용될 수 있을 것으로 판단된다

(2) 축제 전과정 평가 방식

축제 전과정을 평가하는 방식은 축제가 개최되기 결과물인 축제 성과와 성과 동인인 축제 기획 및 운영 등의 내부 프로세스를 평가 범주에 포함시킴으로써 축제의 전과정을 종합적으로 평가하는 방식이다.

배만규(2002)는 전문가 조사를 통해 문화관광축제의 표준평가지표를 개발하였다. 그는 이 연구에서 21명의 지역축제 담당자를 대상으로 전체 65개 평가 속성을 요인 분석을 통해 홍보성(14점), 이용 편리성(12점), 참여성(18점), 외국인 수용성(9점), 운영성(12점), 이미지(12점), 경제성(20점) 등의 7개의 평가 항목을 도출하고 각 평가 항목의 가중치를 부여하였다.

다양한 각 지역축제의 평가 지표를 표준화시켰다는데 연구 성과의 의미를 부여할 수 있으나 평가 지표 대부분이 관광 측면에 치중되어 있어, 지역 사회문화적 측면에서의 평가가 고려되지 못하고 있다는 점이 한계로 지적될 수 있다. 또한 가중치는 각 지역축제의 특성을 고려하여 탄력적으로 부여하는 것이 바람직한 것으로 판단된다.

〈표 Ⅱ-1〉 배만규(2002)의 축제 평가 지표

평가 항목	평가 지표
홍보성 (14)	사전홍보(역, 공항, 터미널 등) 정도, 안내자료(팜플렛 등) 다양성, 광고 활동(TV, 라디오, 인터넷 등), 홍보 범위(지역, 전국), 축제장 안내요원 수, 축제장 안내시설
이용편리성 (12)	각종 시설 이용 편리성, 휴식 공간의 크기, 판매음식의 위생 및 맛, 판매 상품 및 음식의 적정한 요금, 볼거리의 다양성, 놀거리의 다양성, 살거리의 다양성, 먹을거리의 다양성, 지역 특산품 구색 및 판매, 축제장 연계 교통수단의 다양성, 주차 편리성 행사장 접근 동선의 편리성
참여성 (18)	총 방문객 수, 지역 주민 방문객 수, 외지인 방문객 수, 재방문객 비율, 프로그램 참여 용이성, 색다른 관습과 문화의 체험, 지적 호기심 충족의 교육성, 숙박시설의 수, 셔틀버스 운행
외국인 수용성(9)	외국인 방문객 수, 통역안내원 상설 배치, 외국인을 위한 안내자료의 다양성, 외국인을 위한 숙박시설의 다양성
운영성 (15)	축제의 짜임새와 진행정도, 일정 및 시간 준수 정도, 축제 관련 전문인력 보유 정도, 문제 대처능력 정도, 행사 개선노력 정도, 축제장의 청결성, 축제장의 질서유지 상태, 행사장 배치의 효율성, 자원봉사자 수, 축제 유관기관의 협조 정도, 축제 주제와 프로그램의 일치성, 전시·공연 프로그램의 이해 용이성, 전시·공연 프로그램의 독창성
이미지 (12)	지역 관광이미지 부각 정도, 축제 개최 횟수, 축제의 지명도, 축제의 독특성, 전통문화(향토성) 이미지 반영 정도, 관람객 분위기 및 호응도, 주민의 친절성, 축제관계자의 친절성, 상인들의 친절성, 차후 행사 재방문 의사, 타인 참여 권유 의사
경제성 (20)	축제 총매출액, 1인당 지출액, 지역경제 활성화 기여도 정도, 지역상권의 참여도 정도, 축제 스폰서 유치 정도

이강욱(1998)은 "문화관광축제의 영향 및 효율화 방안"에 관한 연구에서 경제 파급효과, 사회문화적 영향, 환경기술 영향, 기획 운영 영향 등 4개의 평가 항목과 31개의 평가 지표로 금산인삼축제를 평가하였다. 도출된 평가 지표 중 경제적 파급효과와 사회문화적 영향과 관련된 지표는 참고가 될 수 있으나 기획 운영평가에 속하는 홍보 항목 평가 지표 대부분은 홍보의 효율성을 평가하기에는 다소 적절하지 못하다고 판단된다. 그리고 '인삼 관련 기술향상'은 금산인삼축제에만 해당되는 평가 지표로 다른 문화관광축제 평가시에는 해당 축제의 특성에 맞는 적절한 평가 지표로 대체하여 사용할 수 있을 것이다.

〈표 Ⅱ-2〉 이강욱(1998)의 평가 지표

평가 항목	평가 지표
경제적 파급효과	산출 파급효과
	소득 파급효과
	고용 파급효과
	경제 효과에 대한 인지도
사회·문화적 영향	지역 이미지 제고
	자긍심과 애향심 고취
	여가활동 기여
	사회·문화 환경 개선 기여
	전통문화 개발 기여
	교육기회 제공
	지역문화의 정체성 확립
	외국과 인삼 관련 교류 증진
	문화행사에 기여
환경·기술 영향	환경훼손 및 환경오염
	교통 혼잡 및 소음
	인삼 관련 기술 향상

평가 항목	평가 지표	
기획 · 운영 평가	관광 수용 체계	접근성
		안내시설
		편의시설
		안전 상태 및 주변지 관광 연계성
	행사 프로그램	행사 구성
		행사 내용의 만족도
	홍보	정보 획득원
		방문 동기
		동반자 형태
		체제 일수
		숙박시설 이용 형태
	행사 관련 만족도	관광시설과 특산품 품질 만족도
		관광시설과 특산품 가격 만족도
		친절성

문화연대에서는 매년 참여 관찰 방식으로 문화관광부가 선정한 문화관광축제를 평가하고 있다. 평가 범주에는 축제 기획, 준비 과정, 시행과정 및 사후 축제 성과 등 축제 전과정을 모두 포함하고 있어 축제를 종합적으로 평가할 수 있는 바람직한 평가 체계라고 판단된다. 그러나 일부 평가 항목 중에는 관찰자가 평가하기에 적절치 않은 항목이 있으며 이러한 내용들은 조사 보고서에도 충실하게 기술되지 못하고 있다. 문화적 효과 평가 항목인 하드웨어/소프트웨어 등 축제 관련 인프라의 양적/질적 변화, 인력의 양적/질적 변화, 축제와 지역민/참여자와의 문화적 소통 효과, 축제 몰입도/집중도, 경제적 효과 평가 항목 중 외부 관광객 규모 및 유형, 주변 경제 인프라의 매출 경향 및 영향, 지역적 효과 평가 항목인 지역 인지도/이미지 상승 효과, 지역 정체성과 고유성, 지역 통합 및 공동체 형성의 기여 등은 참여 관찰이 아닌 다른 방식을 이용하는 것이 바람직하다고 판단된다. 또한 축제 품질의 성과를 평가하는 현장

점검 항목들은 관찰자의 참여 관찰보다는 방문객을 대상으로 한 설문조사 방식을 적용함으로써 평가의 신뢰성을 높일 수 있을 것이다. 그리고 평가의 객관성을 높이기 위해서는 평가 지표를 계량화하는 것이 바람직하나 평가 지표 중 계량화가 가능한 지표가 있음에도 모든 평가 결과를 서술 형식으로 평가하고 있다는 점에서 관찰자의 주관적 판단이 개입될 가능성이 높다. 또한 2인의 모니터링 요원이 2박 3일이라는 짧은 기간 동안 점검해야 할 항목이 너무 많아 일부 항목에 대한 평가가 자칫 소홀해질 우려가 있다는 점이 한계로 지적될 수 있다.

〈표 Ⅱ-3〉 문화연대의 문화관광축제 평가 항목

분 류	점검 항목	점검 내용
축제 재정 규모 및 재원 구성 항목/비율 - 연도별 변화추이 고려	총 재정 규모	
	재원구성(비)	
	세부예산항목 구성(비)	
기획 및 조직/운영체계 - 기획 주체 - 조직운영체계 - 자원봉사 - 상설 조직위/사무국 - 지역 주민 참여	기획 주체	민/관/이벤트사/기타 여부
		해당 축제 관련 경력
		기획 인력의 활동 거점
	조직운영체계(조직도)	
	상설 조직위/사무국	존재 유무 및 내용
	자원봉사	인원, 구성 내용, 배치
	지역 주민 참여시스템	존재 여부 및 참여 방법
준비 과정 -축제 조직위 구성 - 축제 준비 및 홍보 - 축제 캐릭터 - 축제 홈페이지	축제조직위 구성 시점	실무 인력의 구성 시점
	축제 준비 기간	단계별 진행과정
	홍보 시작 시점	
	홍보 방법	홍보매체 등
	축제 캐릭터/상징물	존재 및 활용 여부
	축제 홈페이지	존재 및 활용 여부
현장 점검 항목	교통 및 행사장 접근성	

- 교통 - 행사장 내외 시설 - 프로그램 - 참여자의 층위	안내 서비스/시설	완비 여부 및 운영
	통역 서비스	완비 여부 및 운영
	홍보물	종류, 수량, 내용
	편의시설	화장실, 휴식 공간, 식수 시설 등 완비 여부 및 운영
	주차 시설/공간	이용료 및 만족도
	숙박시설	가격, 수용 규모, 위치 등
	먹거리 코너	종류, 가격, 위치
	지역 특산물 및 기념품	종류, 가격
	프로그램 수 만족도 완성도	의식 행사
		공연프로그램
		체험/참여프로그램
		전시프로그램
		기타프로그램
	참여자	각 층위(연령/성/지역)별
기타 점검 항목 - 축제 평가 시스템 - 사후 영향 평가 - 문화적 평가 - 경제(관광)적 효과 - 지역적 효과	축제 평가시스템	존재 여부(내부/외부)
		평가 주체
		평가 방식과 항목
		평가시스템 활용 여부
	사후 영향 평가	참여자(현장 참여자, 관련 홈페이지 게시판) 및 각종 매체의 평가 종합
		축제 관련 토론회/공청회 분석
		관련(평가/분석)자료물 참고
	문화적 효과	하드웨어/소프트웨어 등 축제 관련 인프라의 양적/질적 변화
		인력의 양적/질적 변화
		축제와 지역 주민/참여자와의 문화적 소통 효과(축제에 대한 이미지 등)

		축제 몰입도/집중도(체류 시간, 집중한 프로그램의 수, 축제 자체에 대한 관심)
	경제적(관광적) 효과	외부 관광객 규모 및 유형
		주변 경제 인프라의 매출 경향 및 영향
		해당 축제가 주는 관광적 매력 포인트
	지역적 효과	축제를 통한 지역 인지도/이미지 상승효과 여부
		지역의 정체성과 고유성
		지역 통합 및 공동체 형성의 기여
		해당 지역에서 축제가

자료 : 2003년 축제 평가 보고서, 문화연대 축제 모니터링단

문화관광부에서는 각 지방자치단체(축제 추진위원회)가 위촉한 평가 기관에서 실시한 방문객 설문조사, 축제 전문 평가단 2인과 문화관광부 담당자(1-2인)에 의한 참관 평가 및 시민단체 평가 등을 종합하여 문화관광축제를 평가하고 있으며, 평가 결과에 따라 다음해 축제 선정시 최우수, 우수, 지역 육성 축제로 지정하여 차등 지원하고 있다.

참관 평가는 홍보 및 안내, 행사 진행 전반, 축제 프로그램, 쇼핑 및 음식, 운영 및 주민 참여, 외국인 관광객 수용 태세, 숙박 및 연계 관광의 7개 평가 항목으로 구성되어 있으며 각 평가 항목마다 가중치를 부여하였다. 관광객 설문조사는 관광객의 축제에 대한 만족도(경제성 효과 측정 항목도 포함됨)를 평가하는 항목들로 구성되어 있으며, 2004년부터 설문 내용에 지역의 사회적, 문화적, 환경적 영향을 평가하는 항목을 선택 항목으로 추가함으로써 기존의 축제 평가 지표 체계가 경제성 측면에 편중되었다는 단점을 보완하였다.

〈표 Ⅱ-4〉 문화관광축제의 참관 평가 항목

항 목	내 용	세 부 사 항
홍보 및 안내 (15)	·사전홍보 -신문, 방송, 라디오 등 -역, 터미널, 호텔 등 ·현장홍보 -홍보물, 안내부스 등 ·안내체계	·정보 획득을 통한 행사장 접근의 편리성 ·홍보물 및 그 배포의 적절성 ·안내부스의 안내서비스 및 친절도 ·단위 행사의 해설체계와 활용도 ·기타 필요정보의 적절한 안내체계 ·셔틀버스 등 행사장 접근 운송수단
행사 진행 전반 (15)	·행사장 배치 ·행사 주체 ·관람객 편의시설	·행사장 배치의 적정성(공간적 구분) ·축제와 각 프로그램 구성의 적절성 ·축제공간 내 휴식시설 및 장소의 배치 여부 ·주차장, 휴게실, 화장실 등
축제 프로그램 (20)	·체험 프로그램 ·축제 프로그램의 차별성 ·프로그램의 주제 관련성	·대표 체험프로그램 개발여부 ·독특한 지역문화체험기회의 제공 여부 ·관광객의 호응(참여도, 만족도)
쇼핑 및 음식 (15)	·지역 특산품의 판매 ·지역상권 활용 및 참여 ·축제 관련 상품의 다양성	·외지, 지역상인의 활동 여부 ·지역 특산품의 종류 및 판매 여부 ·상품 및 음식의 다양성 ·관광객 비용 지출 정도 ·품질 및 서비스에 대한 관광객 만족도
운영 및 주민 참여 (15)	·행사 일정 ·축제 추진 주체의 의지 ·지역 주민 호응 ·유관기관과의 관계	·행사 일정의 준수 ·문제 대처 능력과 행사개선 의지 ·지역 주민의 행사에 대한 만족도, 참여도 ·유관기관과의 협조 상태
외국인관광객 수용 태세(10)	·홍보물 ·통역도우미	·행사장내 외국인 안내책자 ·전문통역 안내원 관련사항 ·역, 터미널, 공항 등에 홍보물 배포
숙박 및 연계 관광(10)	·역내 관광자원의 연계 ·숙박, 교통, 편의시설 연계	·연계 코스 이용의 편의성 ·숙박 예약의 편의성 및 가격의 적절성 ·교통시설 이용의 편의성, 특히 대중교통 ·숙박시설의 이용 정도

자료 : 문화관광부 홈페이지 http://www.mct.go.kr

문화관광부의 평가 지표가 갖고 있는 문제점은 첫째, 모든 문화관광축제에 대하여 획일적인 평가 지표를 적용한다는 점이다. 문화관광축제가 지역 여건, 축제 개발 배경 및 프로그램 구성 내용 등 다양한 특성을 갖고 있음에도 이를 간과하고 있다는 사실이다. 예를 들어 참관 평가 평가 항목 중 외국인 관광객 수용 태세 및 숙박 및 연계 관광은 지역 축제의 특성에 따라 차이를 보일 수 있어 객관적 비교가 어려움에도 동일한 잣대로 사용하는 것을 볼 때 가중치 부여에 문제가 있다. 둘째, 내부 프로세스 평가 중 축제 기획과 관련된 평가를 고려하지 못하고 있다는 점이다. 기획은 성공적인 축제를 달성하기 위해 밑그림을 그리는 중요한 작업 단계이다. 일부 문화관광축제에서 나타나는 주제 설정 미비, 행사 내용의 비차별성, 지역 주민 참여 저조 등의 문제점은 바로 기획 과정에서 파생된 문제점인 것이다. 따라서 축제 기획의 효율성을 평가할 수 있는 평가 지표 개발이 필요하다. 셋째, 축제 전문 평가단에 의한 참관 평가시 평가의 형평성을 유지하기 어렵다는 점이다. 평가위원별로 평가 대상이 되는 축제가 다르게 배정되기 때문에 평가위원별로 평가의 기준점이 다를 수밖에 없어 평가의 형평성 문제가 제기된다(최승담, 2003). 현실적으로 평가위원이 모든 축제를 평가할 수는 없다는 문제점은 있으나 이는 사전에 평가 항목별 평가 기준을 제시함으로써 평가의 형평성을 어느 정도 제고시킬 수 있고, 평가의 일관성도 유지될 수 있다. 마지막으로 관광객 설문 항목 중 지역의 사회적, 문화적, 환경적 효과를 측정하는 평가 항목은 인식 가능성이 높은 지역 주민을 대상으로 설문조사가 수행되어야 한다. 또한 현대 지역축제의 개최 목적이 경제성 효과와 동시에 지역의 사회문화적 편익 효과를 추구한다는 점에서 지역의 사회문화적 파급 효과에 대한 평가를 선택 항목이 아닌 공통 항목으로 변경하는 것이 바람직할 것이다.

〈표 Ⅱ-5〉 문화관광부의 방문객 만족도 평가 지표

<table>
<tr><th>평가 항목</th><th>평가 지표</th><th>비 고</th></tr>
<tr><td>접근성</td><td>행사장 접근성</td><td rowspan="20">공통 항목(60%)</td></tr>
<tr><td rowspan="4">홍보 · 안내</td><td>사전 홍보</td></tr>
<tr><td>행사장 내 안내시설</td></tr>
<tr><td>행사안내 팜플렛</td></tr>
<tr><td>행사장 내 안내요원 서비스</td></tr>
<tr><td rowspan="4">행사 내용</td><td>행사 내용의 재미성</td></tr>
<tr><td>행사 내용의 다양성</td></tr>
<tr><td>체험 프로그램의 만족</td></tr>
<tr><td>지역문화 홍보</td></tr>
<tr><td rowspan="3">축제 상품
(관광 기념품)</td><td>기념품의 다양성</td></tr>
<tr><td>기념품의 품질</td></tr>
<tr><td>기념품의 가격</td></tr>
<tr><td rowspan="2">음식(먹거리)</td><td>음식 다양성</td></tr>
<tr><td>음식 가격</td></tr>
<tr><td>주변 관광지 이용</td><td>주변 연계 관광지</td></tr>
<tr><td rowspan="3">편의시설</td><td>주차 시설</td></tr>
<tr><td>휴식 공간</td></tr>
<tr><td>화장실</td></tr>
<tr><td>경제적 파급 효과</td><td>현지에서 지출한 비용
(교통비, 숙박비, 식음료비,
유흥비, 쇼핑비, 기타비용)</td></tr>
<tr><td rowspan="3">축제의 사회적 영향</td><td>지역 이미지 홍보</td></tr>
<tr><td>여가 기회 확대</td><td rowspan="9">선택 항목(40%)</td></tr>
<tr><td>교육 기회 제공</td></tr>
<tr><td rowspan="3">축제의 문화적 영향</td><td>지역 문화 소개</td></tr>
<tr><td>지역 문화 이해 정도</td></tr>
<tr><td>지역 문화 발전</td></tr>
<tr><td rowspan="3">축제의 환경적 영향</td><td>환경과의 조화</td></tr>
<tr><td>환경보존 노력</td></tr>
<tr><td>환경 오염</td></tr>
</table>

자료 : 문화관광부 홈페이지 http://www.mct.go.kr

지역축제 전과정을 평가하는 방식에서 평가 범주는 내부 프로세스 평가, 경제성 평가, 방문객의 축제 만족도 평가, 축제의 사회문화적 영향 등으로 구분된다. 기존의 지역축제 평가 방식에서는 이들 평가 항목 및 평가 지표간의 인과관계를 설명하지 못하고 있다. 즉, 지역의 사회문화적 영향과 방문객의 축제 만족도, 방문객의 축제 만족도와 내부 프로세스간에 어떠한 인과관계가 있는지 알 수가 없다. 이런 경우 축제 담당자들은 전략적 목표 달성을 위한 일관된 행동을 일으키지 못한다. 축제 기획 및 운영 단계에서 축제 담당자는 방문객의 축제 만족도를 제고시키는 관점에서 업무를 수행해야 할 것인지 아니면 지역의 사회문화적 영향을 제고시키는 관점에서 업무를 수행해야 할 것인지 의사 결정에 어려움을 느끼게 된다.

또한 지역축제가 성공적인 축제이기 위해서는 지속적으로 성장 발전할 잠재력을 가져야 한다. 현재 축제가 성공적이었다 하더라고 똑같은 행사 내용을 반복하여 축제가 개최된다면 축제의 유인력이 감소되어 장기적으로는 축제가 단명으로 끝나게 된다. 이런 측면에서 지역축제의 성장잠재력은 중요한 평가 영역이 될 수 있다. 그러나 기존의 지역축제 평가 방식은 미래 시점은 전혀 고려하지 않고 단지 현재 시점에서만 지역축제 평가가 이루어지고 있다.

이러한 기존의 지역축제 평가 방식의 문제점을 해결하기 위해서는 새로운 지역축제 평가 방식에 대한 필요성이 대두된다. 이에 따라 이하에서는 최근 새로운 기업 성과 평가 방법으로 개발된 BSC의 이론적 배경을 고찰하고 이를 지역축제 평가에 도입 방안을 모색하고자 한다.

3. BSC(Balanced Scorecards)에 대한 이론적 고찰

1) BSC의 개념

전통적으로 기업의 경영 성과는 재무적 측정 지표를 중심으로 평가되어 왔다. 그러나 재무적 측정 지표에 의한 성과 평가는 단기적인 성과

위주에 편중되어 있고, 재무적 측면만이 강조되었으며, 미래를 반영하지 못하고 있다는 한계를 가지고 있다. 이에 Kaplan과 Norton은 과거의 성과를 나타내고 있는 재무적인 측정 지표와 더불어 미래 성과를 나타내는 성과동인지표를 개발하여 균형잡힌 성과기록표(Balanced Scorecard : BSC)를 제시하였다.

성과 평가는 기업이 달성해야 할 목표를 설정한 후 경영자가 실제로 수행한 성과를 이미 설정한 목표에 따라 평가하고 그 평가 결과를 보상 시스템과 연결하여 보상을 실시하는 경영 관리의 중요한 도구이다. 그리고 성과 평가를 하려면 먼저 적절한 성과 평가 지표가 마련되어져야 한다. 기존의 성과 평가에 있어서 문제점은 재무적 측정 지표에 지나치게 의존하였다는 점이다. 가령 재무적 측정 지표에만 의존하게 되면 단기적으로는 경영 성과가 좋은 것으로 나타나는 경우에도 장기적인 측면에선 직원 능력개발, 고객 만족, 핵심 역량개발 등을 등한시하여 경쟁력을 상실하게 되어 해당 기업에 보다 큰 문제를 야기시킬 수도 있다.

BSC에서 균형이란 단기적 지표와 장기적 지표, 재무적 지표와 비재무적 지표, 그리고 후속 지표와 선행 지표들간의 균형을 의미한다. 이러한 BSC의 평가 지표들은 기업조직의 비전과 전략으로부터 도출되며, 각 측정 지표들은 BSC의 네 가지 관점 즉, 재무적 관점(financial perspective), 고객 관점(customer perspective), 내부 프로세스 관점(internal business process perspective), 학습과 성장 관점(learning and growth perspective) 속에 포함된다. 재무적 관점을 제외한 나머지 관점은 비재무적 지표, 장기적 지표, 그리고 선행 지표들을 포함하는 관점이다

2) BSC의 4가지 관점

BSC에서 가장 핵심 요소 중 하나인 관점은 기업의 가치 창출 근원에 대한 시각을 제시한다. 관점은 '조직 가치창출의 원천' 또는 '성과 지표들의 묶음(categories)'으로 정의될 수 있으며, 설정된 관점들은 서로 긴밀하게 연계되어 상호간의 관련성을 평가할 수 있어야 하며 균형을 이루어

야 한다. BSC는 결과적으로 다음과 같은 네 가지 문제제기에 대한 대답이라고 할 수 있는데 이러한 네 가지 대답을 통합적으로 조망할 수 있는 틀을 제공해 준다(김순기 외, 2002). 첫째, 재무적 성공을 우리는 주주에게 어떻게 보여야 하는가?(재무적 관점) 둘째, 목표를 달성하기 위해 우리는 고객에게 어떻게 보여야 하는가?(고객 관점) 셋째, 주주와 고객을 만족시키기 위해 우리는 어떠한 내부 프로세스에 탁월해야 하는가?(내부 프로세스 관점) 마지막으로 우리의 목표를 달성하기 위해 변화하고 개선하는 능력을 어떤 방법으로 길러야 하는가?(학습과 성장 관점)

(1) 재무적 관점

기존에는 기업들은 재무적 측정 지표만으로 성과를 평가해 왔다. 그러나 기업 평가자들은 재무 측정 지표의 부정확성, 과거지향성, 미래 가치 비반영성 및 계량 지표의 한계성 등을 들어 비판하고 있다. 그러나 재무적 측정 지표들이 기업의 경영 성과 평가에 부족함이 있다고 해서 이를 과소평가해서는 안 된다. 왜냐하면 BSC는 재무적 측면에서의 성과 평가에 대한 대체 수단이 아니기 때문이다. 즉, 더 이상 재무적 측정 지표를 통해서 기업의 경영 성과를 평가할 수 없다는 것이 아니라 기타 다른 관점에서의 성과 지표를 상호 보완적으로 활용하여 균형된 성과 평가를 해야 한다는 것이기 때문이다. BSC에서는 재무적 성과 지표들이 기업의 성과를 평가하는데 여전히 유익하기 때문에 네 관점 중에서 가장 중요한 관점으로 재무적 관점을 설정하고 있다. 대표적인 재무적 성과 지표로는 경제적 부가가치(EVA : Economic value added), 투자수익률(ROI : Return on Investment) 등을 들 수 있다.

(2) 고객 관점

재무적 목표에서의 수익성을 창출하는데 큰 원천은 고객이다. 따라서 고객에 대한 면밀한 검토와 고객 정보 획득을 통하여, 이를 자사의 핵심 역량으로 만들어 나가야 할 필요성이 그 어느 때보다 절실하다. 수익성 창출의 근원이 되는 고객 관점에서 이들을 만족시키고 이들을 통해 기업의 가치를 제고시키기 위해서는 어떻게 전략을 수립하고 어떠한 성과를 관리해야 하는지 알아야 한다. BSC는 고객을 수익성 창출의 중요 핵심 영역으로 제시하고 있으며, 고객을 수익성 창출과 연관시키기 위해 기업의 내부 프로세스를 변화시키며 조직 구성원의 역량을 이에 모으도록 한다.(김희경 외, 2001)

따라서 고객 관점에서 성과 지표는 재무적 관점에서 성과 지표의 선행 지표가 되어야 하며, 내부 프로세스 관점에서 성과 지표의 후행 지표가 되어야 한다. 즉, 고객을 만족시켜야만 수익성이 높아지며, 내부 프로세스는 고객 만족을 위해서 개선되어야 하는 것이다. 고객 관점의 성과 지표로는 고객 만족도, 고객 확보율, 시장 점유율 등이 있다.

(3) 내부 프로세스 관점

내부 프로세스 관점에서는 성과를 최대한으로 달성하기 위해 어떠한 프로세스에서 탁월해야 하는지 규명하는 것이 목표이다. 이는 바로 가치사슬(value chain)을 의미하는 것인데 기업의 가치를 증대시킬 수 있는 핵심적 역량을 찾는 것이다. BSC에서는 재무적 관점과 고객 관점은 궁극적으로 기업의 내부 프로세스에 의하여 달성됨을 강조하고 있다. 자원의 소비와 제품 및 서비스를 고객에게 제공하는 일련의 활동이 프로세스를 통하여 이루어지고, 그 결과 재무적 성과와 고객 만족이 실현되기 때문이다. 이를 위하여 내부 프로세스 관점은 기존의 운영 프로세스 뿐만 아니라 혁신적인 프로세스와 사후 서비스 프로세스를 함께 고려하고 있다. (김순기외, 2002) 혁신 프로세스는 현재와 미래의 고객 요구를 파악하고 그 욕구를 충족시킬 수 있는 제품과 서비스를 기획하는 가치사슬에서의 첫 번째 과정이며, 운영 프로세스는 창출된 제품과 서비스를 제조하여 고객에게 전달하는 가치사슬에서 두 번째 과정이며, 사후 프로세스는 고객 욕구를 충족시켜 주기 위해 제품이나 서비스 제공 후 고객에게 각종 부대 서비스를 제공하는 가치사슬에서의 마지막 과정이다. 전통적 접근 방식에서는 운영 프로세스에만 중점 관리를 해 왔으나, BSC에서는 모든 프로세스를 중시 여기고 있다. 내부 프로세스 관점에서의 성과 지표로는 신제품 출하률, 재고 수준, 제품의 질 등이 사용된다.

(4) 학습과 성장 관점

학습과 성장의 관점은 장기적으로 재무적 관점과 고객의 관점, 내부 프로세스 관점의 목표들이 달성할 수 있게 하는 원동력으로서의 기능을 수행한다. 기업이 지속적으로 성장하기 위해서는 종업원들을 교육시키거나 필요한 정보가 시기적절하게 제공될 수 있도록 시스템을 구비해야 한다. 학습과 성장이 가능하게 하는 것은 종업원의 역량과 업무 환경이다.

학습과 성장 관점에서는 앞으로 세 가지 관점에서 나타난 기업의 궁극적인 목표인 장기적인 성장과 가치창조를 위해 필요한 목표와 측정 지표를 개발한다. 혁신하고 개선할 수 있는 기업의 능력은 곧바로 기업의 가치창조와 연결되기 때문에 학습과 성장 관점은 중요한 성과 측정 부문이 된다. 학습과 성장 관점의 성과 지표로는 종업원 만족도, 종업원 생산성 등이 있다.

〈그림 Ⅲ-1〉 BSC 모형

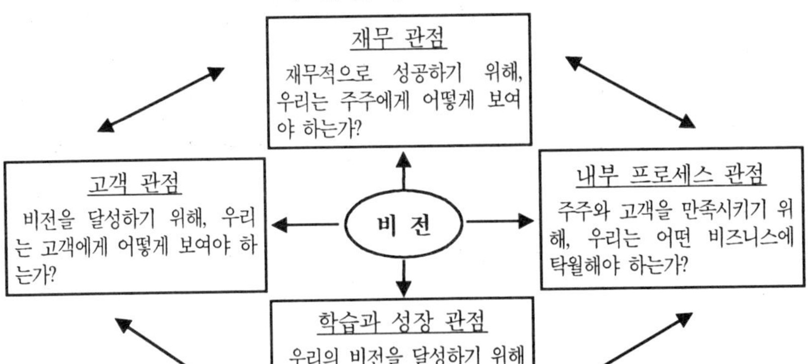

자료 : Robert S. Kaplan and David P. Norton, 1996

3) 성과 지표들간의 연계성

앞에서 살펴본 BSC의 네 가지 관점은 서로 독립적인 것이 아니라 서로 밀접한 관계를 지니고 있다. BSC의 네 가지 관점에서의 평가는 분리되어 측정되는 것이 아니라 서로 연계되어 인과관계를 가지며, 서로를 강화시켜 궁극적으로 재무 성과로 연결되어야 한다. 즉, 재무 성과의 향상은 일반적으로 연계 과정에서 궁극적인 목표가 되어야 한다.(김순기 외 2002)

종업원의 기술능력 향상은 학습과 성장 관점에서 제시되는 성과 지표로서 내부 프로세스를 위한 기본적인 바탕이 되고, 내부 프로세스의 지속적인 개선 및 창출 노력은 고객의 욕구를 충족시킬 수 있는 동인이 되고 있다. 결국 이러한 동인들은 재무적 관점의 성과 지표에 영향을 주게 되어 각 관점 및 성과 지표들 간에 연계관계를 갖게 된다.

이러한 성과 지표간의 연계성을 통해 BSC는 단기적인 재무 성과 목표에만 초점이 두지 않고 장기적인 전략 수립을 위한 다양한 비재무적인 관점과 더불어 재무적 성과를 고려해야 함을 강조하고 있으며, 궁극적인 목표는 재무 성과의 귀착임을 알 수 있다.

4. BSC에 의한 지역축제 평가

1) 지역축제 평가에서의 BSC의 특성

BSC는 원래 기업의 성과 평가를 위해 개발되었으나 이를 지역축제 평가에 도입하려면 지역축제의 특성을 감안하여 조정할 필요가 있다. BSC의 기본 개념은 4가지 관점들과 평가 지표들 간의 균형이 기업의 장기적인 수익성을 향상시킬 것이라는 것이다.

그런데 지역 축제의 개최 목적은 일반 영리기업과는 다르다. 지역축제의 목적은 장기적 생존을 위한 수익성 제고가 아니므로 재무적 관점 대신 대용치를 강구해야 한다. 지역축제의 궁극적인 목적은 경제적 효과를 통한 지역경제 활성화 및 지역 이미지 제고, 지역문화 발전 등의 지역 사회문화적 편익을 제고시키는 것이다. 따라서 지역축제 성과의 초점은 경제적 파급효과와 지역의 사회문화적 편익의 달성 정도로 측정해야 하므로, 재무적 관점을 성과 관점으로 대체한다. 기업에서 재무적 성과인 수익성을 제고시키기 위해서는 제품이나 서비스에 대한 고객 만족도를 높여야 한다. 마찬가지로 지역축제에 있어서도 경제적 효과와 지역 사회문화적 편익제고를 위해서는 많은 방문객이 축제에 참여해야 하며, 이를 위해서는 방문객의 만족도가 높아야 한다는 점에서 고객 관점을 방문객 관점으로 대체한다. 내부 프로세스 관점은 축제 조직도 일반기업과 마찬가지로 기획, 운영 등의 프로세스를 유지하고 있으므로 내부 프로세스 관점을 그대로 적용한다. 마지막으로 학습과 성장 관점은 지역축제가 지속적으로 성장 발전하기 위해서는 반드시 학습 효과가 전제 되어야 하므로 학습과 성장 관점을 그대로 사용한다. 기존의 지역축제 평가는 단기적 시각에서 현재 개최되는 축제의 성과에 초점을 맞추고 있으며, 장기적 시각에서의 지역축제의 성장 잠재력을 평가하지 못하고 있다. BSC를 통한 성장 잠재력 평가는 지역축제 평가를 보다 충실하게 하는데 기여를 할 것이다.

〈그림 Ⅳ-1〉 축제에서의 BSC 개념도

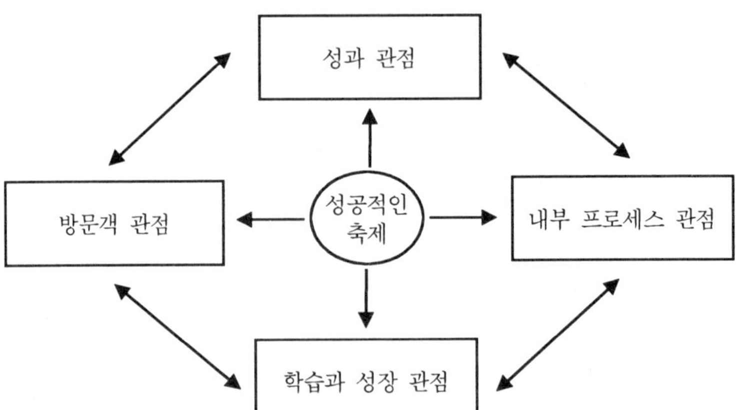

2) 관점별 평가 지표 개발

(1) 조사 설계 및 분석 방법

본 연구에서 관점별 평가 지표를 도출하기 위해 두 가지 조사 방식을 병행하여 분석하였다. 첫째, 성과 관점과 방문객 관점의 평가 지표는 2004년 3월 27일부터 2004년 4월 1일까지 개최된 "경주 한국의 술과 떡 잔치 2004" 축제에 방문한 방문객과 지역 주민들을 대상으로 설문조사를 통해 도출하였다. 설문조사 방식은 면접원이 응답자에게 설문지를 배포하고 설문지에 대해서 충분히 설명한 후 응답자가 직접 기입하도록 하는 자기 기입식 설문지법을 이용하였다. 설문 항목은 크게 방문객의 축제 만족도를 측정하기 위한 20개 항목과 지역 주민의 축제 만족도를 측정하기 위한 11개 항목으로 구성하였다. 총 300부의 설문지를 배부하여 294부의 설문지가 회수되었으며 이중 방문객이 응답한 설문지는 204부, 지역 주민이 응답한 설문지는 90부로 나타났다. 검증을 위한 분석 방법으로는 설문지를 방문객과 지역 주민으로 구분하여 각각 요인 분석, 신뢰도 분석, 회귀분석을 사용하였다. 주성분 분석 방법을 이용한 요인 분석은 고유값(Eigen value) 1을 기준으로 요인들이 형성할 수 있는 요인으로 보고 요인 추출과정에서는 요인 적재량(Factor loading)이 0.4 이상인 변수를 대상으로 요인화하였으며, 요인의 해석을 용이하기 위해 직각회전(Varimax Rotation) 방식을 병행하여 분석을 실시하였다. 요인 범주 내 속성들의 결합에 대한 내적 일관성에 대한 신뢰성 분석(Reliability analysis)은 크론바하의 알파(Cronbach's α) 계수를 이용하였다. 요인 분석을 통해 형성된 요인들이 축제 만족에 어떠한 영향력을 미치는지를 파악하기 위해 회귀분석(Regression analysis)을 실시하였다.

둘째, 내부 프로세스 관점과 학습과 성장 관점의 평가 지표는 7명의 전문가들의 사전 검토를 거쳐 선정된 지표들을 축제 담당자와 외부 축제 전문가 52명을 대상으로 직접 면접 및 e-mail을 이용한 설문지를 통해 도출하였다. 설문조사 기간은 2004년 3월 10일부터 4월 10일까지 진행하여 자료를 수집하였다. 설문 항목은 제시된 각 지표별 중요도에 대하여

7점 척도를 사용하였으며, 이 중 지표 평균값이 3.5점 이상인 것을 평가 지표로 선정하였다.

(2) 관점별 평가 지표 개발

① 성과 관점의 평가 지표

성과 관점은 BSC상의 재무적 관점을 대체한 것이다. 재무적 관점은 영리기업에서 궁극적인 목표가 되는 평가 영역으로서 대표적인 평가 지표로 투자 수익률과 같은 수익성 지표를 사용한다. 축제에서 성과는 개최 목적의 달성도로 측정되어야 한다. 문화관광축제의 개최 목적은 지역 경제 활성화를 위한 경제적 파급효과를 높이고, 동시에 지역 이미지 제고, 지역문화 발전, 지역 주민의 화합 등의 사회문화적 영향을 제고시키는데 있다.

경제적 파급효과는 크게 산출 파급효과, 소득 파급효과 및 고용 파급효과로 측정할 수 있다. 각 파급효과는 방문객이 축제 개최 지역 내에서 지출한 총금액에 산업생산 유발계수, 관광소득 유발계수, 관광고용 유발계수를 곱하여 산출한다. 산출 파급효과가 크면 소득 파급효과와 고용 파급효과도 크게 나타나므로, 경제적 파급효과 측정시 산출 파급효과를 핵심 성과 지표로 선정한다. 그리고 각 축제의 투자 규모 차이에 따른 편의를 제거하기 위해 경제적 파급효과는 산출 파급효과를 투자금액으로 나누어 산출하는 것이 바람직하다.

지역의 사회문화적 영향으로는 지역 이미지 제고, 지역문화 계승 발전, 지역 주민의 화합 등의 긍정적 효과가 있는 반면에 환경파괴, 환경오염 등과 같은 부정적 효과도 나타난다. 따라서 지역의 사회문화적 영향 평가는 긍정적 효과에서 부정적 효과를 상쇄한 순수한 파급효과만을 고려해야 하며, 이러한 지역의 사회문화적 영향은 지역 주민의 축제 만족도로 측정할 수 있다. 따라서 경제적 파급효과와 지역 주민의 축제 만족도를 성과 관점의 평가 지표로 선정한다.

지역 주민의 축제 만족도를 측정하는 항목은 선행 연구에서 나타난 측정 항목 중 전문가 자문을 통해 11개 측정 항목을 선정하고 이를 지역 주민들을 대상으로 한 설문조사 결과를 요인 분석과 신뢰성 분석을 통해 확정하였다.

요인 분석 결과 2개의 요인으로 묶였으며 모형의 전체 설명량은 67.05%로 높고, 요인별로는 요인 1이 51.14%, 요인 2가 15.91%를 설명하고 있다. 또한 요인적 재량(Factor loading)은 모두 0.6 이상으로 나타나 유의함을 입증하고 있으며, 공통성(Communality)의 경우 변수가 모두 0.4 이상으로 나타나 중요도가 낮은 변수는 없는 것으로 나타났다. 신뢰성은 0.7 이상으로 강한 응집력을 가져 측정 도구의 신뢰성에는 문제가 없는 것으로 판단된다. 그리고 도출된 요인을 개념화하기 위해 각 요인의 특성을 감안하여 사회적 편익(요인 1), 사회적 비용(요인 2)으로 명명하였다.

〈표 Ⅳ-1〉 지역 주민의 축제 만족도 요인 분석

측정 항목	Factor loading	Communality	Cronbach' α	Eigen-value	% of var.
요인 1 : 사회적 편익			0.9292	5.625	51.138
지역문화 개발	.852	.806			
문화적 체험	.847	.752			
지역 주민 화합	.843	.717			
지역 주민의 새로운 경험	.832	.738			
지역문화 계승 발전	.811	.739			
지역 주민의 여가 활동	.772	.622			
지역 이미지 제고	.757	.579			
요인 2 : 사회적 비용			0.7755	1.75	15.913
환경 오염	.864	.783			
환경 파괴	.793	.707			
범죄 발생	.720	.519			
교통 혼잡	.617	.416			
누적 분산비율	51.138				67.050

요인 분석에 의해 묶인 2개의 요인과 지역 주민의 축제 만족도를 다중회귀분석 결과를 살펴보면 〈표 Ⅳ-2〉와 같이 사회적 편익 요인이 사회적 비용 요인보다 큰 영향력을 보여주고 있으며, 사회적 비용은 축제 만족도에 부정적인 영향을 미치는 것으로 나타났다.

〈표 Ⅳ-2〉 지역 주민의 축제 만족도에 대한 회귀분석 결과

변 수	비표준화계수(B)	표준오차	표준화계수(Beta)	t	sig
상 수	4.650	.112		41.338	.000
사회적 편익	.699	.113	.553	6.178	.000**
사회적 비용	-.349	.113	-.276	-3.083	.003*
R^2 : 0.382, F : 23.834**					

*p < 0.05 **p < 0.001

요인 분석과 회귀분석 결과 지역 주민의 축제 만족도에 영향을 미치는 요인은 사회적 편익(지역문화 개발, 문화적 체험 기회, 지역 주민 화합, 지역 주민의 새로운 경험 제공, 지역문화 계승발전, 여가활동 제공, 지역 이미지 제고)과 부정적 영향을 미치는 사회적 비용(환경 파괴, 환경오염, 교통 혼잡, 범죄 발생)으로 구분할 수 있다. 따라서 지역 주민의 축제 만족도는 사회적 편익에서 사회적 비용을 차감하여 성과를 평가한다.

② 방문객 관점의 평가 지표

BSC상의 고객 관점에서의 평가 지표로는 고객 만족도, 고객 확보율, 시장점유율 등이 있지만, 축제 평가에 적용 가능한 평가 지표는 방문객 만족도가 유일하다. 따라서 방문객 만족도를 방문객 관점에서의 평가 지표로 선정한다.

방문객 만족도를 구성하는 측정 항목은 선행 연구들에서 나타난 측정 항목 중 축제 전문가의 자문을 통해 프로그램 다양성, 프로그램 교육, 프

로그램의 재미, 체험 프로그램, 프로그램의 일정, 주차 시설, 화장실, 휴식 공간, 안내 시설, 안내물 내용, 행사 요원 친절, 음식물의 다양성, 음식물 가격, 음식물 품질, 기념품 다양성, 기념품 가격, 행사장 접근성, 행사장 연계 교통, 행사장 청결, 행사장 배치 등의 21개 평가 항목을 선정하고 이를 축제에 참여한 방문객을 대상으로 한 설문 결과를 요인 분석과 신뢰성 분석을 통해 확정하였다.

요인 분석 결과 4개의 요인으로 묶였다. 〈표 Ⅳ-3〉은 고유값 1.0을 기준으로 산출된 요인의 구조로서 모형의 전체 설명량은 67.54%로 높고, 요인별로는 요인 1이 46.94%, 요인 2가 7.69%, 요인 3이 7.19%, 요인 4가 5.72%를 설명하고 있다. 또한 요인 적재량(Factor loading)은 모두 일반적인 기준인 0.5이상으로 나타나 유의함을 입증하고 있으며, 공통성(Communality)의 경우 변수가 0.5 이상으로 나타나 중요도가 낮은 변수는 없는 것으로 나타났다. 또한 신뢰성은 0.7이상으로 측정 도구로서의 신뢰성에는 문제가 없는 것으로 판단된다. 산출된 요인을 개념화하기 위해 각 요인의 특성을 감안하여 프로그램 내용(요인 1), 편의시설(요인 2), 행사장 환경(요인 3), 판매 상품 품질(요인 4)로 명명하였다.

〈표 Ⅳ-3〉 방문 만족도 요인 분석

측정 항목	Factor loading	Communality	Cronbach' α	Eigen-value	% of var.
요인 1 : 프로그램 내용					
프로그램 재미성	.812	.776			
프로그램 다양성	.784	.733			
프로그램 교육성	.755	.679	0.9115	9.388	46.940
체험 프로그램	.752	.727			
프로그램 일정	.676	.640			
안내물 내용	.609	.641			

요인 2 : 편의시설			0.8699	1.538	7.688
화장실	.786	.741			
휴식 공간	.736	.679			
주차 시설	.726	.700			
안내시설	.586	.636			
요인 3 : 행사장 환경			0.8097	1.439	7.193
행사장 배치	.736	.669			
행사장 연계교통	.713	.681			
행사장 접근성	.649	.648			
행사요원 친절	.635	.517			
행사장 청결	.599	.646			
요인 4 : 판매상품 품질			0.8565	1.144	5.722
음식물 가격	.856	.787			
기념품 가격	.808	.733			
음식물 품질	.678	.664			
음식물 다양성	.538	.637			
기념품 다양성	.518	.574			
누적 분산비율					67.544

요인 분석에 의해 묶인 4개 요인과 방문객 만족도를 다중회귀 분석한 결과는 〈표 Ⅳ-4〉와 같이 행사장 환경, 판매 상품 품질, 프로그램 내용, 편의시설 순으로 방문객 만족도에 미치는 영향이 큰 것으로 나타났다.

〈표 Ⅳ-4〉 방문객 만족도에 대한 회귀분석 결과

구 분	비표준화계수 (B)	표준오차	표준화계수 (Beta)	t	sig
상 수	4.901	.058		84.938	.000
프로그램 내용	.282	.058	.242	4.885	.000**
편의시설	.149	.058	.128	2.576	.011*
행사장 환경	.430	.058	.369	7.436	.000**
판매상품 품질	.326	.058	.280	5.648	.000**
R^2 : 0.289, F : 29.420**					

* $p < 0.05$ ** $p < 0.001$

③ 내부 프로세스 관점의 평가 지표

이강욱(1998)은 문화관광축제 평가를 위한 방법론에서 기획·운영의 효율화 평가를 제시하였으며, 김철원과 이석호(2001)는 문화관광축제 분석 결과에서 제시한 문제점을 개최 목적이 불분명하고, 독특한 지역문화의 내용을 표현하는 프로그램이 적으며, 축제 컨텐츠의 관광 매력성이 부족하다는 점을 제시하였다. 즉 축제의 관광 매력성은 외지인의 축제 참여를 결정하는 주요 요인이 되고 있음에도 불구하고, 그들의 관심과 욕구, 호기심을 자극하는 프로그램이 부족하다는 점을 지적한 것이다. 또한 최승담(2003)은 축제의 준비 과정부터 실행 과정 그리고 축제 이후의 파급효과에 이르기까지 전 과정을 총괄하는 총체적인 축제 평가가 이루어져야 한다고 주장하였다. 본 연구에서는 이러한 관점에서 내부 프로세스를 축제 기획과 축제 운영으로 구분하여 평가 지표를 도출하였다.

내부 프로세스 관점에서의 평가 지표는 선행 연구의 고찰을 통해 도출된 지표들을 전문가 조사를 실시하여 중요도가 3.5점 이상인 것만을 평가 지표로 확정하였다. 축제 기획 관련 평가 지표는 축제와 지역 특성과의 적합성, 프로그램의 다양성, 프로그램의 차별성, 프로그램과 축제 주제와의 일치성, 축제 운영 관련 평가 지표는 재정 의존도, 지역 주민의 행사 프로그램 참여 비율, 지역 주민의 자원봉사자 참여 비율, 축제추진위원회의 전문가 참여 비율, 축제 사무국의 전문가 참여 비율, 축제 전문가 예산집행 권한 수준, 홍보 안내 자료의 다양성, 광고매체의 다양성, 홍보 범위 등으로 나타났다.

〈표 Ⅳ-5〉 내부 프로세스 관점 평가 지표에 대한 전문가 평가

평가 지표	평 균
1. 축제 기획	
프로그램과 축제 주제와의 일치성	5.69
축제와 지역 특성과의 적합성	5.13
프로그램의 차별성	4.37
프로그램의 다양성	3.85

2. 축제 운영	
축제추진위원회의 전문가 참여비율	5.75
축제 전문가의 예산집행 권한 수준	5.61
축제 사무국의 전문가 참여비율	5.37
지역 주민의 행사 프로그램 참여비율	5.20
재정의존도	4.31
지역 주민의 자원봉사자 참여비율	4.28
광고 매체의 다양성	4.25
홍보 안내 자료의 다양성	3.83
홍보 범위	3.68

주 : 7점 척도 이용(1점 : 전혀 중요하지 않다. ~7점 : 매우 중요하다)

④ 학습과 성장 관점의 평가 지표

학습과 성장 관점은 문화관광축제가 지속적으로 성장 발전할 잠재력이 있는가를 평가하는 영역이다. 기존의 평가 방식이 축제를 현재 관점에서 평가하고 있는 반면에 학습과 성장 관점은 미래 관점에서 축제를 평가하고자 하는 시도이다. 문화관광부가 문화관광축제를 육성 발전시키기 위해 평가를 하고자 한다면 단기적 측면과 동시에 장기적 측면에서의 평가가 이루어져야 할 것이다. 따라서 축제를 현재 시점뿐만 아니라 미래시점에서 축제를 종합적으로 평가한다는 점에서 학습과 성장 관점에서의 평가는 의미가 있다.

축제의 성장 잠재력에 대한 평가 연구 결과는 거의 없는 실정이다. 따라서 학습과 성장 관점의 평가 지표는 축제 전문가의 사전 토의 과정을 거쳐 도출된 지표들을 전문가 조사를 실시하여 중요도가 3.5점 이상인 것만을 평가 지표로 확정하였다.

〈표 Ⅳ-6〉 학습과 성장 관점 평가 지표에 대한 전문가 평가

평가 지표	평 균
축제 사무국의 상설화	5.36
축제 담당자의 업무만족도	4.75
축제 담당자에 대한 인센티브	3.94
축제 담당자의 축제업무 재직 기간	3.89

주 : 7점 척도 이용(1점 : 전혀 중요하지 않다. ~7점 : 매우 중요하다)

〈그림 Ⅳ-2〉 BSC를 이용한 지역축제 평가 모형

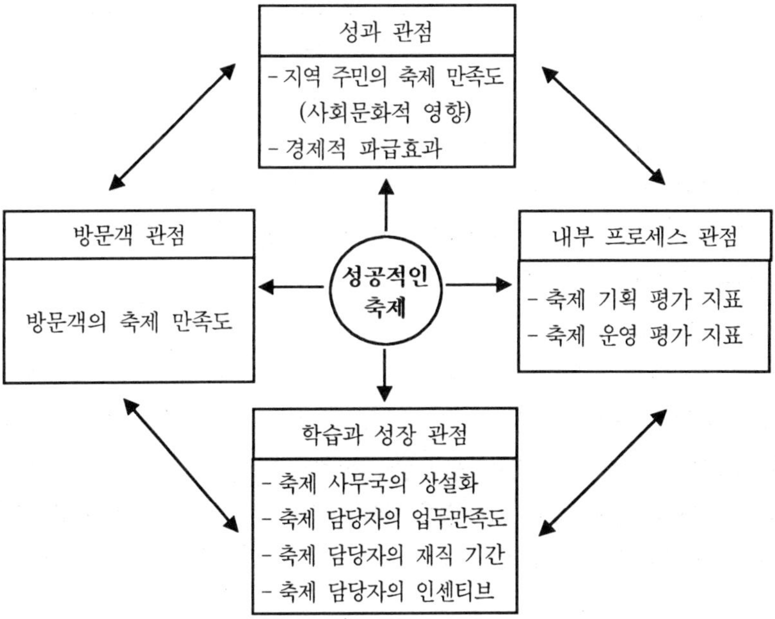

(3) 가중치 부여

BSC를 이용하여 도출된 평가 지표를 지역축제 평가에 적용하기 위해서는 각 관점별, 평가 지표별로 중요도에 따라 가중치를 부여해야 한다. 가중치 부여는 지역축제의 특성에 따라 지역축제의 범주를 구분한 후 범

〈표 Ⅳ-7〉 축제 범주별 목적 및 평가 기준

축제의 범주	축제 개최의 목적	축제 성과 평가의 기준
예술 페스티발	해당 예술 장르의 발전, 저변인구 확보 및 견본시 (전통예술 장르도 포함)	해당 장르의 예술 행사를 충분히 표현 및 관객에게의 전달되는 성과 여부
전통 지역 축제	전통적인 의미의 대동 화합, 일탈 및 전통문화 느끼기	지역 공동체의 대동 축제적 의미의 화합 및 대동
지역 특산물 축제	지역 특산물 홍보 및 판로 확대, 산업 활성화	지역 특산물 판로 개척 및 저변 확대 여부
관광자원 축제	지역 관광산업 활성화	지역 관광 수입 확대 및 관광산업, 이미지 홍보 성공 여부

자료 : 2002 지역축제 평가 및 활성화 방안 토론회 자료집

주별로 차별화하여 부여한다.

김규원(2002)은 지역축제를 개최 목적에 따라 예술페스티발, 전통지역축제, 지역 특산물축제, 관광자원축제 4가지 범주로 구분하고 각 축제 범주별 성과 평가 기준을 제시하였다.

축제 범주별로 관점별, 평가 지표별로 다른 가중치를 부여하는 경우, 예술페스티발은 성과 관점의 평가 지표인 경제적 파급효과보다는 사회문화적 영향을 측정하는 지역 주민의 만족도에 상대적으로 높은 가중치를 부여해야 할 것이며, 반대로 관광자원 축제는 지역 주민의 만족도보다는 경제적 파급효과에 높은 가중치를 부여해야 한다. 가중치를 반영한 지역축제 평가 지표를 관점별로 구분하여 하나의 안으로 제시하면 다음과 같다.

〈표 Ⅳ-8〉 가중치를 반영한 지역축제 평가 지표(안)

BSC의 관점	평가 지표	측정 항목		가중치
성과 관점 (30)	지역 주민의 축제 만족도 (15)	사회적 편익 (15)	지역문화 개발	2
			문화적 체험	2
			지역 주민의 화합	3
			지역 주민 새로운 경험	2
			문화계승 발전	2
			지역 주민 여가활동	2
			지역 이미지 제고	2
		사회적 비용 (5)	환경오염	2
			환경파괴	1
			범죄발생	1
			교통혼잡	1
	경제적 파급효과(15)	방문객 1인당 지출비용 × 총방문객수 × 산업생산유발계수 / 투자금액		15
방문객 관점 (40)	방문객의 축제 만족도 (40)	프로그램 내용 (15)	프로그램 재미성	2
			프로그램 다양성	2
			프로그램 교육성	2
			체험 프로그램	2
			프로그램 일정	1
			안내물 내용	1
		편의시설 (10)	화장실	3
			휴식 공간	2
			주차 시설	3
			안내시설	2
		행사장 환경 (8)	행사장 배치	2
			행사장 연계교통	1
			행사장 접근성	1
			행사요원 친절	2
			행사장 청결	2

		판매상품 품질 (7)	음식물 가격	1
			기념품 가격	1
			음식물 품질	1
			음식물 다양성	2
			기념품 다양성	2
내부 프로세스 관점 (20)	축제와 지역 특성과의 적합성			2
	프로그램 다양성			1
	프로그램 차별성			2
	프로그램과 축제 주제와의 일치성			2
	재정의존도			1
	지역 주민의 행사 프로그램 참여비율			2
	지역 주민의 자원봉사자 참여비율			2
	축제추진위원회의 전문가 참여비율			1
	축제 사무국의 전문가 참여비율			1
	축제 전문가의 예산집행 권한 수준			1
	홍보 안내자료의 다양성			2
	광고매체의 다양성			1
	홍보범위			2
학습과 성장 관점 (10)	축제 사무국의 상설화			3
	축제 담당자의 업무 만족도			2
	축제 담당자의 축제 업무 재직 기간			3
	축제 담당자에 대한 인센티브			2

5. 결론

본 연구는 기존의 지역축제 평가 방식이 갖고 있는 문제점을 분석한 후 이를 해결하는 방안으로 BSC를 이용한 평가 지표 개발을 위해 수행되었다. 기존 지역축제 평가 방식의 문제점은 다음과 같다.

첫째 평가 항목별 평가 주체가 잘못 설정되었다. 지역의 사회문화적 파급효과에 대한 평가 주체는 인식 가능성이 높은 지역 주민이어야 함에도 방문객(문화관광부), 모니터링 요원(문화연대)이 평가함으로써 평가의 신뢰성을 저하시킬 수 있다.

둘째, 지역축제 평가가 경제적 파급효과에 편중되어 있다. 지역축제의 궁극적인 목표는 경제적 파급효과뿐만 아니라 지역의 사회문화적 영향을 제고시키는데 있음에도 평가 지표 및 가중치가 경제적 파급효과에 초점을 두고 있어 평가의 균형성을 저해하고 있다.

셋째, 모든 지역축제를 평가하기에 적절치 않은 평가 지표를 사용하고 있다. 외국인 관광객 수용 태세, 숙박 및 연계 관광 등의 평가 지표는 지역축제 특성에 따라 적용하기가 부적절할 수도 있다.

넷째, 평가 항목 및 평가 지표의 가중치가 지역축제의 특성을 감안하지 못하고 있다. 경제적 파급효과를 목적으로 개최되는 관광자원축제와 전통적인 의미의 대동화합 및 전통문화 발전을 목적으로 개최되는 전통문화지역축제는 개최 목적이 서로 다르다. 이렇게 유형이 다른 지역축제를 동일한 가중치를 적용하여 평가한다면 평가의 신뢰성 및 형평성에 문제점으로 제기될 수 있다.

다섯째, 평가 영역이 수평적으로 나열되어 있어 평가 영역 간 인과관계를 설명하지 못하고 있다. 이 경우 축제 담당자에게 전략적 목표 달성하기 위한 일관적 행동을 기대하기 어렵다. 마지막으로 기존의 지역축제 평가는 현재 시점을 중시하는 반면 미래 시점은 전혀 고려하지 못하고 있다. 미래 시점의 평가가 수행됨으로써 장기적으로 지역축제가 성장 발전할 수 있는 유인을 제공한다는 점에서 미래 시점의 평가는 중요한 평가 영역이 된다.

이러한 기존 지역축제 평가 방식의 문제점을 해결하기 위한 방안으로 본 연구에서는 BSC를 지역축제 평가에 적용하였다. BSC를 지역축제 평가에 적용하기 위해 평가 영역을 성과 관점, 방문객 관점, 내부 프로세스 관점, 학습과 성장 관점으로 구분하고 각 관점별 성과 지표를 도출하였다.

성과 관점에서는 경제적 파급효과와 지역 주민의 축제 만족도, 방문객 관점에서는 방문객의 축제 만족도, 내부 프로세스 관점에서는 축제와 지역 특성의 적합성, 프로그램의 다양성, 프로그램 차별성, 프로그램과 축제 주제와의 일치성, 재정 의존도, 지역 주민의 행사 프로그램 참여 비율, 지역 주민의 자원봉사자 참여 비율, 축제 추진위원회의 전문가 참여 비율, 축제 사무국의 전문가 참여 비율, 축제 전문가 예산집행 권한 수준, 홍보 안내 자료의 다양성, 광고매체의 다양성, 홍보 범위, 학습과 성장 관점에서는 축제 사무국의 상설화, 축제 담당자의 업무 만족도, 축제 담당자의 축제 업무 재직 기간, 축제 담당자에 대한 인센티브 등이 평가 지표로 나타났다.

지역축제를 성과 관점, 방문객 관점, 내부 프로세스 관점, 학습과 성장 관점의 지표로 평가함으로써 관점별 인과관계가 명확해지고 현재 시점뿐만 아니라 미래 시점에서의 평가가 이루어진다는 점에서 BSC를 이용한 지역축제 평가의 의미가 있다고 할 수 있다.

본 연구의 한계로는 내부 프로세스 관점과 학습과 성장 관점의 평가 지표가 핵심적인 지표인가에 대해서는 확신하기가 어렵다는 점이다. 성과 관점과 방문객 관점에서의 평가 지표는 선행 연구에서 검증된 지표들을 설문조사를 실시하여 통계적으로 신뢰성을 확인할 수 있었다. 그러나 내부 프로세스 관점과 학습과 성장 관점에서의 평가 지표는 선행 연구 결과가 전무하고, 지표의 성격상 통계적 유의성을 검증할 수 없다는 한계로 인하여 전문가 조사를 통해 도출함으로써 지표의 신뢰성 검증이 이루어지지 않았다. 이러한 문제점은 향후 추가적인 연구를 통해 해결해야 할 것으로 판단된다.

참고문헌

김규원, "지역축제를 축제답게 하기 위하여", 지역축제 평가 및 활성화 방안 토론회 자료집, 한국관광공사, 2002.

김순기, 김봉기, "비영리조직에서의 균형성과표 적용방안", 경영논총 제12집, 2002.

김희경, 성은숙, BSC 실천 매뉴얼, 시그마인사이트, 2001.

김철원, 이석호, "문화관광축제 육성방안", 한국관광연구원, 2001.

문성종, 고계성, 홍성화, "제주지역 이벤트 축제 평가 분석의 틀에 관한 연구", 제주관광연구.

문화관광부 홈페이지 http://www.mct.go.kr

문화연대 축제모니터링단(2003), 축제 평가보고서.

민병호, 손대현, "지역축제의 서비스품질 개발에 관한 연구", 호텔관광연구, 2001.

박무현, "전략적 성과측정시스템의 적용에 관한 사례연구—경쟁력을 지원하는 BSC를 중심으로", 상교논총 17권 1호, 1999.

배만규, "지역축제 개최결과의 표준속성 개발—문화관광부선정 문화관광축제를 중심으로", 관광 연구 제17권 제1호, 2002.

변우희, "경주세계 문화엑스포의 관광영향도 평가 및 비교분석", 한국관광학회, 2000.

서대석, "균형성과표에 관한 소고", 산경연구 제10집 , 영남대학교 산경연구소, 2002.

송경근, 성시중 역, 가치실현을 위한 통합경영지표 BSC, 한언, 1998.

오정학, 허상현, 오휘영, "이벤트관광객의 만족요인 연구", 관광·레저연구, 2002.

이강욱, "문화관광축제의 영향 및 운영효율화 방안—금산인삼축제 사례연구", 한국관광연구원, 1998.

이학렬, "비영리조직의 BSC 도입 방안에 관한 연구－W 대학 도입방안을 중심으로", 경영교육 논총 제30집, 2003.

이현식, "한국축제의 현황과 미래－부평풍물대축제를 중심으로", 유럽문화정보센터(편) 유럽 축제 문화, 연세대 출판부, 2003.

채용식, "강원지역 축제정책평가에 관한 연구", 관광정책연구원 제8권 제2호, 2002.

최승담, 문화관광축제 평가모형 개발, 문화관광부, 2003.

Delamere, T.A., *Development of a Scale to Measure Local Resident Attitudes Toward the Social Impact of Community Festivals*, 1998.

Gets, Donald, *Event Management and Event Tourism*. 1997.

Kaplan, R.S., and Norton, D.P., "The Balanced Scorecard - Measures That Drive Performance", *Harvard Business Review*, Jan.-Feb, 1992.

______, "Using the Balanced Scorecard as a Strategic Management System", *Harvard Business Review*, Jan.-Feb, 1996.

______, "The Balanced Scorecard - Translating Strategy into Action", Harvard Business School Press, 1996.

Lunberg, D., *The Tourist Business*(6th ed.), New York, Van Nostrand Reinhold, 1990.

Olve, N. G., J. Roy and M. Wetter, *Performance Drivers : A Practical Guide to using the Balanced Scorecard*, John Willy and Sons, 1999.

Parasuraman, A., Zeithmal V. A., Berry, L. L,, SERVQUAL - a Multiple Item Scale for Measuring Consumer Perception of Service Quality, *Journal of Retailing*, 64(1), 1998.

축제 규모, 축제 존속 기간, 축제 인지도 수준에 따른 BSC 활용도가 축제 성과에 미치는 영향

진 대 현

1. 서론

우리나라 축제는 문화관광부에 등록된 것만 800여 개에 이르며, 등록되지 않은 축제를 감안한다면 이보다 훨씬 많은 축제가 매년 개최되고 있다. 이러한 현상은 지방자치제가 실시된 1995년 이후 각 지방자치단체가 저마다 축제를 개발하여 실시하고 있으며, 이를 통해 지역 이미지 제고, 지역 주민의 애향심 고취, 지역의 정체성 확립, 지역문화의 계승 및 발전, 지역 경제의 활성화 등 사회적, 문화적, 경제적 파급효과를 창출하는 수단으로 활용하고 있다(이경모, 강해상, 2003). 그러나 축제의 양적 팽창에 반하여 대부분의 축제가 지역 주민의 참여 부족, 이벤트성 행사로 인한 예산 낭비, 관 주도에 따른 전문성 부족, 행사 내용의 비차별성 등의 여러 문제점을 내포하고 있어 성공적인 축제를 찾아보기가 쉽지 않다. 이는 축제가 개최되기까지의 과정을 Plan(기획) - Do(운영) - See(평가)로 구분했을 때 대부분의 축제가 기획과 운영에만 관심을 기울인 반면 평가는 시스템이 부재하거나 평가 자료의 피드백이 활성화되지 못하고 있는 실정이다.

축제를 평가하는 주요 이유는 문제의 규명과 해결, 프로그램의 가치 결정, 관리 개선 방법의 발견, 성공과 실패의 측정, 비용과 편익의 판단, 축제의 파급효과 측정에 있다(Gets, 1997). 축제 평가를 평가 시점으로 분류하면 사전평가, 과정평가, 산출평가로 구분되는데, 이를 축제 평가 이유에 적용해 보면 비용과 편익의 판단은 축제 개최의 타당성을 분석하기 위한 사전평가에 해당되며, 관리개선 방법의 발견과 프로그램의 가치 결정은 축제 기획 및 운영의 효율성을 측정하는 과정평가에 해당된다. 그리고 축제의 성공과 실패의 측정, 축제의 파급효과 측정은 축제의 성과를 측정하는 산출평가를 의미한다고 할 수 있다. 축제가 이미 개최된 경우에는 사전평가는 의미가 없고, 과정평가와 성과 평가가 주된 평가 범주가 된다.

현재 대부분의 축제에서는 과정평가보다는 성과 평가를 중요시하며, 성과 평가 항목으로 고객 만족도와 경제적 파급효과를 측정하고 있고, 과정평가 항목으로는 기획, 운영(프로그램, 행사장 환경, 편의시설, 상품), 홍보, 지역 주민의 참여도 등을 측정하고 있다.

이러한 평가 방식은 성과 평가 항목과 과정평가 항목의 수평적 분석은 가능하나, 두 평가 항목간의 인과관계를 설명하지 못하는 단점이 있다. 또한 성과에 영향을 미치는 요인을 과정평가 항목에만 국한시킴으로써 장기적 또는 직간접적으로 축제 성과에 영향을 주는 요인에 대한 평가가 이루어지지 못하고 있다. 이러한 기존 평가 방식의 문제점을 해결하기 위해 최근 기업 성과 평가 도구로 많이 사용되는 균형성과표(Balanced Scordcards : BSC)를 축제 평가에 도입하는 방안을 고려해 볼 수 있다.

균형성과표는 성과 관점, 고객 관점, 내부 프로세스 관점, 학습과 성장 관점 4가지 관점에서 평가하는 방식으로 소위 다면 평가 방법이라 할 수 있다. 기존의 축제 평가는 성과 관점과 내부 프로세스 관점에서의 평가는 수행되고 있지만 축제의 성장 잠재력을 측정하는 학습과 성장 관점에서의 평가는 전혀 이루어지지 못하고 있다.

기존의 많은 연구 결과에서 균형성과표를 도입하고 있는 기업의 성과가 균형성과표를 도입하지 않는 기업보다 높은 것으로 나타났으며, 이러한 현상은 축제 평가에서도 그대로 적용될 수 있을 것으로 예상된다. 따라서 본 연구의 목적은 축제 평가의 균형성과표 활용도와 축제 성과간의 상관관계를 분석하여 균형성과표의 유용성을 검증하는 것이며, 추가로 축제 규모, 축제 존속 기간, 축제 인지도와 균형성과표 활용도간의 관계를 분석하여 각 축제의 상황 여건에 따라 균형성과표가 얼마나 활용하고 있으며, 이것이 축제 성과와는 어떠한 인과관계가 있는가를 규명하는데 있다.

2. 이론적 배경

1) 균형성과표

전통적으로 기업의 성과 측정은 대부분 재무적인 측면에서 이루어져왔으나 이것만으로는 기업의 잠재적 가능성을 잘 설명하지 못한다는 지적이 있어 왔다. 즉, 재무적인 측면 이외에 기업의 경제적 가치를 장기적으로 창출하게 해주는 요인들을 식별하고, 이를 관리하는 것이 필요하다는 것이다. 기존의 성과 평가 측정 지표로는 매출액 이익률, 투자 수익률, 자기자본 이익률 등의 재무적 측정치들을 사용하였다.(Ittner & Larker, 1998)

그러나 이러한 양적인 재무적 평가만으로는 기업의 성과를 올바르게 평가할 수 없다. 왜냐하면 재무적 성과에 직간접으로 영향을 미치는 품질 수준, 고객 만족도, R&D, 종업원의 우수성 등과 같은 무형자산의 가치를 전혀 고려하지 못하고 있기 때문이다(Kaplan and Norton, 1992). 1990년대 이후 무형자산에 대한 중요성이 증대하면서 많은 학자와 기업이 실제 무형자산에 대한 평가 항목과 적용 방법을 연구해 왔다 (Bontis, 1998, : Edvinsson & Malone, 1997 : Kaplan & Norton, 1992).

Nonaka(1991)는 지식의 창조와 보급 능력은 기업의 생존과 발전을 좌우하는 중요한 원천이 될 것이라고 하였으며, Stewart(1991)는 세계 시장에서 경쟁 우위 확보의 주요 관건은 조직 내에 축적되어 있는 지식이 될 것이라고 무형자산의 중요성을 강조하였다. Kaplan & Norton은 경영 성과 측정에 있어서도 무형자산의 가치가 제대로 반영되고 피드백될 수 있으며, 전략적 목표의 실천을 지원할 수 있는 성과 측정 지표를 만들기 위해 균형성과표(Balanced Scorecards : BSC)를 제시하였다. 균형성과표는 다음과 같이 네 가지 관점으로 구성되어 있다(손명호 외, 2003)

첫째, 재무적 관점은 재무적 측정 지표들을 이용하여 성과를 측정하는 관점이다. 매출액, 투자 수익률, 경제적 부가가치(EVA), 자기자본 이익률 등과 같은 기존은 재무 측정 지표를 사용한다.

둘째, 고객 관점은 목표로 삼은 고객과 세부 시장을 규명한 후 고객과 세부 시장에 대한 목표와 측정 지표를 규정한다. 대표적인 측정 지표로는 시장 점유율, 고객 확보율, 고객 만족도, 고객 유지율 등이 있다.

셋째, 내부 프로세스 관점은 기업이 고객의 기대에 부응하기 위해 내부적으로 무엇을 해야 하는가를 측정한다. 내부 프로세스 관점에서는 재무적 목표와 고객 목표를 달성하는데 초점을 둔다. 대표적인 측정 지표로는 신제품 개발 및 신시장 개척 프로세스의 효율성, 납기, 품질, 종업원 이직률 등이 있다.

넷째, 학습 및 성장 관점은 장기적인 성장과 가치창조를 위해 필요한 목표와 측정 지표를 개발한다. 혁신하는 기업의 능력은 가치창조와 연결되기 때문에 학습 및 성장 관점에서는 직원의 역량, 정보시스템 역량, 조직 역량 등이 세 가지 영역이 존재하며, 각 영역별로 세부적인 측정 지표를 개발한다.

균형성과표의 네 가지 관점은 서로 독립적인 것이 아니며 서로 밀접한 관계를 지니고 있다. 이러한 네 가지 관점에 의한 측정 지표는 결과적으로 기업의 전략과 연결시켜야 한다. 대부분의 성과 평가 시스템의 궁극적인 목적은 기업의 전략을 성공적으로 이행할 수 있도록 하는데 있다. 성과 평가 시스템은 다양한 관점에서 목표들 간의 관계들을 명확하게 하여야 한다. 균형성과표의 다양한 영역들은 분리되어 측정되는 것이 아니라 서로 연계되어 인과관계를 가지며, 서로를 강화시켜 주고 궁극적으로 재무 성과로 연결되어야 한다. 즉, 재무 성과의 향상은 일반적으로 연계 과정에서 궁극적인 목표가 되어야 한다. 재무 성과를 높이기 위해서는 고객의 만족도가 높아야 하고, 고객 만족도를 높이기 위해서는 조직 내부에서의 의사 결정, 프로세스 그리고 활동 등의 우수성을 확보해야 하며, 조직 내부의 역량을 높이기 위해서는 조직의 학습과 성장을 제고시켜야 한다.

2) 균형성과표와 기업 성과

균형성과표와 기업 성과 간에 어떠한 관계를 갖는가에 대한 연구는 그리 많지 않다. 대부분의 연구들은 균형성과표의 개념과 도입 기업들의 성공 사례를 소개하거나(Rucci et al 1988 : Schneiderman 1999 : Gautreau & Kleiner 2001), 기업들의 균형성과표 도입 실태에 대한 조사(Frigo 2001, Malmi 2001) 등이 주를 이룬다. 균형성과표 실행과 기업 성과와의 관계에 대한 실증 연구로는 Klein & Kaplan(1999), Grove(2000), Hoque & James (2000), Sim & Koh(2001), Davis & Albright(2001), 홍미경(2000) 등이 있다.

Klen & Kaplan(1999)은 Chemical 은행의 사례에서 전략으로부터 도출된 4가지 관점의 성과 측정치의 활용을 통해 비용 절감과 수익원의 다양화를 통해 높은 재무 성과의 개선을 가져왔음을 보여주고 있다. Grove (2000)는 쿠어스 맥주회사의 사례에서 균형성과표의 4가지 관점에서 핵심 성공 요인을 도출하고 이를 성공적으로 적용함으로써 기업의 주가를 20달러에서 50달러로 향상시키는데 중요한 역할을 하였음을 보여주었다. 이는 합리적인 성과 평가로 인한 기업 가치의 향상이 재무적 결과로 나타남을 보여주는 것이다.

Hoque & James (2000)는 상황변수로서의 기업 규모, 제품 수명 주기 단계 및 기업의 시장에서의 위치 등의 수준에 따라 균형성과표의 활용도 차이가 기업 성과에 미치는 영향을 연구하였다. 연구 결과 대기업이 중소기업보다 균형성과표를 더 많이 활용하며, 제품 수명 주기가 도입 및 성장 단계에 있는 경우에 성숙기 및 쇠퇴기에 있는 기업보다 균형성과표를 더 많이 활용하는 것으로 나타났다. 그러나 기업의 시장 위치와 균형성과표의 활용과는 유의적인 관계가 없는 것으로 나타났다. Sim& Koh(2001)는 미국의 83개 전자회사로부터 수집한 자료를 이용하여 분석한 결과 균형성과표의 활용은 장기적인 가치창출 과정을 조정하는 수단으로 사용될 수 있음을 확인하였다.

홍미경(2000)은 균형성과표를 도입한 기업과 미도입 기업을 대응하여 분석한 결과 기업 성과의 개선에 있어서 균형성과표를 도입한 기업이 미도입 기업보다는 높은 성과 개선을 보였다. 균형성과표에 대한 연구들에 있어서의 공통된 결론은 균형성과표의 성과 측정 지표들이 전략 및 비전으로부터 도출되고, 조직 구성원들이 전략에 일체화됨으로써 높은 성과를 달성할 수 있다는 것을 보여주고 있다.

3) 축제 평가와 균형성과표

문화관광부에서는 지방자치단체(축제추진위원회)가 위촉한 평가 기관에서 실시한 방문객 설문조사, 축제 전문 평가단과 문화관광부 담당자에 의한 참관 평가 조사 등을 종합하여 정규축제와 예비축제를 평가하고 있다. 문화관광부의 평가 방법 중 참관 평가는 홍보 및 안내, 행사 진행 전반, 축제 프로그램, 쇼핑 및 음식, 운영 및 주민 참여, 외국인 관광객 수용 태세, 숙박 및 연계 관광 및 기타의 8개 항목으로 구성되어 있으며, 기타 항목에 속하는 평가 지표는 2004년도에 새로 추가된 항목이다.

방문객 설문조사시 사용되는 평가 항목은 접근성, 홍보성, 안내, 프로그램, 상품 및 음식, 연계 관광, 편의시설 등으로 구분하고 18개의 평가

〈표-1〉 문화관광축제 참관 평가 항목

평 가 분 야	항　　목
홍보 및 안내	· 종합안내소 위치의 적정성, 식별 용이성 · 행사 안내판 설치 여부 및 기재 언어 · 셔틀버스 운행 및 이용의 용이성 · 행사장 이외 지점안내소 운영 등
행사 진행 전반	· 행사장 동선의 원활한 흐름 · 주무대 배치의 적절성 및 활용도 · 행사장 오 · 폐수 처리 문제 · 화장실, 음료대, 주차장, 휴식 공간 운영 실태 등
축제 프로그램	· 체험 프로그램 운영 실태 · 축제 프로그램의 차별성, 독특성 · 프로그램의 주제 관련성 · 전통문화 활용도 등
쇼핑 및 음식	· 지역 특산품의 판매 실태 · 특산품, 축제기념품의 소비자 만족도 · 음식점 청결도, 적정 요금 · 외국인 이용 가능 메뉴 실태 등
운영 및 주민 참여	· 행사일정 준수 여부 · 축제 추진 주체의 축제 개선 의지 · 지역 주민 호응도, 만족도 · 유관기관과의 협조 관계
외국인 관광객 수용 태세	· 외국인 안내 대책 · 외국어 안내판 설치 · 통역도우미 운영 실태 · 외국인 방문객 수
숙박 및 연계 관광	· 연계 관광 상품 운영 실태 · 숙박업소의 청결도, 친절도 · 축제 지정업소 운영 실태 등
기　타	· 축제 발전 가능성 · 축제 개선 의지 및 개선 실적 · 기타 문제점

지표를 사용하고 있으며, 경제적 파급효과를 측정하기 위해 지출 비용 항목을 추가하였다. 2004년부터는 설문 내용에 지역의 사회적, 문화적, 환경적 파급효과를 평가하는 항목을 선택 항목으로 추가함으로써 기존의

〈표-2〉 방문객 만족도 설문 항목

설문 조사 내용(평가 지표)	평가 항목
축제 행사장까지 쉽고 편하게 찾아올 수 있었다	접근성
사전 홍보를 통해 축제의 내용 및 일정을 알고 있다	홍보성
행사장 내 안내시설이 잘 되어 있다	안내
행사 안내 팜플렛이 잘 되어 있다	
행사장 내 안내요원들의 서비스에 만족한다	
행사 내용이 재미있다	프로그램
행사 내용이 다양하다	
직접 참여하는 체험 프로그램에 만족한다	
행사 내용을 통해 이 지역의 문화를 잘 알게 되었다	
축제 관련 기념품의 종류가 다양하다	상품 및 음식
축제 관련 기념품의 품질이 좋다	
축제 관련 기념품의 가격이 적당하다	
음식의 종류가 다양하다	
음식의 가격이 적당하다	
행사장 주변의 유명한 관광지도 방문할 것이다(방문했다)	연계 관광
주차 시설 이용이 편리하다	편의시설
휴식 공간(벤치, 휴게실)이 잘 되어 있다	
화장실이 청결하다	
지역 이미지 고양	사회적 영향
여가 기회 확대	
교육 기회 제공	
축제를 통한 지역문화 소개	문화적 영향
축제를 통한 지역문화의 이해	
지역문화 및 환경과의 조화	환경적 영향
환경적 훼손 또는 보전적인 노력	

자료 : 2004 문화관광축제 종합평가보고서

평가 지표체계가 방문객 만족도와 경제적 파급효과에 치중되었다는 단점을 보완하였다.

배만규(2002)는 축제간 객관적 평가와 차후 행사를 위한 발전적인 반영 노력을 위해 축제의 개최 성과를 비교 분석하는 표준평가속성을 개발하였다. 그는 이 연구에서 21명의 지역축제 담당자를 대상으로 전체 65개 평가 지표를 요인 분석을 통해 홍보성(14점), 이용 편리성(12점), 참여성(18점), 외국인 수용성(9점), 운영성(12점), 이미지(12점), 경제성(20점) 등의 7개의 평가 항목을 도출하고 각 평가 항목의 가중치를 부여하였다.

각 평가 항목별 평가 지표를 보면 홍보성은 사전 홍보 정도, 안내 자료 다양성, 광고 활동, 홍보 범위, 축제장 안내 요원 수, 축제장 안내 시설 등 7개, 이용 편리성은 각종 시설 이용 편리성, 휴식 공간의 크기, 판매 음식의 위생 및 맛, 판매 상품 및 음식의 적정한 요금, 볼거리의 다양성, 놀거리의 다양성, 살거리의 다양성, 먹을거리의 다양성, 지역 특산품 구색 및 판매, 축제장 연계 교통 수단의 다양성, 주차 편리성, 행사장 접근 동선(動線)의 편리성 등 12개, 참여성은 총 방문객 수, 지역 주민 방문객 수, 외지인 방문객 수, 재방문객 비율, 프로그램 참여 용이성, 색다른 관습과 문화의 체험, 지적 호기심 충족의 교육성, 숙박 시설의 수, 셔틀버스 운행 등 9개, 외국인 수용성은 외국인 방문객 수, 통역 안내원 상설 배치, 외국인을 위한 안내 자료의 다양성, 외국인을 위한 숙박 시설의 다양성 등 4개, 운영성은 축제의 짜임새와 진행 정도, 일정 및 시간 준수 정도, 축제 관련 전문 인력 보유 정도, 문제 대처 능력 정도, 행사 개선 노력 정도, 축제장의 청결성, 축제장의 질서 유지 상태, 행사장 배치의 효율성, 자원 봉사자 수, 축제 유관기관의 협조 정도, 축제 주제와 프로그램의 일치성, 전시·공연 프로그램의 이해 용이성, 전시·공연 프로그램의 독창성 등 13개, 이미지는 지역 관광 이미지 부각 정도, 축제 개최 횟수, 축제의 지명도, 축제의 독특성, 전통문화(향토성) 이미지 반영 정도, 관람객 분위기 및 호응도, 주민의 친절성, 축제 관계자의 친절성, 상인들의 친절성, 차후 행사 재방문 의사, 타인 참여 권유 의사 등 12개, 경제성은 총매출액, 1인당 지출액, 지역경제 활성화 기여도 정도, 지역 상권의 참여도 정도, 축제 스폰서 유치 정도 등 5개이다.

이강욱(1998)은 "문화관광축제의 영향 및 효율화 방안"에 관한 연구에서 경제 파급효과, 사회문화적 영향, 환경기술 영향, 기획 운영 영향 등

4개의 평가 항목과 31개의 평가 지표로 금산인삼축제를 평가하였다.

경제적 파급효과의 평가 지표는 산출 파급효과, 소득 파급효과, 고용 파급효과, 경제 효과에 대한 인지도 등 4개, 사회문화적 영향의 평가 지표는 지역 이미지, 제고 자긍심과 애향심 고취, 여가활동 기여, 사회·문화 환경 개선 기여, 전통문화 개발 기여, 교육 기회 제공, 지역문화의 정체성 확립, 외국과 인삼 관련 교류증진, 문화행사에 기여 등 9개, 환경·기술 영향의 평가 지표는 환경 훼손 및 환경 오염, 교통 혼잡 및 소음, 인삼 관련 기술 향상 등 3개, 기획운영 영향 평가 지표로는 관광객 수용체계(4개), 행사 프로그램(2개), 홍보(5개), 행사 관련 만족도(3개) 등으로 평가 항목을 세분화하여 14개 평가 지표를 제시하였다.

문화연대는 축제가 개최되는 과정별로 평가 항목을 설정하고 각 평가 항목별 평가 지표를 확정하였다. 문화연대가 제시한 평가 항목 및 평가 지표는 축제 기획 및 조직 운영체계(기획 주체, 조직운영 체계, 자원봉사, 상설 조직위/사무국, 지역 주민 참여), 축제 준비 과정(축제 조직위 구성 시점, 축제 준비 기간 및 홍보 방법, 축제 캐릭터, 축제 홈페이지), 현장 점검 항목(교통 및 행사장 접근성, 안내 시설, 통역서비스, 홍보물, 편의 시설, 주차 시설/공간, 숙박 시설, 먹거리 코너, 지역 특산물 및 기념품, 프로그램 수/만족도/완성도, 참여자의 층위), 기타 점검 항목(축제 평가시스템, 사후 영향 평가, 문화적 평가, 경제(관광)적 효과, 지역적 효과) 등이 있다.

위에서 제시된 평가 지표들을 균형성과표의 4가지 관점과 관련하여 살펴보면 첫째, 재무적 관점은 기업과 같은 영리 조직에서는 사용할 수 있으나 비영리 성격이 강한 축제의 경우에는 재무적 관점을 성과 관점으로 대체하는 것이 바람직하다. 성과 관점에 해당하는 평가 지표로는 축제의 경제적 파급효과와 축제의 사회적, 문화적 영향을 들 수 있다.

기업은 이익 추구를 목적으로 하는 조직이므로 기업의 성과는 이익을 얼마나 창출했는가로 측정된다. 기업 성과를 측정하는 대표적인 평가 지표로는 매출액 이익률, 투자 수익률(ROI), 경제적 부가가치(EVA) 등이 있다. 반면에 축제의 성과는 축제 개최 목적의 달성도로 측정할 수 있다.

그러나 대부분의 축제는 지역 이미지 제고, 애향심 및 자긍심 제고, 지역 주민의 화합, 지역문화 발전 및 계승 등의 지역의 사회적, 문화적 파급효과와 지역 경제 활성화를 위한 경제적 파급효과를 제고시키는 것을 축제 개최 목적으로 설정하고 있다. 이런 의미에서 경제적 파급효과와 사회적, 문화적 파급효과는 축제 성과 관점의 핵심적인 평가 지표라 할 수 있다.

문화연대와 이강욱의 평가 지표에는 축제의 경제적 파급효과와 사회적, 문화적 영향이 모두 포함되어 있는 반면에 문화관광부에서는 사회적, 문화적 영향을 선택적 평가 항목으로 제시하고 있고, 배만규의 경우에는 경제적 파급효과만을 제시하고 있다.

둘째, 고객 관점에 해당하는 평가 지표로는 방문객 설문조사에서 제시된 평가 지표들을 들 수 있다. 기업에서 고객이란 바로 자사 제품이나 서비스를 구매하는 소비자들을 의미하며, 대표적인 평가 지표로 고객 만족도를 사용한다. 축제의 경우에는 방문객이 기업에 있어서 고객에 해당되므로 설문조사를 통해 도출되는 방문객 만족도가 좋은 평가 지표가 될 수 있으며 위에서 언급된 모든 평가 지표에 방문객 만족도가 포함되어 있다.

셋째, 내부 프로세스 관점의 평가 지표는 방문객의 만족도를 높이기 위해 축제 조직이 내부적으로 무엇을 해야 할 것인가를 측정할 수 있는 지표로 구성되어야 한다. 방문객의 만족도를 높이기 위해서는 내적 운영활동을 강화해야 하며, 이러한 내적 운영활동을 측정하기 위한 평가 지표로는 기획, 홍보, 관광, 프로그램, 운영, 음식, 숙박, 편의시설, 행사장 등과 관련된 내용이 될 것이다. 내부 프로세스 관점에서의 평가 지표들은 평가 지표의 수 또는 가중치에서 상대적으로 차이가 있지만 위에서 언급된 모든 평가 지표에 포함되어 있다.

넷째, 학습과 성장 관점의 평가 지표는 내부 프로세스를 강화시키기 위한 전제조건이라고 할 수 있는 지표로 구성된다. 즉, 내부 프로세스를 구성하는 기획, 홍보, 운영 등을 보다 효율적으로 수행하기 위해서는 축제 담당자의 학습 효과가 높아야 할 것이고, 학습효과가 높으면 차기 축제를 성공적으로 개최할 잠재력이 높다고 할 수 있다. 학습과 성장 관점의 평가 지표로는 축제 사무국의 상설화, 축제 담당자의 축제 관련 교육 제공, 축제 담당자의 해당 업무 재직 기간 및 축제 담당자에 대한 인센티브 등이 있다. 학습과 성장 관점의 평가 지표는 문화관광부에서만 '축제 발전 의지'라는 평가 지표로 제시하고 있으나 평가 지표 수가 다른 관점에 비해 적어 중요성이 크게 부각되지 못하고 있다는 문제점이 있다.

〈표-3〉 평가 항목과 BSC에 대한 비교

구 분	항 목	문화관광부 (2004)	문화연대 (2003)	이강욱 (1998)	배만규 (2002)
성과 관점	경제적 파급효과	○	○	○	○
	사회, 문화적 영향	○	○	○	×
방문객 관점	방문객 만족도	○	○	○	○
내부 프로세스 관점	기획	×	○	×	×
	홍보	○	○	○	○
	관광	○	×	○	○
	프로그램	○	○	○	○
	편의시설	○	○	○	○
	운영	○	○	○	○
	지역 주민 참여	○	○	○	○
	음식	○	×	○	○
	행사장	○	○	×	○
학습과 성장 관점	학습	×	×	×	×
	성장	○	×	×	×

3. 연구 모형과 가설 설정

1) 연구 모형

본 연구의 목적은 첫째, 축제 평가에 있어 BSC 활용도와 (1)축제 규모, (2)축제 존속 기간, (3)축제 인지도간의 상관관계를 분석하고, 둘째, 위에서 언급한 3가지 상황 변수와 BSC 활용도간의 적합성이 축제 성과에 미치는 영향을 분석하기 위한 것으로 연구 모형은 〈그림-1〉과 같다.

〈그림-1〉 연구 모형

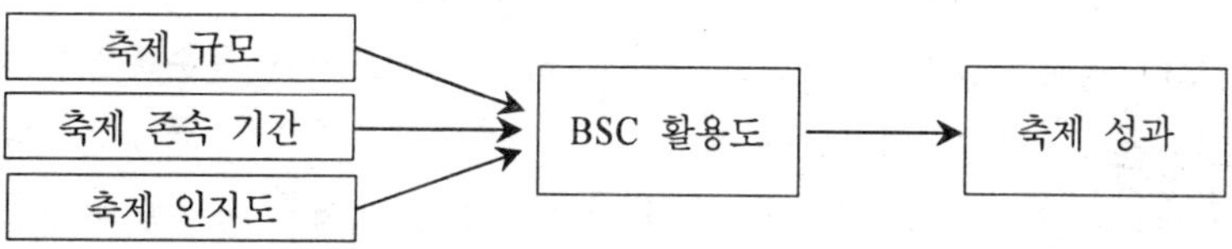

2) 가설 설정

(1) 축제 규모, 축제 존속 기간 및 축제 인지도가 BSC 활용도에 미치는 영향에 관한 가설

기업 규모는 조직 설계 및 관리 시스템에 영향을 미치며 동시에 조직 구성원간의 의사소통과 통제에 문제 발생이 증가하는 것으로 나타났다(Burns&Stalker, 1971). 그리고 기업 규모가 커질수록 통제 절차는 점차 전문화 및 정교화되는 경향이 높아지고 있다(Libby & Waterhouse, 1975). 이에 따라 규모가 큰 기업에서는 소규모 기업에 비해 고도의 분권화가 이루어지고 있으며 분권화 조직의 성과를 효율적으로 평가하기 위한 측정도구로 BSC를 사용하는 수준이 증가하고 있다. 이러한 연구 결과는 기업뿐만 아니라 축제에도 적용될 수 있다. 따라서 본 연구에서도 축제 성과를 평가하는데 있어 규모가 큰 축제일수록 BSC 활용도가 높을 것으로 예상한다.

일반적으로 성공한 축제들을 보면 대부분 존속 기간이 오래된 축제들이다. 이는 지속적인 개선 없이 축제가 장기적으로 존재하기는 어렵기 때문이다. 축제가 지속적으로 유지되기 위해서는 차기 축제에 피드백이 될 수 있는 축제 평가가 효율적으로 수행되어야 하며, 이러한 관점에서 존속 기간이 긴 축제일수록 BSC 활용도가 높을 것으로 예상된다.

축제 인지도가 축제 성과에 미치는 영향력은 다른 변수에 비해 가장 크다고 할 수 있다. 축제의 인지도가 높다는 것은 그만큼 축제 성과가 높다는 것을 의미한다. 축제 인지도가 높으면 참여 방문객 수가 많게 되며 이는 축제의 궁극적인 개최 목적인 지역의 경제적 파급효과와 사회문화적 영향을 제고시킨다. 기존 연구에서 BSC를 도입한 기업이 미도입 기업보다 성과가 높다는 사실을 토대로 축제 인지도가 높을수록 BSC 활용도가 높을 것으로 예상된다.

지금까지 언급한 내용을 요약하여 다음과 같은 가설을 설정할 수 있다.

가설 1 : BSC 활용도는 축제 규모, 축제 존속 기간 및 축제 인지도와 양의 관계를 갖는다.

(2) 축제 규모, 축제 존속 기간, 축제 인지도 및 BSC 활용도가 축제 성과에 미치는 영향에 관한 가설

기업의 경우 기업 규모, 기업의 시장 지위, 신제품 전략 등의 상황 변수와 BSC 활용도가 기업 성과에 영향을 미친다는 기존 연구 결과(Hoque et al, 1997)를 축제에 적용하여, 본 연구에서는 상황 변수인 축제 규모, 축제 존속 기간, 축제 인지도 및 BSC 활용도가 축제 성과에 미치는 영향을 분석한다. 축제를 평가하는 이유는 차기 축제 성과를 높이기 위해 피드백되는 정보를 활용할 수 있기 때문이다. 평가 결과 제공되는 정보의 양적, 질적인 면에서 BSC가 기존 평가 방식보다 우수하다는 것은 선행 연구 결과에서 확인할 수 있다. 따라서 성공 가능성이 높다고 판단되는 규모가 크고, 존속 기간이 길며, 인지도가 높은 축제의 경우에는 BSC

활용도가 그렇지 않은 축제보다 높을 것으로 예상된다. 이러한 관점에서 다음과 같은 3개의 가설을 설정할 수 있다.

가설 2 : BSC 활용도가 높고 규모가 큰 축제일수록 축제 성과는 높게 나타난다.

가설 3 : BSC 활용도가 높고 존속 기간이 긴 축제일수록 축제 성과는 높게 나타난다.

가설 4 : BSC 활용도가 높고 인지도가 높은 축제일수록 축제 성과는 높게 나타난다.

4. 연구 방법

1) 표본 선정 및 분석 방법

자료 수집의 용이성을 확보하기 위해 문화관광부에 등록된 문화관광축제 중 평가를 실시하고 있는 축제를 대상으로 축제 예산과 축제 존속기간을 고려한 120개 축제를 표본으로 선정하였다. 축제 평가 실시 여부는 축제 담당자들과의 사전 전화 면접으로 확인하였다.

설문조사는 2005년 4월 27일부터 5월 25일까지 진행되었으며 조사 방법은 전화, 이메일 및 팩스를 병행하였다. 그리고 설문지가 회수되지 않은 축제의 경우에는 2차, 3차 전화를 통해 협조를 구하여 추가로 회수하였다. 설문조사 진행은 대학원 석사과정 재학생 5인이 수행하였으며, 이들은 사전에 설문조사의 목적과 취지를 충분하게 교육 받은 후 설문조사를 실시하였다. 설문지는 표본으로 선정된 각 지역축제 담당자들을 대상으로 이메일로 발송한 후 회신을 받아 수집하였으며, 회수된 설문지 중 부분적으로 무응답이나 불성실하게 답변한 5부를 제외한 총 50부의 설문지로 분석을 실시하였다.

검증을 위한 분석 방법으로는 요인 분석, 신뢰도 분석, 이원배치 분산

분석 및 회귀분석을 사용하였다. 요인 분석은 주성분 분석 방법을 이용하여 고유값(Eigen value) 1을 기준으로 요인들이 형성할 수 있는 요인으로 보고, 요인 추출 과정에서는 요인 적재량(Factor loading)이 0.4 이상인 변수를 대상으로 요인화하였으며, 요인의 해석을 용이하기 위해 직각 회전(Varimax Rotation) 방식을 병행하여 분석을 실시하였다. 요인 범주 내 속성들의 결합에 대한 내적 일관성에 대한 신뢰성 분석(Reliability analysis)은 크론바하의 알파(Cronbach's α) 계수를 이용하였다.

BSC 활용도와 축제 규모, 축제 존속 기간 및 축제 인지도의 관계(가설1)를 검증하기 위해서 회귀분석(Regression analysis)을 실시하였으며, 축제 규모, 축제 존속 기간, 축제 인지도 및 BSC활용도와 축제 성과의 관계(가설2, 가설3, 가설4)를 검증하기 위해 이원배치 분산분석(two-way ANOVA)를 실시하였다. 가설2, 가설3, 가설4의 검증시 회귀분석 대신 이원배치 분산분석을 사용한 이유는 표본 수가 작기 때문이다.

2) 변수의 측정

축제 규모는 축제 예산액을 대용치(surrogate)로 사용하며, 축제별 예산의 편차가 심하고 정규 분포를 보이고 있지 못함에 따라 회귀분석을 하기 위해 예산액을 로그값으로 환산하여 측정한다. 축제 존속 기간은 축제의 개최 횟수로 측정한다. 이는 일부 축제의 경우 매년 개최되지 않고 격년, 또는 3, 4년마다 개최되는 경우가 있어 존속 기간이 길더라도 개최 횟수가 적을 수가 있기 때문이다. 축제 인지도는 축제 담당자들을 대상으로 자신이 관여한 축제의 인지도가 동일 규모의 다른 축제에 비해 상대적으로 어느 정도의 인지도가 있는가를 5점 척도로 응답하는 방식으로 측정한다.

BSC 활용도는 Hoque et al(1997)이 기업 성과 평가를 위해 개발한 측정 항목을 축제 평가에 적용할 수 있도록 수정 보완하여 17개 항목을 사용하여 측정한다. 이 항목들은 BSC의 4가지 관점별로 구분되어 있으며 각 관점별로 2-9개 항목으로 구성되어 있다. 측정 방법은 축제 담당자들에게 각 평가 지표가 자신이 관여한 축제 평가에 얼마나 중요하게 활용되고 있는지를 5점 척도로 응답하게 하였다. 축제 성과는 자체 평가 결과 도출된 경제적 파급효과와 사회적, 문화적 영향이 어느 정도인가를 축제 담당자가 5점 척도로 응답하도록 하였다.

3) 측정 변수의 신뢰성 및 타당성 검증

설문조사 내용을 요인 분석한 결과 4개 요인으로 묶였으며 모형의 전체 설명량은 74.9%로 높게 나타났다. 요인부하량(Factor loading)은 4개 요인 모두 일반적인 기준인 0.6 이상으로 나타나 유의함을 보이고 있고, 공통성(Communality)의 경우 변수가 0.4 이상으로 나타나 중요도가 낮은 변수는 없는 것으로 나타났다. 신뢰성은 0.60 이상으로 강한 응집력을 가져 측정 변수의 신뢰성에는 문제가 없는 것으로 판단된다. 그리고 측정 변수의 판별 타당성 확보를 위한 요인 분석 중 주성분 분석을 실시하였으며 요인들간의 상호 독립성을 유지하여 회전하는 방법인 직각회전(varimax rotation) 방법을 사용하여 분석하였다.

4개 요인을 BSC상의 4개 관점으로 분류하면 프로그램의 독창성, 축제 기획과 개최 의도 일치성, 홍보 기간, 프로그램의 다양성, 판매 상품의 적절성, 기획의 독창성, 프로그램의 재미성, 행사장의 적절성, 홍보 매체 등은 내부 프로세스 관점, 사회, 문화적 영향, 지역 문화 발전, 경제적 파급효과 등은 성과 관점, 축제 담당자의 축제 업무 재직 기간, 축제 담당자의 축제 관련 교육 제공, 축제 사무국의 상설화 수준 등은 학습과 성장 관점, 방문객 만족도, 지역 주민 만족도 등은 고객 관점으로 명명하였다. 고객 관점은 원래 방문객 관점으로 명명하고자 하였으나 지역 주민 만족도가 포함되어 있어 고객 관점으로 명명하였다. 이는 축제 고객에는 외부에서 온 방문객뿐만 아니라 지역 주민도 포함된다는 점에서 적합하다고 판단된다.

〈표-4〉 측정 변수들의 신뢰성 및 타당성 검증 결과

구 분	내부 프로세스 관점	성과 관점	학습과 성장 관점	고객 관점
프로그램의 독창성	0.889	0.231	0.089	0.019
축제 기획과 개최의도 일치성	0.888	0.004	-0.105	0.086
홍보기간	0.813	0.006	0.269	0.316
프로그램의 다양성	0.802	0.283	-0.153	0.042
판매상품의 적절성	0.785	-0.083	0.010	0.032
기획의 독창성	0.742	0.332	0.288	-0.031
프로그램의 재미성	0.726	0.419	0.032	0.045
행사장의 적절성	0.709	-0.008	-0.216	0.328
홍보매체	0.679	-0.008	0.455	0.244
사회, 문화적 영향	0.074	0.920	0.029	0.208
지역 문화 발전	0.158	0.874	0.202	0.187
경제적 파급효과	0.136	0.674	0.198	0.165
축제 담당자의 축제업무 재직 기간	-0.139	-0.059	0.811	-0.067
축제 담당자의 축제 관련 교육제공	0.144	0.382	0.660	0.252
축제 사무국의 상설화 수준	0.251	0.478	0.600	-0.148
방문객 만족도	0.206	0.131	-0.022	0.854
지역 주민 만족도	0.493	0.134	-0.172	0.631
Eigenvalues	7.016	2.796	1.639	1.300
Percent Variance Explained	41.27	16.45	9.53	7.65
Cronbach Alpha	0.933	0.894	0.664	0.664

5. 실증 분석

1) 변수의 기술 통계

〈표-5〉는 본 연구에서 사용할 변수에 대한 통계이다. 변수에 대한 평균을 살펴보면 5점 척도로 측정된 축제 인지도의 평균값은 3.68, 축제의 평균 개최 횟수는 9.22회이다. 축제 규모를 측정하는 축제 예산의 로그 변환 값의 평균값은 8.48이고, 변환 전의 축제 예산 평균은 377백만 원이다. BSC 활용도의 평균값은 3.67이고, BSC의 관점별 평가 지표 활용도는 성과 관점, 고객 관점, 내부 프로세스 관점, 학습과 성장 관점 순으로 높게 나타났다. 축제의 성과를 측정하는 축제의 경제적 파급효과와 사회적, 문화적 영향에 대한 평균값은 3.73으로 높은 수준을 보이고 있다.

〈표-5〉 기술 통계

구 분	N	최소값	최대값	평균	표준편차
축제 인지도	50	2.00	5.00	3.68	1.08
축제 개최 횟수	50	1	43	9.22	8.13
축제예산a	50	7.70	9.00	8.47	0.32
BSC 활용도	50	2.38	4.53	3.53	0.64
성과 관점	50	2.90	5.00	3.85	0.63
고객 관점	50	2.30	5.00	3.73	0.67
내부 프로세스 관점	50	2.00	4.89	3.50	0.83
학습과 성장 관점	50	1.00	4.67	3.07	0.97
축제 성과	50	1.00	5.00	3.16	1.35

a. 로그 변환 값임.

2) 가설 검정

〈표-6〉은 피어슨 상관계수를 보여주고 있다. BSC 활용도는 축제 인지도와 존속 기간에서 유의한 양의 상관관계를 나타내고 축제 성과와 BSC 활용도도 유의한 양의 상관관계를 나타내고 있다. 축제의 존속 기간과 축제 성과도 유의한 양의 상관관계를 나타내고 있다. 그러나 축제 규모는 BSC 활용도와 유의한 상관관계를 나타내지 못하고 있다.

〈표-6〉 변수간의 상관관계 분석 결과(Pearson Coefficients)

구 분	축제 인지도	축제 존속 기간	축제 규모	BSC 활용도	축제 성과
축제 인지도	1.00	-0.08	0.05	0.55***	0.17
축제 존속 기간		1.00	0.19	0.27*	0.68***
축제 규모			1.00	0.07	0.19
BSC 활용도				1.00	0.54***
축제 성과					1.00

* 0.1수준에서 유의 ** 0.05수준에서 유의 *** 0.01수준에서 유의

〈표-7〉은 가설 1을 검증하기 위해 BSC 활용도를 종속변수로 하고 축제 인지도, 축제 규모, 축제 존속 기간을 독립변수로 하여 회귀분석을 한 결과이다. 축제 인지도와 축제 존속 기간은 BSC 활용도와 유의한 양의 관계를 보이고 있으나, 축제 규모는 유의하지 않은 것으로 나타났다. 회귀모형의 설명력은 조정된 R2이 36.1%를 나타내고 있으며, 회귀모형의 적합성도 분산분석 결과 99% 신뢰 수준에서 유의하게 나타내고 있다. 또한 공차한계가 0.1이하이고 VIF가 10 이상이면 다중공선성의 문제가 있는 것으로 판단하는데 분석 결과 다중공선성의 문제는 없는 것으로 나타나고 있다.

〈표-7〉 축제 규모, 축제 인지도, 축제 존속 기간이 BSC 활용도에 미치는 영향의 검정 결과

BSC 활용도 = $\alpha_0 + \beta_1 X_1$(인지도) + $\beta_2 X_2$(규모) + $\beta_3 X_3$(존속 기간) + e

	비표준화 계수		표준화 계수	t	유의확률	공선성 통계량	
	B	표준오차	베타			공차한계	VIF
(상수)	2.355	1.934		1.218	0.230		
축제 인지도	0.341	0.068	0.575	5.008	0.000***	0.989	1.012
축제 규모	-0.036	0.230	-0.018	-0.157	0.876	0.955	1.047
축제 존속 기간	0.025	0.009	0.320	2.736	0.009***	0.959	1.043

Adj. R2 = 0.361 F-값 = 10.237***

** 0.05수준에서 유의 *** 0.01수준에서 유의

〈표-8〉 축제 인지도, 축제 규모, 축제 존속 기간이 성과 관점에 미치는 영향 검정 결과

BSC 성과 관점 = $\alpha_0 + \beta_1 X_1$(인지도) + $\beta_2 X_2$(규모) + $\beta_3 X_3$(존속 기간) + e

	비표준화 계수		표준화 계수	t	유의확률
	B	표준오차	베타		
(상수)	2.338	2.069		1.130	0.264
축제 인지도	0.260	0.073	0.443	3.578	0.001***
축제 규모	0.034	0.246	0.018	0.140	0.889
축제 존속 기간	0.028	0.010	0.360	2.860	0.006***

Adj. R2 = 0.258 F-값 = 6.687***

** 0.05수준에서 유의 *** 0.01수준에서 유의

추가적으로 축제 규모, 축제 인지도, 축제 존속 기간이 BSC의 성과 관점, 고객 관점, 내부 프로세스 관점, 학습과 성장 관점에 미치는 영향을 분석하였다. 그 결과 축제 인지도와 축제 존속 기간은 성과 관점에서 유의한 양의 관계를 보이고 있으나, 축제 규모는 유의하지 않은 것으로 나타났다. 이는 축제의 인지도가 높고 축제의 존속 기간이 길수록 성과 관점의 평가 지표 활용도가 높다는 것을 의미한다.

축제 인지도, 축제 규모, 축제 존속 기간이 고객 관점에 미치는 영향을 분석한 결과 축제 인지도만이 고객 관점에서 유의한 양의 관계를 나타내고 있다. 따라서 축제의 인지도가 높을수록 고객 관점의 평가 지표 활용도가 높다고 할 수 있다.

축제 인지도, 축제 규모, 축제 존속 기간이 내부 프로세스 관점에 미치는 영향을 분석한 결과 축제 인지도만이 내부 프로세스 관점과 유의한 양의 관계를 나타내고 있다. 이는 축제 인지도가 높을수록 내부 프로세스 관점의 평가 지표 활용도가 높음을 의미한다.

축제 인지도, 축제 규모, 축제 존속 기간이 학습과 성장 관점에 미치는 영향을 살펴보면 축제의 인지도와 축제 존속 기간이 99% 신뢰 수준과

〈표-9〉 축제 인지도, 축제 규모, 축제 존속 기간이 고객 관점에 미치는 영향 검증 결과

BSC 고객 관점 = $\alpha_0 + \beta_1 X_1$(인지도) + $\beta_2 X_2$(규모) + $\beta_3 X_3$(존속 기간) + e

	비표준화 계수		표준화 계수	t	유의확률
	B	표준오차	베타		
(상수)	2.785	2.288		1.217	0.230
축제인지도	0.297	0.080	0.476	3.695	0.001***
축제 규모	-0.035	0.272	-0.017	-0.129	0.898
축제존속 기간	0.016	0.011	0.190	1.451	0.154***

Adj. R2 = 0.197　　F-값 = 5.006***

** 0.05수준에서 유의　*** 0.01수준에서 유의

〈표-10〉 축제 인지도, 축제 규모, 축제 존속 기간이 내부 프로세스 관점에 미치는 영향 검증 결과

BSC 내부 프로세스 관점 = $\alpha_0 + \beta_1 X_1$(인지도) + $\beta_2 X_2$(규모) + $\beta_3 X_3$(존속 기간) + e

	비표준화 계수		표준화 계수	t	유의확률
	B	표준오차	베타		
(상수)	2.411	2.710		0.890	0.378
축제 인지도	0.416	0.095	0.540	4.363	0.000***
축제 규모	−0.071	0.322	−0.028	−0.220	0.827
축제 존속 기간	0.017	0.013	0.165	1.307	0.198

Adj. R2 = 0.257　　　F-값 = 6.643***

** 0.05수준에서 유의　*** 0.01수준에서 유의

〈표-11〉 축제 인지도, 축제 규모, 축제 존속 기간이 학습과 성장 관점에 미치는 영향 검증 결과

BSC 학습과 성장 관점 = $\alpha_0 + \beta_1 X_1$(인지도) + $\beta_2 X_2$(규모) + $\beta_3 X_3$(존속 기간) + e

	비표준화 계수		표준화 계수	t	유의확률
	B	표준오차	베타		
(상수)	1.887	3.237		0.583	0.563
축제 인지도	0.389	0.114	0.433	3.418	0.001***
축제 규모	−0.073	0.385	−0.024	−0.189	0.851
축제 존속 기간	0.040	0.015	0.334	2.592	0.013**

Adj. R2 = 0.257　　　F-값 = 5.719***

** 0.05수준에서 유의　*** 0.01수준에서 유의

95% 신뢰 수준에서 학습과 성장 관점과 유의한 양의 관계를 나타내고 있다. 이는 축제의 인지도가 높고, 축제의 존속 기간이 길수록 학습과 성장 관점의 평가 지표 활용도가 높다는 것을 의미한다.

가설2, 가설3, 가설4를 검증하기 위해 이원배치 분산분석을 하였다. 축제규모와 BSC 활용도가 축제 성과에 미치는 영향을 검정한 결과를 살펴보면, BSC 활용도와 축제 규모의 상호작용 효과는 유의한 관계를 나타내고 있지 않아 가설2는 기각된다. 축제 존속 기간과 균형성과표의 활용도가 축제 성과에 미치는 영향을 검정한 결과를 살펴보면, BSC 활용도와 축제 존속 기간의 상호작용효과는 90% 신뢰 수준에서 유의한 관계를 나타내고 있어 가설3은 채택된다. 또한 축제 인지도와 BSC 활용도가 축제 성과에 미치는 영향을 살펴보면, BSC 활용도와 축제 인지도의 상호작용 효과는 90% 신뢰 수준에서 유의한 관계를 보이고 있어 가설 4는 지지된다.

〈표-12〉 축제 규모, 축제 존속 기간, 축제인지도 및 BSC 활용도가 축제 성과에 미치는 영향

구 분	제곱합	자유도	평균제곱	F	유의확률
Panel A : BSC 활용도와 축제 규모에 의한 축제 성과(가설2)					
BSC활용도	25.250	1	25.250	18.99	0.000
축제 규모	3.300	1	3.300	2.48	0.122
BSC활용도*축제 규모	0.009	1	0.009	0.01	0.935
Panel B : BSC 활용도와 축제 존속 기간에 의한 축제 성과(가설3)					
BSC활용도	12.525	1	12.525	17.23	0.000
축제 존속 기간	41.278	1	41.278	56.78	0.000
BSC활용도*축제 존속 기간	2.478	1	2.478	3.41	0.071*
Panel C : BSC 활용도와 축제 인지도에 의한 축제 성과(가설4)					
BSC활용도	26.043	1	26.043	21.20	0.000
축제 인지도	2.557	1	2.557	2.08	0.156
BSC활용도*축제 인지도	4.610	1	4.610	3.75	0.056*

* 0.1수준에서 유의 ** 0.05수준에서 유의 *** 0.01수준에서 유의

6. 결론

차기 축제를 성공적으로 개최하기 위해서는 보다 효과적이고 효율적인 축제 평가가 전제되어야 한다. 평가의 궁극적인 목적은 축제의 올바른 평가를 통하여 축제의 발전을 이루고자 함이며 평가의 내용과 축제의 목표가 일치할 때 평가의 의의가 있다고 볼 수 있다.

대부분의 축제 평가는 방문객 만족도와 축제 성과에 초점을 두고 실시되고 있으며, 축제 성과에 직간접적으로 영향을 미치는 기획 및 운영 측면에서의 평가는 충분하게 이루어지지 못하고 있다. 특히 축제가 장기적으로 성장 가능성이 있는가에 대한 평가는 전혀 고려되지 못하고 있다. 이러한 축제 평가의 문제점을 해결하기 위해 기업 성과 평가시 유용성이 입증된 균형성과표를 축제 평가에 도입하는 방안을 고려할 수 있다.

기존의 축제 평가 지표들은 상당 부분 균형성과표에서 제시하고 있는 평가 지표들을 포함하고 있다. 균형성과표를 도입한 기업의 성과가 도입하지 않은 기업의 성과보다 높다는 기존 연구 결과를 토대로 축제 평가시 균형성과표에서 제시하고 있는 평가 지표를 얼마나 활용하고 있는가에 따라 축제 성과도 다르게 나타날 것으로 예상된다. 이러한 관점에서 축제 규모, 축제 존속 기간 및 축제 인지도를 상황변수로 하여 BSC 활용도가 축제 성과에 미치는 영향을 실증 분석한 결과는 다음과 같다.

첫째, 축제의 인지도가 높을수록, 축제의 존속 기간이 길수록 BSC 활용도가 높은 것으로 나타난 반면, 축제 규모는 BSC 활용도와 유의한 관계를 보이지 않았다.

둘째, BSC의 4가지 관점별로 분석한 결과 성과 관점에서는 축제 인지도와 축제 존속 기간, 고객 관점에서는 축제 인지도, 내부 프로세스 관점에서는 축제 인지도, 학습과 성장 관점에서는 축제 인지도와 축제 존속 기간이 유의한 관계가 있는 것으로 나타났다. 축제 규모의 경우에는 4가지 관점 모두에서 유의하지 않았다.

셋째, 축제 인지도가 높고 BSC 활용도가 클수록, 축제 존속 기간이 길고 BSC 활용도가 클수록 축제 성과가 높은 것으로 나타났다. 다만 축제 규모와 BSC 활용도가 축제 성과에 미치는 영향은 없었다. 이러한 연구 결과를 통해 기업 성과 평가 경우와 마찬가지로 축제 평가시에도 BSC 유용성이 존재한다는 것을 확인할 수 있다.

이 연구의 한계는 축제 범주별로 구분하여 분석을 수행하지 못했다는 것이다. 축제를 지역 특성화 축제, 전통문화 축제, 문화예술 축제, 지역 특산물 축제 등으로 구분하여 BSC 활용도와 축제 성과를 분석하면 의미 있는 축제 범주별 특성을 도출할 수 있을 것이다

그리고 BSC의 큰 장점은 4가지 관점간의 인과관계 분석을 통하여 각 관점이 성과에 어느 정도의 영향을 미치는가를 알 수 있다는 것이다. 이를 축제 평가에 적용하면 기존 축제의 문제점을 파악할 수 있고, 동시에 개선 방안을 제시할 수 있다. 그러나 표본 수의 한계로 관점간의 인과관계에 대한 실증 분석을 수행하지 못했는 바 이에 대한 후속 연구가 필요하다고 판단된다. 마지막으로 최근에 기업은 물론 정부기관에서도 성과 평가를 위한 도구로 BSC를 적극적으로 도입, 운용하고 있다. 이는 BSC가 갖고 있는 평가 방식의 우수성을 인식하고 있다는 반증이다. 기업의 경우 BSC를 도입한 기업이 미도입 기업보다 성과가 높다는 것이 많은 실증 분석을 통해 확인되었다. 따라서 성공적인 축제를 개최하기 위한 전제조건으로 축제 평가에 BSC를 도입하는 방안을 적극적으로 강구할 필요가 있다.

참고문헌

문화광광부 홈페이지 http://www.mct.go.kr.

문화연대 축제모니터링단, 축제 평가보고서, 2003.

배만규, 지역축제 개최결과의 표준속성 개발 ― 문화관광부선정 문화관광

축제를 중심으로, 관광연구 제17권 제1호, pp. 171-191, 2002.

손명호, 이희석, "기업 성장단계별 전략 수립 모델 개발", 학국지식경영학회 학술심포지엄논문집, pp. 273-292, 2001.

이경모, 강해상, "지역축제사례에 관한 비교연구", 관광경영학연구, 제7권 제1호, 2003.

홍미경, BSC가 기업 성과에 미치는 영향에 관한 연구, 박사학위논문, 숭실대학교, 2000.

Bontis, N., *Intellectual capital : an exploratory study that develops measures and models, Management Decision*, Vol. 36, No.2, pp. 63-76, 1998.

Bruns, W. J., Jr., and J. H. Waterhouse, *"Budgetary Control and Organization Structure," Journal of Accounting Research* (Autumn), pp. 177-203, 1975.

Davis S. and T. Albright, "an Empirical Investigation of the Relationship between Balanced Scorecard Implementation and Improved Financial Performance." Wake Forest University and University of Alabama, Working Paper, 2001.

Edvinsson, M. S. and Malone, *Intellectual capital*, Harper Collins Publisher Inc, 2001.

Frigo, M. L., *The State of Strategic Performance Measurement : The IMA 2001 Survey*, 2001.

Gautreau, A. and B. H. Kleiner, "Recent Trends in Performance Measurement Systems : The Balanced Scorecard Approach," *Management Research News Vol. 24*, No. 3/4, pp. 153-156, 2001.

Gets, Donald, *Event Management and Event Tourism*, Van Nostrand Reinhold, New York, 1997.

Grove, F., "Coors Case : Balanced Scorecard", *Management Accounting Conference in Arisona(January)*, pp. 1-5, 2000.

Hoque, Z., and W. James, "Linking Balanced Scorecard Measures to size and Market Factors : Impact on Organizational Performance." *Journal of Management Accounting Research*, Vol. 12, pp. 1-17, 2000.

Ittner, C. D. and D. F. Laker, "Are non-financial measures leading indicators of financial performance?", *An analysis of customer satisfaction, Journal of Accounting Research*, supplement, 1998.

Kaplan, R. S., and D. P. Norton, "The Balanced Scorecard - Measures That Drive Performance", *Harvard Business Review*, Jan.-Feb. pp. 71-79, 1992.

Klein, N. and R. S. Kaplan, "Chemical Bank : Implementing the Balanced Scorecard", Havard Business School, Case 9, pp. 195-210, 1999.

Libby, T., and J. H. Waterhouse, "Predicting Change in Management Accounting Systems," *Journal of Management Accounting Research 8*, pp. 137-150, 1996.

Malmi, T., "Balanced Scorecard in Finnish Companies : A Research Note," *Management Accounting Research*, Vol. 12, pp. 207-220, 1999.

Nonaka. I, Knowledge-Creating Company, *Harvard Business Review* (November-December), 1991.

Rucci, A. J., S. P. Kirn and R. T. Quinn, "The Employee-Customer-Profit Chain at Sears," *Harvard Business Review* (January-February), 1988.

Sim K. L. and H. C. Koh, "Balanced Scorecard : A Rising Trend in Strategic Performance Measurement," *Measuring Business Excellence*, Vol. 5, No. 2, pp. 18-27, 2001.

Stewart, W. E., "Balanced Scorecard for projects", *Project Management Journal*, Vol. 32, No. 1, pp. 38-53, 2001.

현대 한국사회의 지역축제 현황과 분석

최 경 은

1. 서론

현대사회는 축제로 시작되어 축제로 끝난다고 말해도 과언이 아닐 정도로 축제가 범람하고 있다. 인터넷 검색 엔진 구글에서 '축제'를 검색해 보면 152만 개의 웹문서가 검색된다. 이것은 인기 검색어인 '연예인'이 88만 9천 개, '섹스'가 60만 개에 지나지 않는다는 사실에 비추어 보면 현대사회는 과히 축제 신드롬이라 할 수 있겠다. 올해에도 30여 개의 축제가 새롭게 시작되었다. 이런 증가 현상은 1992년 지방자치제 실시 이후 뚜렷하게 나타난 현상으로 1996년 당시 문화체육부 통계에 잡힌 412개의 축제가 10년도 안 된 2005년에 이르러 약 1천 여 개로 2.5배의 증가를 보이고 있다.

문화관광부는 한국의 지역축제를 각 시·도별로 작성 제출한 자료를 취합하여 정리한 것을 홈페이지에 올리고 있다. 여기서는 지역축제의 대상을 '국가에서 지원하는 축제', '지방자치단체가 주관(주최)하는 축제',

'지방자치단체에서 경비 지원 또는 후원하는 축제', '민간에서 추진위를 구성하여 개최하는 축제' 등의 조건으로 제한하였다. 이 자료는 한국의 지역축제를 '지역명', '축제명', '개최 시간(기간)', '축제 주요 내용', '주최/주관'(연락처), '최초 개최 연도', '개최 횟수(2004년 말)', '축제 예산'(지원액), '축제 종류' 등의 항목으로 나누어 정리하였다. 이렇게 정리된 축제는 601개(강원도 제외)에 이른다. 그러나 이런 수치는 문화관광부 홈페이지 지역축제 검색엔진에서 제공하는 축제와 일치하지 않는다. 2005년 4월 중순까지 검색엔진의 등록된 축제의 개수는 743개에 이른다. 2004년과 2005년에 문화관광부에 등록된 한국의 지역별 축제의 개수는 아래 도표와 같다.

도표에 의하면 서울, 광주, 전라북도의 축제는 감소하였는데 반해 인천, 충청북도, 제주도의 축제는 최고 3배 가까이 증가하였다. 그리고 2005년도 수치에는 강원도가 제외되어 있다. 강원도의 축제 수를 2004년과 변함이 없다고 가정하면 1년 동안 125개의 축제가 증가하였다. 결론적으로 이 수치는 그대로 수용하기에는 많은 문제점을 드러내고

시 · 도	축제 수		시 · 도	축제 수	
	2004년	2005년		2004년	2005년
서울특별시	32	22	강 원 도	74	미 비
부산광역시	44	59	충청북도	35	56
대구광역시	13	14	충청남도	41	43
인천광역시	11	25	전라북도	32	25
광주광역시	15	9	전라남도	41	54
대전광역시	8	8	경상북도	52	59
울산광역시	9	15	경상남도	68	77
경 기 도	59	93	제 주 도	15	42
			계	549	601 (강원도 제외)

있다. 수치가 이렇게 나온 데는 다음과 같은 몇 가지 추측을 가능하게 한다.

- 자료 제출을 담당한 일부 지방자치단체 공무원들의 무성의(강원도의 경우)
- 격년제 개최로 인해 당해 년도에 누락(각종 비엔날레, 백제고분제, 영강문화제 등)
- 축제에 대한 개념 부족(서울특별시와 제주도의 축제는 축제에 대한 다른 개념을 각각 적용하고 있다. 서울특별시는 협의의 의미로, 제주도는 광의의 의미로 축제를 이해하였다. 그 결과 서울특별시는 10개가 줄어든 반면, 제주도는 32개가 늘어났다.)

위와 같이 통계상의 불확실함으로 인해 본 연구는 어느 한 가지 조사에서 나온 데이터가 아닌, 여러 통로들을 통해 수집된 축제 데이터 모두를 분석 대상으로 하였다. 축제 데이터의 수집 경로는 다음과 같다.

- 2005년 5월 문화관광부 자료 (601개)
- 2004년 문화관광부 자료 (549개)
- 2004년과 2005년에 문화관광부의 축제 검색 시스템에 등록된 축제 (743개)
- 한국관광공사 홈페이지
- 축제 전문사이트 : 연합뉴스축제사이트(http://www.efestival.co.kr), 우리축제닷컴 (http://www.urifestival.co.kr/festival)
- 각 지방자치단체 홈페이지
- 인터넷, 참고문헌, 신문 등을 통해 수집된 축제

시 · 도	축제 수		시 · 도	축제 수	
	축제 수	백분율		축제 수	백분율
서울특별시	70	7.1%	강 원 도	83	8.4%
부산광역시	76	7.7%	충청북도	63	6.4%
대구광역시	24	2.4%	충청남도	68	6.9%
인천광역시	38	3.9%	전라북도	48	4.9%
광주광역시	23	2.3%	전라남도	88	8.9%
대전광역시	15	1.5%	경상북도	97	9.8%
울산광역시	16	1.6%	경상남도	97	9.8%
경 기 도	134	13.6%	제 주 도	47	4.8%
			계	987	100.0%

987개라는 수치는 2004년 11월 감사원이 조사한 축제의 수치와 어느 정도 일치하고 있다. 광역단체로는 표에서 알 수 있듯이, 경기도, 경상남도, 경상북도, 전라남도, 강원도 순으로 축제가 많이 열리며, 기초단체로는 제주도 서귀포시(15개), 경상남도 하동군(11개), 서울특별시 종로구, 경상북도 포항시, 경상북도 영덕군(10개), 부산광역시 해운대구, 경상남도 창원시, 충청북도 괴산군, 경기도 양평군(각각 9개) 등의 순이다.

본 연구에서는 이렇게 수집된 한국의 지역축제를 축제 유형, 축제의 양적 변화, 축제의 시기, 축제 예산 그리고 축제 정책 등의 측면에서 자세히 살펴보겠다.

2. 지역축제의 유형

한국 지역축제의 내용은 어느 축제든 대동소이하다고 볼 수 있다. 축제 정책의 주부서인 문화관광부는 축제 평가 항목 중, 축제 내용 즉 주요 행사의 평가를 '체험 행사', '전시 행사', '공연 행사', '부대 행사'로 나누고 있다. 각 행사의 전형적인 내용을 살펴보면 다음과 같다.

- 체험 행사 : 체험, 채취, 굽기, 견학, 썰기, 시식회, 배워보기 등
- 전시 행사 : 홍보관, 작품 전시관, 지역특산물 전시 판매 등
- 공연 행사 : 전통 민속공연, 사물놀이 공연, 국악 한마당, 농악 공연, 방송국의 공개 방송, 가요 공연, 지역 미인 선발대회, 고적대 퍼레이드 등
- 부대 행사 : 개막식, 폐막식, 관광지 순환 이벤트, 학술대회, 연예인 사인회, 각종 먹거리 장터 등

현대 한국사회의 지역축제는 이 모든 행사들을 약간씩 포함하는 일종의 종합축제를 지향하고 있기 때문에 축제의 내용을 자세히 논하며 축제를 유형화하기는 어렵다. 그래서 축제가 가진 요소, 예컨대 축제의 제목을 통해 알 수 있는 소재의 선택, 축제가 지향하는 궁극적인 목표, 축제의 운영 주체를 중심으로 축제를 유형화하는 것이 바람직할 것이다.

- 소재의 선택에 따른 축제 분류

i) 예술문화 축제 : 각종 문화예술을 중심으로 하여 실시하는 축제. 주로 예산이 많이 들어가는 대형 축제가 많다.
사례 : 영암 가야금산조 축제, 전주 세계소리 축제, 거창 국제연극제, 부산 국제영화제, 춘천 마임 축제, 과천 한마당축제, 통영 국제 음악제, 세계평화축전 등

ii) 관광문화 축제 : 관광객 유치를 목적으로 하는 이벤트성 축제
사례 : 속초 해맞이 축제, 경주 한국의 술과 떡 잔치, 경기 관광박람회 등

iii) 지역특산물 축제 : 해당 지역을 대표하는 특산물을 주제로 하여 실시하는 축제. 특산물로는 수박(9개), 도자기(8개), 사과, 포도(6개), 감, 전어(5개), 고추, 복숭아, 쌀(4개), 밤, 송이, 은어, 인삼(각각 3

개) 순으로 많이 내세우고 있다.

사례 : 진영 단감제, 강원 감자 큰잔치, 영양 고추 문화제, 포항 과메기 축제, 통영 나전칠기 축제, 영덕 대게 축제, 담양 대나무 축제, 남당 대하 축제, 이천 도자기 축제, 논산 딸기 축제, 기장 멸치 축제, 인제 빙어 축제, 청송 사과 축제, 일월산 산나물 축제, 고창 수박 축제, 이천 햅쌀 축제, 봉화 은어 축제, 금산 인삼 축제, 광양 전어 축제, 성주 참외 축제, 김천 포도 축제 등

iv) 자연환경 축제 : 지역의 자연물을 중요 소재로 선택하여 실시하는 축제

사례 : 유달산 꽃 축제, 대관령 눈꽃 축제, 내장산 단풍 축제, 진도 신비의 바닷길 수시행사, 진해 벚꽃 축제, 관악산 철쭉제 등

v) 전통민속 축제 : 지역의 전통 제례나 민속행사를 소재로 하여 실시하는 축제

사례 : 안성남사당바우덕이 축제, 강릉 단오제, 북제주 정월대보름 들불 축제, 자인단오한장군 문화제 등

vi) 주민화합 축제 : 주민화합과 지역 정체성 확립을 목적으로 하는 축제.

사례 : 달서 구민한마당 큰잔치, 홍천 한서문화제 등

vii) 역사 및 인물형 축제 : 지역의 역사나 신화적 혹은 역사적 인물을 소재로 실시하는 축제. 이순신과 관련된 축제가 6개로 가장 많이 나타난다.

사례 : 진주 논개제, 3·1절 기념 봉화제, 세종문화 큰잔치, 아산 성웅 이순신 축제, 완도 장보고 축제 등

viii) 조형물 축제 : 유적지, 지역에만 독특하게 있는 시설, 거리 등의 특정한 조형물을 소재로 하여 실시하는 축제

사례 : 강화 고인돌문화 축제, 서울 고궁 축제, 백제고분제, 연천전곡리 구석기 축제, 대구 약령시한방문화축제, 백암 온천제, 광복로 거리패션쇼, 칠갑산 장승문화 축제

ix) 음식문화 축제 : 해당 지역에만 있거나 해당 지역을 대표하는 특성

화된 음식을 주제로 하여 실시하는 축제
사례 : 남도 음식축제, 자장면 축제 등

소재에 따른 축제 유형	축제 수	백분율
예술문화 축제	209	21.9%
관광문화 축제	168	17.6%
지역특산물 축제	148	15.5%
자연환경 축제	107	11.2%
전통민속 축제	100	10.5%
주민화합 축제	99	10.4%
역사 및 인물 축제	71	7.4%
조형물 축제	41	4.3%
음식문화 축제	12	1.3%
계	955	100.0%

- **축제의 목표에 따른 분류**

i) 내부지향적 축제 : 지역 주민의 애향심을 불러일으키거나 내 고장에 대한 역사의식을 고취시키며, 단결과 단합 및 공동체 의식 함양 등의 지역사회 내부를 목표로 하여 실시되는 축제
사례 : 아우내 단오 축제, 홍천 한서문화제와 창원문화제 등

ii) 외부지향적 축제 : 지역의 정체성을 기초로 하여 지역의 관광 및 산업 발전 등 주로 지역 외적에서 그 효과를 거두려고 실시하는 축제.
사례 : 전주 세계소리 축제, 안동 국제탈춤페스티발 등

iii) 쌍방향 축제 : 내부지향을 통하여 지역의 발전과 정체성을 확립하고, 이를 토대로 지역사회의 외적인 성장을 함께 추구하는 방식의 축제
사례 : 강릉 단오제, 정선 아리랑제 등

- 운영 주체에 따른 축제 분류

i) 광역단체 중심형 축제 : 광역단체가 중심이 되는 축제

사례 : 세계평화축전(경기도), 광주 김치 대축전(광주광역시), 대전 사이언스 페스티발(대전광역시), 고궁 축제(서울특별시), 인천해양 축제(인천광역시) 등

ii) 기초단체 중심형 축제 : 기초단체가 중심이 되는 축제

사례 : 양평 은행나무 축제, 광명 월드뮤직 축제, 안성 남사당바우덕이 축제 등

iii) 자치단체와 민간단체 혼합형 축제 : 자치단체가 주최하며 민관이 참여하는 축제위원회, 문화원, 예총, 청년회, 협의회, 번영회, 보존회, 사업회 등이 주관하는 축제

사례 : 부여 백제 문화제, 정읍사 부부사랑 축제 등

iv) 민간 중심형 축제 : 축제위원회[1], 농협, 예총, 보존회, 재단법인, 사단법인 등 민간단체가 주도하는 축제

사례 : 부천 국제판타스틱 영화제, 파주 어린이 책마당 등

위의 네 가지 운영 방식에 따른 축제의 통계 수치는 다음과 같다.

운영 방식에 따른 축제 유형	축제 수	백분율
광역단체 중심형 축제	10	1.0%
지방자치단체 중심형 축제	114	11.9%
자치단체와 민간단체 혼합형 축제	464	48.6%
민간 중심형 축제	366	38.4%
계	954	100.0%

1) 그러나 여기서 축제위원회는 대부분 전 · 현직 공무원들도 포함되므로 위원회를 순수 민간단체로 보기는 어렵다.

3. 지역축제의 양적 증가

한국의 지역축제는 60년대 후반부터 고장마다 지방문화제가 벌어져 70년대 중반까지 대략 1년에 3개 정도의 지역 축제가 새로 생겼다. 5공화국 이후 축제의 증가 속도가 1년에 10여 개로 급속도로 증가하더니, 90년대 초반 지방자치의 실시로 지역 축제는 폭발적인 증가 추세를 보였다. 2000년대에 들어서 이러한 증가 추세는 줄어들기 시작하는데, 이것은 축제가 대형화되고 내실화되고 있음을 보여준다.

최초 개최 년도	축제 수	백분율	최초 개최 년도	축제 수	백분율
1945년 이전	3	0.3%	1976-1980	25	2.8%
1946-1950	2	0.2%	1981-1985	59	6.5%
1951-1955	2	0.2%	1986-1990	69	7.6%
1956-1960	9	1.0%	1991-1995	133	14.7%
1961-1965	19	2.1%	1996-2000	309	34.1%
1966-1970	20	2.2%	2001-2005	230	25.4%
1971-1975	25	2.8%	계	905	100.0%

1732년 경상남도 고성군에서 시작하여 올해로 274회째 계속되는 운흥사 영산재, 1931년 전라북도 남원시에서 최초로 개최한 춘향제(74회), 1936년에서 시작된 경상북도 문경시의 자인단오 한 장군 놀이 등 세 개의 축제가 해방 이전에 이미 시작되었으며, 1949년 경상남도 진주시의 개천예술제(54회), 1955년 충청남도 공주시와 부여군에서 동시에 시작된 백제문화제(50회) 등이 오래된 지역 축제에 해당된다.

4. 지역축제의 시기

한국의 지역축제는 10월에 가장 많이 집중되어 있다. 이러한 분포는 축제의 성격과 계절의 특성 때문이다. 전통적으로 한국의 10월은 결실의 계절인 동시에 단풍 등 자연 환경이 절정을 이루는데다, 각 학교들의 수학여행 철과 맞물려 있다. 그 다음으로 5월과 4월이 많은데 계절의 특성, 공휴일(어린이날, 석가탄신일), 봄꽃(벚꽃, 철쭉, 진달래 등)의 만개 등을 이유를 들 수 있다.

전체 축제의 2.2%만이 1월에 열리는데, 한해를 맞는 새해라는 이벤트성 축제가 주를 이루고 있다. 반면 민족 고유 명절인 구정에는 축제가 전혀 열리지 않는다. 2월에는 민속일인 정월대보름(39개)에 축제가 몰려 있다. 3월에는 삼일절 독립운동을 기리는 축제(4개)가 가장 많다. 4월에는 벚꽃 축제(13개), 진달래 축제(5개), 5월에는 철쭉 축제(12개) 등 봄꽃 축제가 많이 열리며, 6월에는 단오절 축제(12개)가 도처에서 열린다.

축제	지역	개최 횟수(년도)	축제	지역	개최 횟수(년도)
운홍사 영산재	경남 고성군	274(1732)	3.1민속 문화제	경남 창녕군	43(1961)
춘향제	전남 남원시	74(1931)	아림 예술제	경남 거창군	43(1960)
개천예술제	경남 진주시	54(1949)	율곡이이선생제	강원 강릉시	43(1961)
백제문화제	충남 부여/공주시	50(1955)	소충사선 문화제	전북 임실군	42(1963)
밀양아리랑 대축제	경남 밀양	47(1957)	진해 군항제	경남 진해시	42(1963)
풍남제	전북 전주시	46(1959)	옥포대첩 기념대전	경남 거제시	42(1962)
성웅이순신 축제	충남 아산시	43(1961)	수원 화성문화제	경기 수원시	41(1963)
함양 물레방아 축제	경남 함양	43(1962)	지리산 남악제	전남 구례군	41(1964)
한산대첩 축제	경남 통영	43(1962)	설악 문화제	강원 속초시	40(1966)

축제 개최 시기	축제 수	백분율	축제 개최 시기	축제 수	백분율
1월	21	2.2%	7월	55	5.9%
2월	53	5.7%	8월	78	8.4%
3월	37	4.0%	9월	96	10.3%
4월	114	12.2%	10월	292	31.3%
5월	127	13.6%	11월	19	2.0%
6월	27	2.9%	12월	15	1.6%
			계	934	100.0%

축제가 1일에서 최장 215일(웅진수문병 근무 교대식), 99일(광주비엔날레) 등 다양한 기간 동안 펼쳐진다. 215일간 열리는 웅진수문병 근무교대식을 사실 축제로 보기 어려우나, '정통성을 기준으로 한 복원'의 하나로 궁궐문화적 축제 재현으로 볼 수 있다. 세계도자기비엔날레, 공주의 고마나루 축제 등은 2달에 걸쳐 축제가 진행된다. 축제의 기간은 축제의 성격과 밀접한 관계가 있다. 비엔날레, 영화제 등의 문화예술제는 비교적 오래 열리며, 새해맞이, 정월대보름 축제 등은 하루나 이틀로 끝난다.

아래 도표에서 알 수 있듯이 한국의 지역 축제는 대부분(60%) 1일에서 3일간 열린다.

축제 기간	축제 수	백분율	축제 기간	축제 수	백분율
11일 이상	56	7.0%	5일	66	8.3%
10일	26	3.3%	4일	82	10.3%
9일	22	2.8%	3일	153	19.1%
8일	15	1.9%	2일	169	21.1%
7일	18	2.3%	1일	172	21.5%
6일	21	2.6%	계	800	100.0%

5. 지역축제 예산

축제의 예산은 정확한 수치를 확보하는데 많은 어려움이 있다. 강원도의 경우 현재까지 문화관광부에 자료를 제출하지 않아서 2004년 자료를 이용하겠으며, 제주도는 예산 면을 아예 빠트렸다. 여기서는 자료를 제출한 축제만이 연구의 대상으로 삼겠다. 아래 통계는 강원도만 2004년 예산을 적용했고, 나머지 지역은 2005년도 자료이다.

축제 예산	축제 수	백분율
10억 이상	17	2.6%
9억 이상 - 10억 미만	4	0.6%
8억 이상 - 9억 미만	8	1.2%
7억 이상 - 8억 미만	9	1.4%
6억 이상 - 7억 미만	9	1.4%
5억 이상 - 7억 미만	20	3.0%
4억 이상 - 7억 미만	30	4.5%
3억 이상 - 7억 미만	33	5.0%
2억 이상 - 7억 미만	64	9.7%
1억 이상 - 7억 미만	129	19.5%
1억 미만	337	51.1%
계	660	100.0%

한국 지역 축제의 예산은 자료가 있는 660개의 지역축제를 조사한 결과 약 1천 5백 5십억 원에 이른다. 이 중 예산이 10억대가 넘는 축제 17개(2.6%)의 예산이 약 532억 원으로서 전체 예산의 34%에 해당한다. 그러나 여기서 비엔날레(5개)는 2년에 한 번씩 열리는 축제이니만큼 절반으로 계산하면 394억으로 년간 전체 예산의 약 25%에 해당한다. 축제의 총 예산 순서로 11개의 축제를 가려내면 다음과 같다.

지역명	축제명	예산 (백만)	주최 및 주관 기관	축제 성격	최초 개최
광주광역시 광주광역시	광주비엔날레	9,600	(재)광주비엔날레, 광주광역시/ (재)광주비엔날레	예술문화	1995
경기도 경기도	세계평화축전	8,200	경기문화재단 세계평화축전 사무처/경기도	관광문화	2005
경기도 경기도	세계도자기비엔날레	7,500	재단법인 세계도자기 엑스포/ 경기도	지역특산물	2001
충청북도 청주시	청주 국제공예비엔날레	5,000	청주시/조직위	관광문화	1999
부산광역시 부산광역시	부산 비엔날레	4,172	부산광역시/ (사)부산비엔날레조직위	예술문화	1998
부산광역시 부산광역시	부산 국제영화제	3,300	부산국제영화제조직위원회	예술문화	1996
경기도 부천시	부천 국제판타스틱 영화제	2,200	부천국제판타스틱영화제 조직위원회	예술문화	1997
충청북도 충주시	충주 세계무술축제	1,800	충주시/충주세계무술축제 추진위원회	관광문화	1998
경상남도 통영시	통영 국제음악제	1,600	통영시, 마산MBC, 월간객석, (주)통영국제음악제	예술문화	2002
광주광역시 광주광역시	광주 디자인프레 - 비엔날레	1,500	광주광역시/광주광역시	예술문화	2004
전라북도 전라북도	전주 세계소리축제	1,500	전라북도/전주세계소리축제 조직위원회	예술문화	2000

위 표에서 알 수 있듯이 대형 축제는 모두 역사가 짧고, 예술문화축제(7개)에 편중되어 있다. 주최 및 주관기관도 대부분 광역단체와 위원회 중심 축제(7개)이다. 대형 축제 중 문화관광부 지정 축제에 선정된 축제는 충주 세계무술축제가 유일하다.

축제의 예산은 대부분 기초자치단체에서 부담하고 있으나, 대형 축제의 경우 광역단체가 예산의 많은 부분을 담당한다. 축제 예산의 분담 분포는 몇몇 지방자치단체가 불확실한 데이터를 제출한 연유로 정확히 산출하기 어렵다. 정확히 구분하여 제출한 지방자치단체 자료(513개)만 골라 예산의 분담 분포를 조사해 보면 다음과 같다.

예산 분담 기관	금액(백만)	백분율
기초단체(시/군/구)	71,751	69.9%
광역단체(시/도)	20,718	20.2%
국비	5,117	5.0%
기타	5,001	4.9%
계	102,587	100.0%

표에서 알 수 있듯이 한국의 지역축제는 기초자치단체에서 거의 70% 가까이 자체적으로 지원하고 있다. 20% 정도 광역단체가 지원하고 있는데, 이것도 10억 이상의 대형 축제에 해당되므로 축제 수로 보면 아주 미미한 수준이다. 국비는 문화관광부에서 지정 축제를 선정해서 주는 축제 지원금과 지역민속축제(특성화사업)를 선정해서 주는 지원금이 대부분이다. 그 외에 중앙정부에서 지원하는 축제보조금은 관광진흥개발기금(2004년도 전주 소리축제는 여기서 3억 원의 지원을 받았다)이 있다. 2005년 문화관광부 지정 축제는 모두 45개로서 최우수 축제 3개에 2억 5천만 원, 우수 축제 7개에 1억 3천만 원, 지역 축제 8개에 6천만 원, 유망 축제 9개에 각각 4천만 원씩, 모두 27개 축제에 총 25억 원의 축제 지원금을 보조받고 있다.

6. 지역축제 지원 정책

지역축제에 대한 지원 정책은 정부의 관할 부서인 문화관광부를 통해 이루어지고 **있다. 문**화관광부 내에서도 축제 지원 정책은 관광개발과에서 주관하는 '**문화관광**축제'와 전통지역문화과에서 주관하는 '특성화사업(지역민속축제)'으로 나눌 수 있다. '문화관광축제'는 외래 관광객 유치 확대 및 지역 경제 활성화를 위하여 1995년부터 지역축제 중 관광상품성이 큰 축제를 선정하여 지원 육성하고 있는 사업이고, '특성화사업(지역민속축제)'은 지역적으로 특색 있는 향토민속축제를 집중 육성하기 위한 것으로, 기획력이 우수하고 지역 고유의 민속을 반영하거나 민속적으로 보존 가치가 높은 축제를 후원하기 위한 의도에서 마련된 것이라고 한다. 문화관광부는 매년 두 분야에 해당하는 축제를 선정하여 국가 예산을 편성해서 재정 및 프로그램 개발을 지원하고 있다.

문화관광축제의 선정 기준으로는 우선 전통문화와 독특한 주제를 꼽으며, 육성의 기본 방향은 외래 관광객 유치와 지역경제 활성화에 두고 있다. 문화관광축제 지정 및 지원의 목적은 다음과 같이 크게 네 가지로 요약할 수 있다.

첫째, 각 지방자치단체로 하여금 지역이 보유한 문화자원의 가치를 재평가할 기회를 제공한다. 재평가의 과정을 통하여 지역문화의 보존 및 계승에 대한 지역 주민과 외부인의 관심을 불러일으킨다.

둘째, 문화관광축제라는 새로운 관광물의 개발로 관광을 통한 지역경제 활성화에 기여한다.

셋째, 지역 주민과 지역사회가 중심이 되어 축제를 개최함으로써 지역 주민의 단결력과 자긍심을 고취시킬 수 있다.

넷째, 주 5일제 근무에 맞물려 지역 주민과 국민의 여가 기회 확대에 기여한다.

이와 같은 목적으로 탄생하게 된 문화관광축제는 1995년에 우수 축제 2개를 선정하여 지원하는 것을 시작으로 매년 축제수를 늘리고 있으며 2005년 현재 예비축제를 포함하여 45개에 이르고 있다. 선정된 축제에 대하여 문화관광부는 축제예산의 일부와 각계 전문가들의 도움을 받아서 축제 프로그램 개선을 지원하고 있다. 정책 초기에는 문화관광축제에 대해 차별 없이 균등하게 지원하였으나, 일부 축제가 관광객 유인효과가 거의 없거나 수준 이하의 프로그램으로 축제를 개최하는 등의 부작용이 나타남에 따라 1999년부터 축제 평가 제도를 도입하여 시행하고 있다. 연도별 문화관광축제의 생존율은 다음 표와 같다.

문화관광축제의 지원액은 초기에는 차별 없이 선정된 모든 축제에 대해 균등 지급했으나, 평가 제도의 도입 후에는 차등지급하고 있다. 2005년

년도	전체 지정 축제	기존 축제	신규 지정 축제	생존율
1995	2	-	2	
1996	8	-	8	0%
1997	11	4	7	50%
1998	18	7	11	64%
1999	21	15	6	83%
2000	25	21	4	100%
2001	30	23	7	92%
2002	29	26	3	87%
2003	30	25	5	86%
2004	37	28	9	93%
2005	45	33	12	89%

의 경우에는 최우수 축제(3개)에 2억 5천만 원, 우수축제(7개)에 1억 3천만 원, 지역육성축제(8개)에 6천만 원, 유망축제(9개)에 4천만 원 등 총 27개의 축제에 25억 원을 지원하였다. 18개의 예비축제는 사업비를 지원하지 않고 축제 기획 및 프로그램 개발지원, 자문 및 홍보 등 행정지원만 했다. 예비축제는 2003년부터 생긴 제도이며, 문화관광축제로 선정되기 위한 예비단계의 축제로서 신규축제는 향후 예비축제를 거쳐야만 문화관광축제로 선정될 수 있다. 2005년도 예비축제를 포함한 문화관광축제는 위 도표와 같다.

문화관광부는 2005년 현재 45개에 이르는 문화관광부 지정축제가 너무 많다고 생각하고 2008년까지 10여 개 안팎으로 대폭 줄일 계획을 세우고 있다. 대신 지정축제 당 지원액은 2005년 평균 1억 8백만 원에서 5억 원으로 대폭 늘어난다.

특성화사업으로 지정된 지역민속축제는 문화관광축제에 비해 지원 규모가 훨씬 적다. 2004년도 지역민속축제는 모두 17개로 우수축제(2천 5백만 원) 8개와 육성축제(1천 5백만 원) 9개로 차등 지원(총 3억 3천 5백만 원)되었다.

시·도	축제명	등급	비고	시·도	축제명	등급	비고
서 울 특별시	하이 서울페스티발	예 비	(신규)	인 천 광역시	강화고인돌문화축제	예 비	
부 산 광역시	광안리 어방축제 부산자갈치문화관광축제	예 비 유 망	(신규)	충 청 북 도	충주세계무술축제 난계국악축제	우 수 유 망	
전 라 남 도	담양 대나무 축제 함평 나비축제 보성다향제 남도음식문화큰잔치 무안백련축제 강진청자문화제	예 비 우 수 유 망 지역육성 예 비 최우수	(신규) (신규)	충 청 남 도	서천한산모시문화제 아산성웅이순신축제 금산인삼축제 보령머드축제 강경젓갈축제	지역육성 유 망 우 수 지역육성 우 수	
경 상 남 도	하동 야생차 문화 축제 산청지리산한방·약초축제 합천팔만대장경축제 진주남강유등축제	지역육성 예 비 예 비 우 수		전 라 북 도	무주 반딧불 축제 남원춘향제 김제지평선축제 고창모양성제	지역육성 지역육성 최우수 예 비	 (신규)
광 주 광역시	한국콩축제(남구) 광주김치대축제	예 비 유 망	(신규)	대 전 광역시			
강원도	춘천국제마임축제 화천 산천어 축제 인제빙어축제 양양송이축제 평창효석문화제 원주한지문화제	우 수 예 비 유 망 우 수 예 비 예 비	 (신규) (신규)	경 상 북 도	경주 한국의 술과 떡 잔치 문경찻사발축제 안동국제탈춤 페스티발 풍기인삼축제 봉화송이축제	지역육성 예 비 최우수 유 망 예 비	(신규)
울 산 광역시	온양옹기축제	예 비	(신규)	대 구 광역시	대구 약령시축제	지역육성	
경기도	연천구석기축제 파주장단콩축제 이천햅쌀축제	유 망 예 비 유 망	(신규)	제주도	정월대보름들불축제(북제주) 서귀포칠십리축제	예 비 예 비	(신규)

7. 요약

현대 한국사회 지역축제의 현황과 특징을 요약해 보면 다음과 같다.

- 한국의 지역축제는 2005년 현재 약 1000여개가 있다.
- 지역축제는 문화관광부가 관할하고 있으며, 통계를 위해 매년 지방자치단체에 공문을 보내 지역축제 상황을 점검하고 있으나 몇몇 지방자치단체의 무성의로 정확한 데이터는 나오지 않고 있다.

지역명	축제명	선정 등급	지역명	축제명	선정 등급
경 기 안성시	안성남사당 바우덕이축제	우수축제	전 남 여수시	여수진남제	우수축제
강 원 영월군	단종문화제	육성축제	전 남 완도군	완도장보고축제	육성축제
강 원 강릉시	강릉단오제	우수축제	경 북 경주시	신라문화제	우수축제
충 북 충주시	우륵문화제	우수축제	경 북 경산시	자인단오 한장군놀이	육성축제
충 북 단양군	온달문화축제	육성축제	경 남 창녕군	3 · 1민속문화제	우수축제
충 남 서산시	해미읍성 역사체험	육성축제	경 남 산청군	남명선비문화 축제	육성축제
충 남 공주시	백제문화제	우수축제	제 주 제주시	탐라문화제	우수축제
전 북 남원시	삼동굿 놀이	육성축제	제 주 제주시	탐라국입춘 굿놀이	육성축제
전 북 장수군	도깨비축제	육성축제			
			합계		17개 축제

- 축제의 유형으로는 소재의 선택, 축제의 목표, 운영 주체 등 세 가지 측면에서 나눌 수 있는데, 소재의 선택 면에서는 예술문화, 관광문화, 지역특산물, 자연환경, 전통민속, 주민화합, 연사 및 인물, 조형물, 음식문화 등 아홉 가지로 나눌 수 있다. 둘째, 축제의 목표 면에서는 내부지향, 외부지향, 쌍방향 등 세 가지로 나눌 수 있고, 마지막으로 운영 주체에 따른 분류는 광역단체, 기초단체, 자치단체와 민간단체 혼합, 민간단체 중심형으로 나눌 수 있다.
- 축제는 1990년대 초 지방자체의 시작과 더불어 급격히 증가하였으며, 2000년대에 들어서는 축제가 점차 대형화와 상업화되고 있는 경향을 보여주고 있다.
- 시기적으로 보면 축제는 10월(31.3%)에 가장 많이 열린다. 그 다음으로 5월, 4월, 9월, 8월 순이다. 축제 기간으로 보면 60%의 축제가 1

일에서 3일 동안 진행된다.

- 축제의 예산은 전체 축제의 약 절반이 1억 원 미만이다. 예산이 10억이 넘는 대형 축제는 모두 10년 이내에 시작된 예술문화축제가 대부분이다.
- 축제의 예산은 지방자치단체가 대부분(69.9%) 부담하고 있다. 중앙정부에서 보조하는 금액은 전체 축제예산의 5.0%에 지나지 않는다.
- 축제 지원 정책은 문화관광부를 통해 이루어지고 있다. 문화관광부는 1995년부터 문화관광부축제와 지역민속축제를 지정해 매년 축제예산을 지원하고 있다.

참고문헌

김병인, 역사의 지역축제적 재해석. 민속원, 2004.

유승우/박경철, 지역축제가 농촌지역 활성화에 미치는 영향. 한국농촌경제연구원, 2004.

정종수, 지역 문화 축제의 현황과 문제점. 실린 곳 : 세계의 축제와 공연문화. 대구대학출판부. 103-120쪽, 2004.

2003 문화관광축제 종합평가보고서. 문화관광부. 2004. 1.

2004 문화관광축제 종합평가보고서. 문화관광부. 2005. 1.

2004 문화관광축제 담당공무원 해외축제 연수결과 보고서. 2004. 4.

2004 지역특성화사업 지원 대상 선정 현황. 문화관광부.

2004년 시 도별 축제 개최 현황. 문화관광부. 2004. 1.

2005년 시 도별 축제 개최 현황. 문화관광부. 2005. 5.

문화관광축제 육성방안. 한국관광연구원. 2001. 12.

문화관광축제 평가모형개발. 한양대학교 관광연구소. 2003. 11.

부록 : 한국의 지역축제 목록

- 다음과 같은 기준에 부합하는 지역축제를 수집하여 목록을 작성하였다.
  1) 국가에서 지원하는 축제
  2) 지방자치단체에서 주관(주최)하는 축제
  3) 지방자치단체에서 경비 지원 또는 후원하는 축제
  4) 민간에서 축제추진위원회를 구성하여 개최하는 축제

- 지역을 달리하며 매년 열리는 축제, 예컨대 '한국민속예술축제', '청소년민속예술제' 등은 제외하였다.

- 축제명 뒤에 (관)이란 표시가 있으면 문화관광부에서 지정한 2005년도 문화관광축제이다.

- 축제명 뒤에 (민)이란 표시가 있으면 문화관광부에서 지정한 2004년도 특성화사업의 지역민속축제이다.

- 축제 예산은 강원도가 2004년도, 그 외 지역은 2005년도 예산이다.

- 축제유형에 표기된 약자가 의미하는 것은 다음과 같다.

예 : 예술문화	관 : 관광문화
특 : 지역특산물	자 : 자연환경
민 : 전통민속	주 : 주민화합
역 : 역사 및 인물	조 : 조형물
음 : 음식문화	

■ 한국의 지역축제 목록

연번	지역명	축제명	예산(백만)	개최횟수	주최 및 주관 기관	축제유형	개최시기	기간	최초개최년도
1	강원도 강릉시	강릉 새희망! 새출발! 해돋이 축제		강릉시	관	12.31-1.1	2		
2	강원도 강릉시	강릉 정동진 해돋이축제			강릉시	관	12.31-1.1	2	
3	강원도 강릉시	강릉단오제(민)			강릉단오제위원회/강릉문화원	민	6.20-27 (8일간)	8	미상
4	강원도 강릉시	망월제	25	13	임영민속연구회	민	2월 23일	1	1991
5	강원도 강릉시	소금강 청학제	15	17	소금강청학제추진위원회/연곡면사무소,연곡면이장협의회	민	10월 둘째 주 토요일	1	1977
6	강원도 강릉시	율곡이이선생제	70	43	대현율곡이이선생제전위원회	역	10월 25일-26일	2	1961
7	강원도 고성군	고성군민의 날 및 수성문화제	100	22	고성군/수성문화제추진위원회	주	9월 22일	1	1983
8	강원도 고성군	명태축제	150	7	고성군/고성군명태축제 추진위원회	특	2.24-2.27	4	1999
9	강원도 동해시	늘푸른바다축제	25	9	동해시/예총 동해시지부	관	8.1-10	10	1996
10	강원도 동해시	동해무릉제	200	19	동해무릉제위원회	주	10월 첫 주 목.금.토	3	1984
11	강원도 동해시	동해오징어축제	60	8	동해시 오징어축제위원회	특	8월 첫째 주 목.금.토 (3일간)	3	1997
12	강원도 동해시	정월대보름맞이큰잔치	15	7	동해시/민예총 동해지부	민	2월 23일	1	1998
13	강원도 동해시	해맞이축제	30	5	동해시/동해예총, 동해민예총, 시청산악회	관	1월 01일	1	2000
14	강원도 삼척시	삼척 청정해변축제			삼척시	관	7.9-8.8	30	
15	강원도 삼척시	죽서문화제	20	33	죽서문화제위원회	민	2월 23일	5	1973
16	강원도 속초시	설악눈꽃축제	55	9	속초시, 설악눈꽃축제위원회	자	1월 말		1996
17	강원도 속초시	설악문화제	168	40	속초시, 설악문화제위원회	예	10월 초	3	1966
18	강원도 속초시	속초해맞이축제	53	5	속초시, 속초문화원	관	1월 01일	1	2000
19	강원도 속초시	속초해양페스티발	100	4	속초시, 속초문화원	관	7월 중순 (10일간	10	2001
20	강원도 속초시	장사항 오징어맨손잡이축제			속초시/횟집상가번영회	특	7.27-31	5	
21	강원도 속초시	학사평순두부축제	78	2	속초시, 학사평순두부축제위원회	음	10월	3	2003
22	강원도 속초시	한여름밤의 문화축제	50	5	속초시, 속초문화원, 예총, 민예총	예	7월 말-8월 중순(20일간)	20	2000
23	강원도 양구군	국토정중앙달맞이축제	8	5	백우회	민	2월 04일 전후		2000

연번	지역명	축제명	예산(백만)	개최 횟수	주최 및 주관 기관	축제 유형	개최 시기	기간	최초 개최 년도
24	강원도 양구군	도솔산전적문화제	200	5	도솔산전적문화제위원회/ 강원도 해병사령부 양구군	예	6.18-20 전후(3일)	3	1998
25	강원도 양구군	동계민속예술축제 및 강원도노인연날리기대회	30	8	양구군, 대한노인회 강원도연합회/양구문화원	민	2월 4일 전후	2	1997
26	강원도 양구군	양록제	85	21	양록제위원회/양구군	예	10월 07-09일	3	1982
27	강원도 양양군	양양낙산해맞이 축제	50	9	양양군	관	12월 31일-1월 01일	2	1996
28	강원도 양양군	양양송이축제(관)	205	8	양양송이축제위원회	특	10월 초	5	1997
29	강원도 양양군	연어축제	90	8	양양군	특	10월 말-11월 초		1996
30	강원도 양양군	현산문화제	160	26	현산문화제위원회/양양문화원	민	단오(음5/5, 약 4일경)	4	1979
31	강원도 영월군	김삿갓문화큰잔치	130	7	영월군/난고김삿갓축제 추진위원회	역	10월 중순		1998
32	강원도 영월군	단종문화제(민)	250	38	영원군/단종제위원회	역	4월 04일-4월 06일	3	1967
33	강원도 영월군	동강사진축전	160	3	영월군/동강사진마을 운영위원회	관	7.30-8.8 (10일)	10	2002
34	강원도 영월군	동강축제	250	8	영월군/동강축제추진위원회	자	8월 초		1999
35	강원도 원주시	섬강축제	30	8	섬강축제위원회/지정면청년회	관	8월 중		1997
36	강원도 원주시	원주국제타투 (세계평화팡파르)	1,350	5	원주시/원주국제타투위원회	관	10월 08일-13일	6	2000
37	강원도 원주시	원주치악제	300	23	원주치악제위원회	예	10월		1982
38	강원도 원주시	장미축제	25	6	장미축제위원회/단계동 청.장년회	자	5월 중		1999
39	강원도 원주시	치악산복사꽃축제	13	6	치악산복사꽃축제추진위원회/ 소초농업협동조합	자	4월 중		1999
40	강원도 원주시	한지문화제(관)	319	6	원주한지문화제위원회/원주참 여자치시민센터, 한지개발원	특	9월 중		1999
41	강원도 원주시	행구동달맞이 축제	14	5	행구동대보름맞이추진위원회/ 행구동영서농악회	민	2월 05일	1	2000
42	강원도 원주시	회촌달맞이축제(관)	10	12	회촌정월대보름달맞이축제위 원회/원주매지농악보존회	민	2월 05일	1	1993
43	강원도 인제군	인제빙어축제(관)	311	7	인제군/빙어축제추진위원회	특	1월 말		1998
44	강원도 인제군	하늘내린 인제레포츠 축제	260	2	인제군/하늘내린인제레포츠 추진위원회	관	8월 초 (5일간)	5	2003
45	강원도 인제군	합강문화제			합강문화제위원회/인제군	예	10월 초	2	1983
46	강원도 인제군	황태축제			강원도 인제군/ 황태축제추진위	특	2월 말-3월 초	3	1998
47	강원도 정선군	정선 사북석탄문화제			축제추진위	관	6.4-5	2	

연번	지역명	축제명	예산(백만)	개최횟수	주최 및 주관 기관	축제유형	개최시기	기간	최초개최년도
48	강원도 정선군	정선 아우라지뗏목축제			북면 번영회	관	7.31-8.1	2	
49	강원도 정선군	정선아리랑제	340	29	정선아리랑제추진위원회	역	10월 초	3	1976
50	강원도 철원군	래프팅축제	20	3	철원군/철원군래프팅연합회	관	8월 중 (2일간)	2	2002
51	강원도 철원군	서바이벌축제	15	7	철원군/서바이벌연합회	관	5월/10월		2000
52	강원도 철원군	태봉제	210	8	철원군/태봉제위원회	주	10월 초	3	1982
53	강원도 철원군	한탄강 여름축제	75	8	철원군/철원군	관	8월 중 (4일간)	4	1997
54	강원도 춘천시	막국수축제	40	9	춘천시/춘천막국수축제위원회, 춘천시	특	8월	5	1996
55	강원도 춘천시	봄내종합예술제	20	11	춘천예총, 춘천시/국악협회외 6개 단체	예	5월 중 (8일간)	8	1994
56	강원도 춘천시	소양강문화제	100	26	소양강문화제 추진위원회	예	9월		1966
57	강원도 춘천시	춘천국제마임축제(관)	200	16	춘천시, (사)춘천마임축제, 한국마임협의회천마임축제 운영위원회	예	5월넷째 주 목-일(4일)	4	1989
58	강원도 춘천시	춘천국제연극제	80	6	춘천시/춘천국제연극제조직위원회	예	8월	6	1993
59	강원도 춘천시	춘천애니타운페스티발	500	8	춘천시, KBS총국/ (재)춘천문화산업진흥재단	예	8월	5	1997
60	강원도 춘천시	춘천인형극제	190	16	춘천시/인형극제집행위원회	예	8월	10	1989
61	강원도 태백시	태백산 눈축제	300	11	태백시/눈축제위원회	자	1월 09일-18일	10	1993
62	강원도 태백시	태백산 철쭉제	100	19	태백시.철쭉제위원회	자	5월 말		1985
63	강원도 태백시	태백산 쿨시네마페스티발	120	8	태백시.쿨시네마축제위원회	예	8. 1-8	8	1997
64	강원도 태백시	태백제	150	23	태백시/태백제위원회	주	10월 3일-5일	3	1982
65	강원도 태백시	태백한강대제			황지상록회	관	8.8	1	
66	강원도 평창군	강원감자큰잔치	337	6	강원도, KBS춘천방송총국, 강원농협지역본부/감자큰잔치 추진위원회,	특	9월 중 (3일간)	3	1997
67	강원도 평창군	노성제 및 군민의 날	300	27	노성제위원회	주	10월 06일-08일	3	1983
68	강원도 평창군	대관령눈꽃축제	140	12	대관령눈꽃축제위원회	자	1월 08일-11일	4	1993
69	강원도 평창군	무이정월대보름달맞이 한마당	10	5	무이달맞이한마당위원회	민	2월 23일	2	1999
70	강원도 평창군	오대산축제	50	8	오대산축제위원회	자	10월	2	1997
71	강원도 평창군	전국 통종닭싸움민속 축제			봉평재종회	관	5월 5일-8일	4	

연번	지역명	축제명	예산(백만)	개최횟수	주최 및 주관 기관	축제유형	개최시기	기간	최초개최년도
72	강원도 평창군	평창강민속축제	33		평창강민속축제위원회	민	6월 중 (2일간)	2	2001
73	강원도 평창군	효석문화제(관)	200		효석문화제위원회	예	9월 중 (10일간)	10	1999
74	강원도 홍천군	한서문화제	335	26	한서문화제위원회	주	10.2-10.4	3	1977
75	강원도 홍천군	홍천찰옥수수축제	72	8	홍천군찰옥수수축제위원회/홍청군	특	7-8월		1997
76	강원도 화천군	물의나라 화천 쪽배축제	220	2	화천군,화천군번영회/쪽배축제추진위원회,이데아커뮤니케이션	자	7.30-8.8 (10일간)	10	2003
77	강원도 화천군	비목문화제	250	9	강원도,화천군,비목마을사람들/비목문화제조직위원회	예	6. 6-6. 8	3	1996
78	강원도 화천군	화천 산천어축제(관)	300	2	화천군/산천어축제추진위원회,이데아커뮤니케이션	특	1월 중순		2003
79	강원도 화천군	용화축전	80	20	용화축전위원회/화천문화원	주	10월 06일-08일	3	1983
80	강원도 횡성군	4.1 군민만세운동 기념행사	35	8	횡성군/횡성문화원, 춘천보훈지청, 참여단체	역	3월 31일-4월 01일	2	1997
81	강원도 횡성군	안흥찐빵한마당큰잔치	20	3	안흥찐빵한마당큰잔치/안흥찐빵마을협의회	특	10월	2	1999
82	강원도 횡성군	태기문화제	20	18	태기문화제위원회/정금민속예술회★★	민	2월 23일	2	1987
83	강원도 횡성군	태풍문화제	260	19	태풍문화제위원회/횡성군문화원	예	9월 말-10월 초(3일간)	3	1981
84	경기도 가평군	가평 한석봉선생 전국휘호대회		6	가평군	예	10.2	1	2000
85	경기도 가평군	가평군민의날행사			가평군,가평문화원/가평군,가평문화원	주	10월 9일	1	1968
86	경기도 가평군	가평포도축제	85	3	가평군/포도축제추진위원회	특	9.10-11	2	2002
86	경기도 가평군	가평포도축제	85	3	가평군/포도축제추진위원회	특	9.10-11	2	2002
87	경기도 가평군	북한강축제	250	1	가평군/가평군축제추진위원회	주	8.12-14	3	2004
88	경기도 가평군	연인산 들꽃축제	75	7	가평군/가평군연인산축제추진위원회	자	5월		1999
89	경기도 가평군	인도문화 한마당		4	인도로소풍가기	관	5월 28일-29일	2	2002
90	경기도 경기도	경기관광박람회	500	2	경기도/경기관광공사	관	9.29-10.2	4	2003
91	경기도 경기도	세계관광기념품 디자인 공모전	400	0	경기도/경기관광공사	예	4.14-4.17	4	2005
92	경기도 경기도	세계도자기비엔날레	7,500	2	재단법인 세계도자기 엑스포/경기도	특	4.23-6.19	58	2001
93	경기도 경기도	세계평화축전	8,200	0	경기문화재단 세계평화축전 사무처/경기도	관	8.1-9.11	42	2005
94	경기도 경기도	실학축전2005경기	750	1	경기문화재단/경기도	예	10월 01일-09일	9	2004
95	경기도 경기도	천상병예술제	30	1	경기문화재단 천상병기념사업회	예	미정		2004

연번	지역명	축제명	예산(백만)	개최 횟수	주최 및 주관 기관	축제 유형	개최 시기	기간	최초 개최 년도
96	경기도 고양시	고양행주문화제	400	17	고양시/고양문화원	민	9.30-10.3	4	1986
97	경기도 고양시	한국고양 꽃전시회		12	조직위	관	4.16-5.1	15	
98	경기도 고양시	행주대첩제			고양시/고양문화원	역	3월 14일	1	1990
99	경기도 과천시	경마문화제				관	5월 12일-22일		
100	경기도 과천시	과천토요거리축제	180	2	과천시	주	4.9-7.30 (토)	17	2003
101	경기도 과천시	과천한마당축제	750	8	(재)과천한마당축제	민	9.23-28	6	1997
102	경기도 과천시	시민의날기념행사			과천시/과천문화원	주	10월	6	1986
103	경기도 과천시	통기타와 영화의 만남	40	2	과천시	예	8.6-8.14	9	2003
104	경기도 광명시	경기농악경연대회	90	5	평택시/평택국악협회	민	10월		2000
105	경기도 광명시	광명월드뮤직 축제	498	1	광명시	예	9-11월		2004
106	경기도 광명시	구름산예술제	90	14	예총광명지부/각급 협회	예	10월 초	14	1991
107	경기도 광명시	오리문화제	90	13	광명문화원/광명문화원	역	5월 초	4.5	1992
108	경기도 광명시	정월대보름축제	60	5	광명시/광명농악보존회	민	2월 23일	1	1999
109	경기도 광주시	광주군민의날			광주군	주	10월		1972
110	경기도 광주시	광주왕실도자기축제	800	7	광주시/광주왕실도예조합	특	4.23-6.19	58	1998
111	경기도 광주시	남한산성문화제	250	9	광주시/남한산성문화제 추진위원회	조	10월	6	1996
112	경기도 구리시	구리 동구릉문화제			구리시문화원	조	6.27	1	
113	경기도 구리시	구리문화예술제			구리시/구리문화원, 예총구리지부	예	10월	14	1991
114	경기도 구리시	구리코스모스축제	50	2	구리시/추진위원회	자	9.10-11	2	2001
115	경기도 구리시	구리한강유치꽃축제	40	2	구리시/추진위원회	자	5.14-15	2	2003
116	경기도 군포시	군포수리문화 축제	180	2	군포시/군포시축제추진위원회	주	4.23-26	4	2003
117	경기도 군포시	군포시민대축제	150		군포시/문화공보관	주	4월-5월 중		2001
118	경기도 군포시	옷내골문화제			군포시/군포문화원	예	10월	4	1992
119	경기도 군포시	정월대보름 달맞이 축제	15	3	군포시/군포예총	민	2월 23일	1	2002
120	경기도 군포시	철쭉동산축제	80	2	군포시/군포시축제추진위원회	자	4.28-5.2	5	2003
121	경기도 김포시	금파문화제			김포군/김포문화원	예	10월	20	1984

연번	지역명	축제명	예산(백만)	개최횟수	주최 및 주관 기관	축제유형	개최시기	기간	최초개최년도
122	경기도 김포시	김포문화농업인의 날 축제	60	10	김포시/김포농업인의날 축제추진위원회	주	10월	3	1995
123	경기도 김포시	김포문화예술제	23	21	김포시/김포문화예술제 추진위원회	주	9 월	3	1984
124	경기도 김포시	중봉문화예술제	230		김포시/중봉문화예술제 추진위원회	예	9월 말		1984
125	경기도 김포시	포도축제	20	7	김포시/포도축제위원회	특	9 월	2	1997
126	경기도 남양주시	남양주야외공연축제	600		남양주시/남양주시	관	8월 중순		2001
127	경기도 남양주시	다산문화제	120	18	남양주시/남양주문화원	역	10월 10일-12일	3	1986
128	경기도 동두천시	동두천 "락" 페스티발	140	6	동두천락페스티발조직위원회	예	8.14-8.16	3	1999
129	경기도 동두천시	소요단풍문화제	50	19	동두천시/동두천예총	자	10월 22일-23일	2	1985
130	경기도 부천시	복사골 청소년 예술제	70	4	한국예총부천지부/복사골 청소년예술제 추진위원회	관	8.20-8.21	2	2001
131	경기도 부천시	복사골예술제	253	20	예총부천지부/산하단체, 부천문화원	예	5.5-5.8	4	1985
132	경기도 부천시	부천국제 판타스틱 영화제	2,200	8	부천국제판타스틱영화제 조직위원회	예	7.14-7.23	10	1997
133	경기도 부천시	부천국제학생 애니매이션 페스티발	250	6	부천국제학생애니매이션 페스티발조직위원회/ 한국만화애니매애션학회	예	11월 04일-08일	6	1999
134	경기도 부천시	부천만화축제			부천시	예	9월		
135	경기도 성남시	모란민속5일장축제	50	5	모란민속5일장축제추진위원회	민	5월-9월		2000
136	경기도 성남시	산성문화제			성남시/성남문화원, 예총성남지부	예	10월	17	1986
137	경기도 성남시	성남 반딧불이축제		8	추진위	자	8.28	1	1997
138	경기도 성남시	성남문화예술제	101	18	성남시, 성남예총/성남예총 및 회원단체	예	10월	5	1986
139	경기도 성남시	성남세계민속예술축제	400	4	성남시/성남세계민속예술축제 추진위원회	관	8.19-8.27	9	2001
140	경기도 성남시	성남여술마을연꽃축제	50		연꽃축제추진위원회	자	7월 중(3일)	3	2002
141	경기도 수원시	눈꽃축제			눈꽃축제조직위	관	12.24-2.28		2004
142	경기도 수원시	수원 KBS Drama 축제	1,189		수원시, KBS	예	8월-10월 (2004년 45일간)	45	2003
143	경기도 수원시	수원가요제	30	12	수원연예인협회/수원시	예	5월 29일	1	1993
144	경기도 수원시	수원국제 지휘 콩쿨	350	1	수원시립교향악단/수원문화원	예	11월 19일-27일	9	2005
145	경기도 수원시	수원여름 음악축제	70	17	수원문화원/수원시	예	8.12-8.15	17	1988
146	경기도 수원시	수원화성 국제연극제	420	8	화성문화재단/수원시	예	8.17-8.28	12	1996

연번	지역명	축제명	예산(백만)	개최횟수	주최 및 주관 기관	축제유형	개최시기	기간	최초개최년도
147	경기도 수원시	수원화성문화제	878	41	수원화성문화제집행위원회/수원문화원	예	10월 07일-10일	4	1963
148	경기도 수원시	화성 서예대전	50	6	수원화성문화재단/화성서예대전 집행위원회	예	3월 04일-3월 06일	3	2005
149	경기도 시흥시	물왕예술제	110	12	시흥문화원	예	5월		1993
150	경기도 시흥시	연성문화제	70	16	시흥문화원/시흥시	예	10월 초		1989
151	경기도 안산시	단원미술제 (안산 김홍도축제)	400	6	단원미술제 조직위원회(안산시)/단원미술제운영위원회	민	10월	20	1999
152	경기도 안산시	대부포도축제	60	7	안산시	특	9월	1	1995
153	경기도 안산시	별망성예술제	150	18	예총안산지부/안산시	예	10월 초	5	1987
154	경기도 안산시	성호문화제	100	10	안산문화원/안산시	역	5월	3	1996
155	경기도 안성시	안성남사당바우덕이축제(민)	752	4	안성시/안성남사당바우덕이 축제위원회	민	10월 05일-09일	5	2001
156	경기도 안성시	안성죽산국제예술제	100	10	(사)웃는돌	예	6월 초 (5일간)	5	1995
157	경기도 안성시	죽산어린이축제	100		안성시/안성남사당바우덕이 축제위원회	관	5월 첫 주 (5일간)	5	2002
158	경기도 안양시	안양문화예술제	100		안양시/안양문화원, 예총안양지부	예	5월		2002
159	경기도 안양시	안양시민축제	350	31	안양시/안양시민축제 추진위원회	주	10월 08일-10일	3	1973
160	경기도 양주군	양주문화제	120	10	양주시	예	10월	2	1994
161	경기도 양주군	양주별산대놀이			별산대놀이보존회/별산대놀이보존회	민	5월경 (1일간)	1	1957
162	경기도 양주군	양주소놀이굿			소놀이굿보존회/소놀이굿보존회	민	4월경		1980
163	경기도 양주군	양주전통민속예술축제	50	2	양주시/양주문화원	민	5월	2	2003
164	경기도 양평군	단월고로쇠축제	20	6	단월면사무소/단월면 고로쇠축제추진위원회	특	3월 13일	1	1999
165	경기도 양평군	백운문화제	20	15	양평군/양평문화원	예	9월 중(1일)	1	1991
166	경기도 양평군	산채아가씨선발대회			양평군/양평군	관	5월	1	1990
167	경기도 양평군	세계사물놀이겨루기 한마당	270		양평군/사물놀이 한울림	관	9월 중(3일)	3	1999
168	경기도 양평군	양동알밤축제	20	3	양동면/양동알밤축제 추진위원회	특	9월	2	2002
169	경기도 양평군	양평개군 산수유축제	20	2	개군산수유축제추진위원회	자	3월 25일-27일	3	2003
170	경기도 양평군	양평맑은물사랑예술제	95	7	양평군/맑은물사랑실천협의회	자	5.28-6.4	8	1998
171	경기도 양평군	양평은행나무축제	220	3	양평군	자	10월	7	2000

연번	지역명	축제명	예산(백만)	개최횟수	주최 및 주관 기관	축제유형	개최시기	기간	최초개최년도
172	경기도 양평군	청운향토마을축제	20	6	청운면사무소/청운향토마을 축제추진위원회	주	4.23-24	2	1999
173	경기도 여주군	명성황후추모제	30	4	여주군/여주문화원	역	10월 08일	1	2000
174	경기도 여주군	세종문화큰잔치	75	36	여주군/여주문화원/한국예총	역	9-11월		1962
175	경기도 여주군	여주도자기박람회	800	16	여주군/여주도자기박람회 추진위원회	특	4.23-6.19	58	1990
176	경기도 여주군	여주진상명품전	300	6	여주진상명품전추진위원회	관	10월		1998
177	경기도 여주군	여주천서리 막국수 축제	50	9	천서리막국수축제추진위원회/ 천서리상인회	특	9월 초	6	1996
178	경기도 연천군	연천군민의날행사			연천군/연천군	주	9월		1969
179	경기도 연천군	연천전곡리구석기축제 (관)	590	12	연천군/연천전곡리구석기 축제추진위	조	5.4-5.8	5	1993
180	경기도 연천군	정월대보름맞이 민속놀이			연천문화원/연천문화원	민	2월 23일	1	1989
181	경기도 오산시	독산성 문화예술제	102	9	오산문화원/오산시	예	9월 14일	1	1996
182	경기도 오산시	시민의날경축행사			오산시/오산시	주	9월 중순 (2일간)	2	1989
183	경기도 용인시	야생화 축제			한국민속촌	관	4월 23일- 5월 22일	30	
184	경기도 용인시	용구문화제	211	19	용인문화원/용인시	예	9월 03일	1	1986
185	경기도 용인시	용인사이버 페스티발	500	4	용인시	관	9.30-10-2	3	2000
186	경기도 의왕시	가정의달시민큰잔치			의왕시/녹색어머니회,참여단체	주	5월경 (8일간)	8	1995
187	경기도 의왕시	의왕단오축제	24	5	의왕문화원	민	6월 11일	1	2000
188	경기도 의왕시	의왕백운예술제	150	3	의왕백운예술제추진위원회	예	10월 08일- 09일	2	2001
189	경기도 의왕시	의왕어린이축제	100	1	의왕시의왕어린이축제위원회	관	5.3-5.5	3	2004
190	경기도 의정부시	의정부국제음악극축제	480	3	의정부예술의전당/의정부국제 음악극축제 집행위원회	예	5월		2002
191	경기도 의정부시	통일예술제	100	11	예총의정부지부/ 예총산하 7개지부	예	5월 중		1993
192	경기도 의정부시	회룡문화제	180	19	의정부문화원	예	10월		1986
193	경기도 이천시	설봉문화제	30	18	설봉문화제추진위원회/ 이천문화원	예	10월	30	1986
194	경기도 이천시	이천도자기축제	800	18	이천도자기축제추진위/이천시	특	4.23-6.19	58	1987
195	경기도 이천시	이천백사산수유꽃축제	50	5	이천백사산수유꽃축제 추진위원회/이천예총	자	3월 25일- 28일	4	2000

연번	지역명	축제명	예산(백만)	개최횟수	주최 및 주관 기관	축제유형	개최시기	기간	최초개최년도
196	경기도 이천시	이천시 장호원 복숭아축제	103	8	장호원복숭아축제추진위원회/경기동부과수농협	특	9.23-9.25	3	1997
197	경기도 이천시	이천햅쌀축제(관)	200	6	이천시/이천햅쌀축제 추진위원회	특	10월 06일-09일	4	1999
199	경기도 파주시	파주어린이책한마당	600	2	민	관	9.30-10.9	10	2003
200	경기도 파주시	파주예술제	70	6	파주시/한국예총 파주지부	예	5.28-29	2	1999
201	경기도 파주시	한여름밤의음악회			파주시/파주문화원, 예총파주지부	예	7월 말 (3일간)	3	1996
202	경기도 파주시	헤이리 페스티발	900	2	헤이리아트밸리건설위원회/헤이리	관	9.24-10.9	16	2003
203	경기도 파주시	파주 장단콩축제(관)		8	파주시/축제추진위	특	11.19-11.21	4	1997
204	경기도 평택시	소사벌한마당축제	22	10	평택시/평택문화원	주	5,6월	1	1995
205	경기도 평택시	지영희 국악경연대회 및 지영희 예술제	30	5	평택시 지영희 기념사업회/중앙극장 예술협회	예	9월	1	2000
206	경기도 평택시	평택농악경연대회	22	4	평택시/평택문화원	민	10월		2001
207	경기도 평택시	평택농업축제			평택시/평택문화원	주	11월	3	1996
208	경기도 포천시	도리돌동장군 축제	100	0	조직위원회/마을자치회	조	1월 07일-29일	23	2005
209	경기도 포천시	반월문화제			포천군/포천문화원	예	5월, 10월		1987
210	경기도 포천시	산정호수 명성산 억새꽃 축제	130	8	조직위원회/포천시	자	10월 08일-09일	2	1997
211	경기도 하남시	하남이성문화축제	100	16	하남시/하남문화원	예	9.24-25	2	1989
212	경기도 화성시	군민대화합한마당 큰잔치			화성군/화성군,화성문화원, 화성군체육회	주	10월 초	3	1973
213	경기도 화성시	별빛축제 및 마린투어	29	2	한국아마추어천문학회/화성시교육청	자	8월	1.5	2004
214	경기도 화성시	정조효행문화제	54	4	화성시	역	5월	2.5	2002
215	경기도 화성시	화성 바지락 축제			화성시/수산업연합회	관	7월 17일	1	
216	경기도 화성시	화성용주사 승무제	60	3	화성시	예	10월	1	2003
217	경기도 화성시	화성포구축제	210		화성시	관	5월		2005
218	경상남도 거제시	거제 고로쇠약수제	15	8	거제시/거제고로쇠약수협의회	특	2월 초	1	1997
219	경상남도 거제시	거제예술제	55	11	한국예술문화단체 거제지부	예	10월 (1개월)	31	1994
220	경상남도 거제시	대금산 진달래 축제	23	6	거제시/대금산진달래 축제추진위원회	자	3월 말-4월 중순	3	1997
221	경상남도 거제시	옥포대첩기념제전	95	42	옥포기념제전위원회/거제문화원	역	6.16-18 (3일간)	3	1962

연번	지역명	축제명	예산(백만)	개최횟수	주최 및 주관 기관	축제유형	개최시기	기간	최초개최년도
222	경상남도 거제시	해양스포츠 "바다로 세계로"	100	11	MBC스포츠국, 마산문화방송 (후원: 경상남도, 거제시)	관	7월 말-8월 초(15일)	15	1994
223	경상남도 거창군	거창국제연극제	582	15	거창군,사단법인거창연극제 육성진흥회/거창군	예	7.31-8.17 (18일간)	18	1989
224	경상남도 거창군	거창사과축제			거창 사과원예농협/참여단체	특	11월 초	1	1995
225	경상남도 거창군	아림예술제	130	43	거창군/아림예술제위원회	예	9.24-9.28 (5일간)	5	1960
226	경상남도 고성군	고성 공룡나라축제	500	4	고성군/(사)고성공룡나라 축제추진위원회	관	4.30-5.8	9	2000
227	경상남도 고성군	당항포 대첩축제	50	3	고성군/당항포축제위원회	역	7월 하순	2	2001
228	경상남도 고성군	소가야문화제	150	29	고성군/소가야문화제보존회	조	10월 01일-03일	3	1959
229	경상남도 고성군	운흥사 영산재	28	274	고성군/운흥사	조	4월		1732
230	경상남도 김해시	가락문화제	400	28	김해시/가락문화제전위원회	민	4.22-4.26	5	1963
231	경상남도 김해시	김해꽃축제			영남화훼조합/참여단체	자	5월 중순 (4일간)	4	1990
232	경상남도 김해시	김해예술제	117	15	김해시/김해예총지부	예	10월 06일-09일	4	1990
233	경상남도 김해시	분청도자기축제	110	9	김해시/김해도예협회	특	10월 08일-16일	9	1996
234	경상남도 김해시	진영단감제	90	20	진영단감제위원회	특	10월 말	2	1985
235	경상남도 김해시	허황옥 실버문화축제	59	2	위원회/복지회관	관	10월	3	2003
236	경상남도 남해군	미조 해산물축제	20	5	남해군/축제추진위	관	5월	2	2001
237	경상남도 남해군	벚꽃축제			남해문화원/남해군	자	4월 중순 (9일간)	9	1996
238	경상남도 남해군	보물섬 마늘축제	217	1	남해군/남해군	특	5.12-5.15	4	2005
239	경상남도 남해군	섬머페스티발	40	2	남해군/상주해수욕장번영회	관	7.29-31	3	2004
240	경상남도 남해군	이충무공노량해전 승첩제	130	5	남해군/이충무공노량해전승첩 제전위원회	역	11월 18일-20일	3	2000
241	경상남도 남해군	정월대보름달맞이축제	10	8	상주면/상주해수욕장번영회	민	2월 23일	1	1997
242	경상남도 남해군	해넘이 해돋이 축제	16		상주면연합청년회	관	1월 01일	1	
243	경상남도 남해군	화전문화제	154	20	화전문화제추진위원회	예	10월 26일-28일	3	1982
244	경상남도 마산시	가고파큰잔치	100	27	시민축제위원회	예	5.1-5.10	10	1978
245	경상남도 마산시	대동제			대동제운영위원회/ 대동제운영위원회	주	2월 말	11	1988
246	경상남도 마산시	마산국화박람회	670	4	마산시/마산국화박람회 추진위원회	관	10월 말	7	2000
247	경상남도 마산시	마산어시장축제	30	5	마산어시장축제위원회	관	9월 중 (3일간)	3	2000

연번	지역명	축제명	예산(백만)	개최횟수	주최 및 주관 기관	축제유형	개최시기	기간	최초개최년도
248	경상남도 마산시	마산예술제			마산예총지부/마산시	예	10월	18	1963
249	경상남도 마산시	만날제	50	22	시민축제위원회	주	9.20-9.22	3	1983
250	경상남도 마산시	세계민속씨름축제				관	5월 1일-7일	7	2005
251	경상남도 마산시	진동 큰줄달리기 및 정월대보름달맞이 행사			민진동면농민후계자협의회/진동면	민	2월 23일	1	1994
252	경상남도 밀양시	밀양문화제			밀양문화제집전위원회/행사참여단체	예	4월 말-5월 초(4일간)	4	1957
253	경상남도 밀양시	밀양아리랑대축제	355	47	위원회/참여단체	역	4월 말	4	1957
254	경상남도 밀양시	밀양여름공연예술축제	300	4	밀양연극촌/연희단거리패	예	7.17-7.31	15	2001
255	경상남도 밀양시	삼랑진 딸기 한마당 축제	45	4	삼랑진농업협동조합/삼랑진농업협동조합	특	3월 말-4월 초	2	2001
256	경상남도 밀양시	시민의날 및 시민체육대회			밀양시/밀양시	주	10월	1	1996
257	경상남도 밀양시	얼음골 동의제			얼음골동의제집전위원회/밀양시 한의사협회	조	8월 중(3일간)	3	1996
258	경상남도 밀양시	얼음골 사과축제	70	8	밀양얼음골 사과축제위원회	특	11월 초	2	1997
259	경상남도 사천시	사천 항공 우주산업축전	403	1	사천시/항공우주산업축전 추진위	관	10월 26일-30일	5	2004
260	경상남도 사천시	사천시 삼천포항 팔포전어 축제			삼천포팔포상가번영회	특	8월(3일간)	3	2002
261	경상남도 사천시	와룡문화제	205	9	사천시/와룡문화제 추진위원회	예	5.7-5.10	4	1995
262	경상남도 사천시	전국생선회축제			삼천포수협	음	5월	3	2005
263	경상남도 산청군	남명 선비문화축제(민)	170	5	산청군, 덕천서원/(사)남명학연구원	역	8.16-18(3일간)	3	2001
264	경상남도 산청군	지리산 한방 약초 축제(관)	500	5	산청군/지리산한방약초 축제위원회	특	5.4-5.8(5일간)	5	2001
265	경상남도 산청군	지리산평화제	55	32	지리산 평화제 위원회	관	10월 10일-11일	2	1973
266	경상남도 양산시	삽량문화제	405	18	삽량문화제제전위/양산문화원	예	10월 02일-03일	2	1986
267	경상남도 양산시	서운암 들꽃축제	40	3	서운암	자	4월 중순	7	2002
268	경상남도 의령군	의령달군달아수박축제	20	5	의령수박축제위/농협	특	5.18 전후	2	2000
269	경상남도 의령군	의병제전	486	32	(사)의병제전위원회/ 20개 사회단체	역	4.20-23(4일간)	4	1972
270	경상남도 진주시	개천예술제	592	54	진주문화예술재단/개천예술제 제전위원회	예	10월 03일-10일	8	1949
271	경상남도 진주시	진주남강유등축제(관)	961	5	진주시, 진주문화예술재단/진주남강유등축제 제전위원회	관	10월 01일-12일	12	2000
272	경상남도 진주시	진주논개제	200	3	진주논개제 제전위원회	역	5.27-29	3	2002
273	경상남도 진주시	진주민속투우대회			진주시, 경남일보/한국진주투우협회	관	10월 초	6	1972

연번	지역명	축제명	예산(백만)	개최 횟수	주최 및 주관 기관	축제 유형	개최 시기	기간	최초 개최 년도
275	경상남도 진해시	진해군항제	613	42	(사)이충무공호국정신선양회	관	3월 26일-4월 04일	10	1963
276	경상남도 진해시	진해예술제	50	17	(사)한국예술단체총연합회 진해지부	예	10월 08일-17일	10	1988
277	경상남도 창녕군	3.1민속문화제 (민)	200	43	3.1민속문화 향상회/ 3.1민속문화 향상회	민	2월 28일-3월 03일	4	1961
278	경상남도 창녕군	부곡온천제	100	11	부곡관광 협의회/ 부곡관광 협의회	조	9월 중	3	1994
279	경상남도 창녕군	비사벌문화제	40	18	창녕문화원/ 비사벌 문화제 위원회	예	10월 07-09일	3	1987
280	경상남도 창녕군	화왕산 갈대제	15	33	배바우산악회/ 화왕산 갈대제전 위원회	관	10월 초	1	1971
281	경상남도 창녕군	화왕산 억새태우기			창녕군/배바우산악회	자	3년제		1995
282	경상남도 창원시	비음산 진례산성 진달래축제	5	10	창원문화원	자	4월 중 1일	1	1995
283	경상남도 창원시	시민건강축제	50	2	창원시/보건소	주	4월 01일-02일	2	2003
284	경상남도 창원시	시민의날기념축제			창원시/창원시	주	4월 중 (9일간)	9	1981
285	경상남도 창원시	창원 야철 축제			창원시/야철축제 제전위원회	자	3월 31일-4월 01일	2	1982
286	경상남도 창원시	창원남산상봉제	15	7	축제위원회	민	9.24-9.25	2	1998
287	경상남도 창원시	창원단감축제			창원시/창원시 농업경영인 후계자연합	특	10월 말	2	1994
288	경상남도 창원시	창원수박축제	34	13	창원수박축제 위원회	특	5월 말 (2일간)	2	1992
289	경상남도 창원시	창원예술제			창원시/창원예총, 대한시우회창원지회	예	10월-11월	30	1988
290	경상남도 창원시	창원책문화축제			창원시/창원책문화추진위원회	관	10월	7	2002
291	경상남도 창원시	천주산 진달래축제	7	9	창원시/천주산 진달래 축제위원회	자	4월 중 (1일간)	1	1996
292	경상남도 창원시	평생학습축제	100	0	창원시/교육청	관	10월	3	2005
293	경상남도 통영시	경남국제음악콩쿠르	250		마산MBC, 통영문화재단, (재)통영국제음악제	예	11월 06일-13일	8	2003
294	경상남도 통영시	통영국제음악제	1,600	3	통영시, 마산MBC, 월간객석, (주)통영국제음악제	예	3월-11월		2002
295	경상남도 통영시	통영나전칠기축제	125		전통공예관운영위원회, 무형문화재보존협회 (나전칠기축제위원회)	특	8.14-17 (4일간)	4	1998
296	경상남도 통영시	한산대첩축제	710	43	통영시, 한산대첩기념제전위원회	역	8.14-17 (4일간)	4	1962
297	경상남도 하동군	개천대제	50	18	청학선원배달성전	민	10월 셋째 주 토일(2일간)	2	1985
298	경상남도 하동군	고로쇠 약수제	10	13	고로쇠생산자협의회	특	3월 31일 (경칩 전후)	1	1991

연번	지역명	축제명	예산(백만)	개최횟수	주최 및 주관 기관	축제유형	개최시기	기간	최초개최년도
299	경상남도 하동군	나림 이병주 문학제	30	3	나림이병주기념사업회	예	4월	1	2002
300	경상남도 하동군	악양 대봉감 축제	50	5	악양청년회	특	10월 말	3	2000
301	경상남도 하동군	전어축제	35	2	술상 어촌계/진교면 청년회	특	8월 중 (2일간)	2	2003
302	경상남도 하동군	참숭어축제	80	4	하동군수산업협동조합	특	10월	3	2001
303	경상남도 하동군	토지문학제	40	4	하동군/추진위	예	10월 둘째 수 토일	2	2001
304	경상남도 하동군	하동 야생차 문화축제(관)	300	9	하동군/하동야생차문화축제추진위원회	특	5.19-22	4	1995
305	경상남도 하동군	형제봉철쭉제	3		악양 산우회	자	5월 初 (1일간)	1	1993
306	경상남도 하동군	화개장터 벚꽃축제	130	12	하동군/화개면청년회	자	4월 04일-4월 06일	3	1993
307	경상남도 함안군	아라제	450	18	아라제위원회/기관.사회단체	예	4.14-4.16	3	1983
308	경상남도 함양군	천령제			천령제위원회/함양군	예	10월 초	3	1962
309	경상남도 함양군	함양물레방아축제	130	43	함양군/함양물레방아 축제위원회	조	10월 15일-17일	3	1962
310	경상남도 합천군	대야문화제	180	21	대야 문화제 추진위원회/합천군체육회	주	10월	5	1982
311	경상남도 합천군	팔만대장경축제(관)	150	5	합천군/제전위	조	10월	4	2000
312	경상남도 합천군	황강레포츠축제	20	1	합천군/청년회의소	관	7월 말	2	2004
313	경상남도 합천군	황강모래축제			합천청년회의소/유관기관단체	자	8월 초 (3일간)	3	1995
314	경상남도 합천군	황매산철쭉제	15	8	합천군/제전위	자	5월 초순 (7일간)	7	1997
315	경상북도 경산시	시민의 날 기념축제			경산시/참여단체	주	10월 중순	4	1996
316	경상북도 경산시	시민체육대회			경산시/경산시체육회	주	10월 (2일간)	2	미상
317	경상북도 경산시	자인 단오 한장군놀이(민)	273	29	경산시/한장군 놀이 보존회	민	6.10-12	3	1946
318	경상북도 경주시	경주버섯축제	80	7	건천버섯연구회/농협	특	4월 말	1	2005
319	경상북도 경주시	경주한국의술과떡잔치(관)	620	7	경주시/한국의술과떡잔치 추진위원회	관	3월 26일-31일	6	1998
320	경상북도 경주시	신라문화제(민)	332	32	경주시/신라문화선양회	조	10월 07일-09일	3	1962
321	경상북도 고령군	고령딸기축제			쌍림딸기영농조합	특	3월 중순		2003
322	경상북도 고령군	대가야문화예술제			고령군/각종 사회단체	예	6월경		1973
323	경상북도 고령군	대가야체험축제	738	1	고령군/추진위	조	4.2-4.5	4	2005

연번	지역명	축제명	예산(백만)	개최횟수	주최 및 주관 기관	축제유형	개최시기	기간	최초개최년도
324	경상북도 고령군	성산메론축제			성산메론작목반연합회	특	5월 중순경		2003
325	경상북도 고령군	우곡그린수박축제			우곡수박작목반연합회	특	5월 중순경		2003
326	경상북도 구미시	구미축제			구미시/체육회 구미문화원 예총지부	주	10월	23	1991
327	경상북도 구미시	금오대제			구미시/구미문화원	예	2월 04-05일	2	2001
328	경상북도 구미시	박록주추모기념 전국구악대전			구미시/박록주기념사업회	예	11월	2	2001
329	경상북도 군위군	군위군민대축제			군위군/군위군	주	10월	1	1975
330	경상북도 김천시	김천시문화제			김천시/김천문화원	주	10월	20	1967
331	경상북도 김천시	김천예술제	56	12	김천시/예총김천지부	예	10월	30	1993
332	경상북도 김천시	김천포도축제	100	8	김천시/농협김천시지부	특	미정	9	1998
333	경상북도 김천시	정월대보름달맞이행사	30	7	김천시/김천문화원	민	2월 23일	1	1998
334	경상북도 김천시	황악산 산채음식축제	100	5	황악산산채음식축제 추진위원회	음	4월 말	3	2000
335	경상북도 문경시	문경마운틴 페스티발	250	2	문경시/문경산악체전 추진위원회	관	8.20-23	4	2003
336	경상북도 문경시	문경찻사발축제(관)	160	6	문경시/문경전통찻삽라축제 추진위원회	특	4.30-5.8	9	1999
337	경상북도 문경시	영강문화제			영강문화제추진위원회/문경시문경문화원	예	10월		1974
338	경상북도 문경시	자인단오 한장군놀이			경산시/(사)한장군놀이보존회/경상문화원 등	민	2월 23일	1	1936
339	경상북도 봉화군	명호이나리강변축제			봉화군/명호이나리강변축제 추진위원회	관	7월 말-8월 초 중(2일간)	2	2001
340	경상북도 봉화군	봉성돼지숯불요리축제	30	8	봉성면돼지숯불요리 축제위원회	관	10월	2	1997
341	경상북도 봉화군	봉화송이축제(관)	200	8	봉화군/축제추진위원회	특	9.22-25	4	1997
342	경상북도 봉화군	봉화은어축제	145	6	봉화군/봉화군축제위원회	특	8.3-7	5	1999
343	경상북도 봉화군	재산수박축제	30	6	추진위/추진위	특	8월 말 중 (2일간)	2	1997
344	경상북도 봉화군	청량문화제	29	23	봉화군/봉화문화원	예	9.22-25	4	1982
345	경상북도 봉화군	춘양목축제			봉화군/춘양목축제추진위원회	예	5월 중순 (2일간)	2	2001
346	경상북도 상주시	상주문화제			상주문화원/상주로타리클럽외 9개단체	주	10월		1970
347	경상북도 상주시	상주예술제			한국예총상주지부/미협 상주지부 등 7개단체	예	5월		1997
348	경상북도 상주시	상주자전거축제	232	6	상주시/상주자전거 축제추진위원회	관	10월 초	3	1999

연번	지역명	축제명	예산(백만)	개최횟수	주최 및 주관 기관	축제유형	개최시기	기간	최초개최년도
349	경상북도 상주시	한여름밤의축제	19	6	한국예총 상주지부/참여단체	예	7월	4	1999
350	경상북도 성주군	군민체전			성주군/성주군	주	격년제(1일간)	1	1956
351	경상북도 성주군	성주막걸리축제			성주군/막걸리축제추진위원회	특	5월(3일)	3	
352	경상북도 성주군	성주참외축제	593	1	성주군/참외축제추진위원회	특	4.29-5.1	3	2004
353	경상북도 성주군	전국민족극한마당			(사)민극협/집행위원회	예	8월 초순(5일)	5	1988
354	경상북도 안동시	안동국제탈춤페스티발(관)	990	8	안동시/안동국제탈춤페스티발추진위원회	민	10월 01일-10일	10	1997
355	경상북도 안동시	안동민속축제	110	34	안동시/안동문화원	민	10월 01일-10일	10	1968
356	경상북도 영덕군	군민의 날 복사꽃축제	35	25	영덕군/영덕문화원	주	4.12-4.15	4	1985
357	경상북도 영덕군	묵은문화제	30	1	영덕군/추진위	역	5.13-14	2	2003
358	경상북도 영덕군	복사꽃큰잔치			영덕군/영덕문화원	자	4월 중순(2일간)	2	1984
359	경상북도 영덕군	영덕대게축제	40	7	영덕군/영덕대게축제추진위원회	특	4.15-4.17	3	1998
360	경상북도 영덕군	영덕비치드레그레이스대회			영덕군/한국자동차협회	관	7.3-7.4(2일간)	2	
361	경상북도 영덕군	영덕해맞이축제	80	8	영덕군/영덕관광진흥협의회	관	12월 31일-1월 01일	2	1997
362	경상북도 영덕군	영덕해변축제			영덕군/영덕관광진흥협의회	관	7.24-8.1(일간)	1	1999
363	경상북도 영덕군	영해 3.1문화제	20	25	영덕군/영해애향청년회	주	2월 28일-3월 01일	2	1985
364	경상북도 영덕군	오십천은어축제	25	6	영덕군/영덕청년회의소	특	7.23-7.24	2	1999
365	경상북도 영덕군	팔각산단풍음악회	30	2	영덕군/영덕문화원	예	10월 21일	1	2002
366	경상북도 영양군	영양고추문화축제	400	3	영양군/추진위	특	9,10월	3	2000
367	경상북도 영양군	일월산 산나물축제	93	0	영양군/영양군	특	5.21-22	2	2005
368	경상북도 영주시	단산포도축제	20	4	단산포도작목반	특	9.17-18	2	2001
369	경상북도 영주시	부석사 화엄축제	50	2	영주시/축제조직위	조	5.28-29	2	2003
370	경상북도 영주시	부석사과축제	20	4	부석면발전협의회	특	10월 15일-16일	2	2001
371	경상북도 영주시	소백문화제			영주문화원/영주시	예	10월 중순	6	1987
372	경상북도 영주시	소백산 철쭉제	40	8	영주시/영주문화원	자	5.28-29	2	1997
373	경상북도 영주시	영주 푸른강수욕축제	70	1	영주시/축제조직위	자	7.30-8.7	9	2004

연번	지역명	축제명	예산(백만)	개최횟수	주최 및 주관 기관	축제유형	개최시기	기간	최초개최년도
375	경상북도 영천시	보현산별빛문화축제	150	1	영천시/별빛문화체험축제 추진위원회	자	5.5-5.8	4	2004
376	경상북도 영천시	영천시민축제 (시민의날)			영천시/영천문화원 예총지부	주	10월 초	11	1996
377	경상북도 영천시	영천한약축제	500	2	경상북도,영천시/ 농협영천시지부	특	10월	5	2003
378	경상북도 영천시	최무선장군 추모제			영천시/기념사업회	역	4월 말 (4일간)	4	1995
379	경상북도 예천군	군민민속놀이대회			예천군생활체육협의회	주	1/2월		1994
380	경상북도 예천군	예천문화제			예천군/예천문화원	예	10월	4	1977
381	경상북도 울릉군	우산문화제	100	7	울릉군/울릉문화원	예	10월	3	1996
382	경상북도 울릉군	울릉도오징어축제	100	4	울릉군/울릉도오징어축제 추진위원회	특	8월	4	2000
383	경상북도 울진군	백암온천제	100	9	울진군/울진백암온천제 집행위원회	조	8월 중	4	1996
385	경상북도 울진군	울진대게축제	100	5	울진/울진대게축제추진위원회	특	4월 초	3	2000
386	경상북도 울진군	울진송이축제	100	3	울진군/울진송이축제 추진위원회	특	10월 초	3	2000
387	경상북도 울진군	울진왕피천여름즐기기			울진군/왕피천여름즐기기 추진위원회	관	7월 말		2003
388	경상북도 울진군	평해남대천단오제	57	21	울진군/평해읍청년회	민	6.10-11	2	1984
389	경상북도 의성군	사곡 작약꽃축제			삭곡면/사곡면	자	5월 초 (1일간)	1	1986
390	경상북도 의성군	의성문화제			의성군/의성군	예	10월	2	1980
391	경상북도 청도군	달집놀이			새마을지회/청도군	민	2월 23일	1	1996
392	경상북도 청도군	도주문화제			청도문화원/청도군	예	10월		1983
393	경상북도 청도군	정월대보름 민속문화축제	40	4	청도군/청도문화원	민	2월 23일	1	2000
394	경상북도 청도군	청도국제소싸움축제	850	6	청도군/청도투우추진위	관	3월 12일-16일	5	1999
395	경상북도 청도군	화양줄다리기			청도문화원/청도군	민	2월 23일	1	미상
396	경상북도 청송군	주왕산 수달래축제	55	19	청송군/추진위	자	4.30-5.2	4	1986
397	경상북도 청송군	청송 사과축제	250	1	추진위/청송군	특	10월 21일-23일	3	2004
398	경상북도 청송군	청송문화제	69	16	청송군/청송 문화제 추진위원회	예	10월 21일-23일	3	1971
399	경상북도 칠곡군	아카시아벌꿀축제	180	4	칠곡군/칠곡문화원	특	5.7-11	5	1999
400	경상북도 칠곡군	칠곡문화제			칠곡군/칠곡문화원	예	10월	1	1985

연번	지역명	축제명	예산(백만)	개최횟수	주최 및 주관 기관	축제유형	개최시기	기간	최초개최년도
401	경상북도 포항시	북부해변축제			포항시/대구신문	관	7월 말-8월 초		2000
402	경상북도 포항시	세계해병전우인축제	200	1	포항시/행사대행사	관	7,8월	3	2004
403	경상북도 포항시	송도해변축제			포항시/경북일보	관	7월 말-8월 초		
4041 999	경상북도 포항시	영일만축제	150	5	포항시/포항문화원	예	10월	5	1996
405	경상북도 포항시	지역특산품축제 및 문화행사	30	7	포항시/행사대행사	관	12월	4	1997
406	경상북도 포항시	포항과메기축제	50	6	포항시/행사대행사	특	12월 말-익년도 1월 초	3	1999
407	경상북도 포항시	포항단오절축제	48	9	포항시/포항문화원	민	단오절(음력 5월 5일)	1	1996
408	경상북도 포항시	포항바다국제연극제	120	5	포항시, 포항연극협회/포항바다연극제집행위원회	예	7월 말-8월 초	10	2001
409	경상북도 포항시	포항불빛축제	Posco	1	포항시posco	관	6월	1	2004
410	경상북도 포항시	포항해변축제	50	0	포항시/행사대행사	관	7,8월	1	2005
411	경상북도 포항시	호미곶 해맞이 축전	130	6	포항시/행사대행사	관	12월 31일-1월 01일	2	1999
412	광주광역시 광산구	광산구민의 날			광산구/광산구	주	4월 20일 (1일간)	1	1992
413	광주광역시 광주광역시	광주 김치대축제(관)	540	11	광주광역시	관	11월	5	1994
414	광주광역시 광주광역시	광주 충장로축제	480	2	광주광역시/추진위	역	10월		2004
415	광주광역시 광주광역시	광주국제영화제	1,000	4	(사)광주국제영화제조직위원회	예	8.26-9.4	10	2001
416	광주광역시 광주광역시	광주디자인프레-비엔날레	1,500		광주광역시/광주광역시	예	6.18-6.27	10	2004
417	광주광역시 광주광역시	광주비엔날레	9,600		(재)광주비엔날레?광주광역시/(재)광주비엔날레	예	9.10-11.13 (99일간, 2년마다 개최)	99	1995
418	광주광역시 광주광역시	광주세계민속예술축제	500		광주광역시	관	10월 02일-10일	9	2004
419	광주광역시 광주광역시	무등축제			광주광역시/참여단체	주	11월 초	12	1989
420	광주광역시 광주광역시	문화수도 선포기념 페스티발	250	0	광주광역시/추진위	관	9,10월		2005
421	광주광역시 광주광역시	임방울국악제	300	13	광주광역시/임방울기념광주국악진흥재단	예	5.4-5.9	5	1992
422	광주광역시 남구	고싸움놀이 축제	40	22	고싸움놀이보존회	민	2월 22일-23일	2	1983
423	광주광역시 남구	구민의 날			광주광역시 남구/광주광역시남구문화원	주	5.6-5.9 (4일간)	4	2004
424	광주광역시 남구	한국 콩축제(관)	30	2	광주남구/추진위	특	10월 26일-30일	5	2003

연번	지역명	축제명	예산(백만)	개최횟수	주최 및 주관 기관	축제유형	개최시기	기간	최초개최년도
425	광주광역시 남구	효사랑 65축제	111	2	광주광역시 남구/광주광역시남구효사랑65축제추진위원회	관	5월	5	2003
426	광주광역시 동구	추억의 7080 충장로 축제			광주광역시 동구/동구문화축제추진위원회	관	10월		2004
427	광주광역시 동구	충장로축제			충장로상가번영회/충장로상가번영회	관	10월	8	1994
428	광주광역시 북구	가을꽃축제			광주광역시 북구/광주광역시 북구	자	10월 22일-11월 01일	11	1999
429	광주광역시 북구	봄꽃축제			광주광역시 북구/광주광역시 북구	자	4월 02일-4월 12일	11	1999
430	광주광역시 북구	자미축제	130	7	광주광역시 북구/자미탄재현추진위원회	역	10월		1998
431	광주광역시 북구	태봉대축제			북구청/북구청	주	5월		1995
432	광주광역시 서구	구민의 날 축제			서구/서구	주	4월 말 (1일간)	1	1994
433	광주광역시 서구	서창 만드리 풍년제			광주광역시 서구/서창만드리추진위원회	민	7.29 예정	1	1999
434	광주광역시 서구	전국 연날리기 및 민속놀이 대회			삼애연맹(전국연날리기추진위원회)	민	2월 01일	1	1986
435	대구광역시 남구	대덕제	45	15	대구광역시 남구/남구문화원	예	4/5월	3	1987
436	대구광역시 달서구	달서구민 한마당 큰잔치	42	13	대구광역시 달서구	주	5월		1989
437	대구광역시 달서구	두류축제			달서구/달서구	특	5월경 (1일간)	1	1989
438	대구광역시 달성군	달성군민축제			달성문화원/달성군체육회	주	10월	3	1996
439	대구광역시 달성군	비슬산 참꽃 축제	100	8	대구광역시 달성군/달성문화원	자	4.16-24	9	1997
440	대구광역시 대구광역시	달구벌축제			대구광역시/예총대구지회	주	10월	3	1981
441	대구광역시 대구광역시	대구 아리랑제	200		대구광역시/민족화해협력범국민협의회	역	8.14-16	3	2003
442	대구광역시 대구광역시	대구국제오페라축제	900	1	대구광역시(대구오페라하우스)/대구국제오페라축제조직위원회	예	9.26-10.29	34	2004
443	대구광역시 대구광역시	대구문화예술축제			대구광역시/한국예총 대구지회	예	8월		2004
444	대구광역시 대구광역시	대구섬유, 패션축제			대구광역시/대구경북섬유산업협회	관	3월 및 9월		1985
445	대구광역시 대구광역시	대구시민퍼레이드축제	600	0	대구광역시/추진위	주	9월	8	2005
446	대구광역시 대구광역시	대구약령시축제(관)	200	27	대구광역시(중구청)/(사)약령시보존위원회	조	5.4-8	5	1978
447	대구광역시 동구	팔공고려문화제전			대구광역시 동구/동구팔공문화원	역	9월		2000
448	대구광역시 동구	팔공축제			동구청/동구청	주	10월 중순	4	1987

연번	지역명	축제명	예산(백만)	개최횟수	주최 및 주관 기관	축제유형	개최시기	기간	최초개최년도
449	대구광역시 북구	북구문화예술제	38	4	북구문화예술회관	예	10월	2	2001
450	대구광역시 북구	북구민한마음축제			북구청	주	10월		1996
451	대구광역시 북구	오봉산 아카시아축제	19	6	청년협의회	특	5월	2	1993
452	대구광역시 북구	옻골 문화축제	45	10	대구칠곡청년봉사회	예	5월	2	1994
453	대구광역시 서구	날뫼축제			서구/서구	주	5월 초 (1일간)	1	1993
454	대구광역시 수성구	수성구민 한마당잔치			수성구	주	5월 또는 10월		1987
455	대구광역시 수성구	수성들안길맛축제	250	1	대구광역시 수성구/수성구축제추진위원회	예	5.11-15	5	2004
456	대구광역시 중구	남산인쇄문화축제	68	5	남산인쇄정보산업협의회	관	10월	3	2000
457	대구광역시 중구	동성로축제	148	15	달성문화선양회	주	5월	3	1990
458	대구광역시 중구	봉산미술제	53	12	봉산문화협회	예	10월	10	1993
459	대전광역시 대덕구	동춘당문화제	40	9	대덕구/대덕구문화원	예	4.24-25	2	1996
460	대전광역시 대덕구	신탄진봄꽃제	36	15	대덕구/대덕구문화원	자	4.9-11	3	1990
461	대전광역시 대덕구	한여름밤 열린 음악회			대덕구/대덕구문화원	예	8월 말 (1일간)	1	1996
462	대전광역시 대전광역시	대전사이언스페스티발			대전광역시/엑스포과학공원	관			
463	대전광역시 대전광역시	한밭문화제	400	22	대전광역시/한국예총대전광역시연합회	예	10월	3	1983
464	대전광역시 동구	3.16 인동장터 독립만세운동 재현			대전광역시 동구/동구문화원	역	3월 16일	1	2000
465	대전광역시 동구	식장산 봄꽃축제	14	5	대전광역시 동구/동구문화원	자	4월경	1	2000
466	대전광역시 동구	우암문화제			남간사유회/동구	역			1995
467	대전광역시 동구	판암골 단오한마당 축제	6	5	대전동구/동구문화원	민	6월 11일	1	2000
468	대전광역시 서구	갑천문화제	40	9	대전광역시 서구/서구문화원	민	5월	3	1996
469	대전광역시 유성구	유성 온천.과학문화제			유성 온천과학문화제추진회	조	10월 중순	4	1989
470	대전광역시 유성구	유성건강 페스티발	300	3	대구광역시 유성구/유성페스티발추진위원회	관	10월	2	2001
471	대전광역시 중구	으느정이 문화거리	98	10	대전중구/은행동상가번영회	관	5월	7	1995
472	대전광역시 중구	으능정이 문화제			중구/중구문화원	예	11월		1996
473	대전광역시 중구	추석맞이 대들보 열린음악회			중구/중구문화원	민	9월경 (1일간)	1	1996

연번	지역명	축제명	예산(백만)	개최횟수	주최 및 주관 기관	축제유형	개최시기	기간	최초개최년도
474	부산광역시 강서구	가덕도숭어들이축제	미정	4	추진위	특	4월 초순경	3	2000
475	부산광역시 강서구	강변축제	40	1	추진위	관	7월 말	2	2004
476	부산광역시 강서구	강서축제			강서구청/강서구청	주	10월		1988
477	부산광역시 강서구	대저토마토축제	70	3	추진위	특	3월 말		2001
478	부산광역시 강서구	명지시장전어축제	45	4	명지시장 상우회	특	9월 초	3	2001
479	부산광역시 금정구	금샘제 문화행사	49	2	금정구	예	5월 25일	1	2003
480	부산광역시 금정구	금정예술제	102	9	금정구	예	10월	5	1996
481	부산광역시 금정구	범어사개산문예대제전	450	3	범어사	조	10월	4	2002
482	부산광역시 금정구	불교문화대제			범어사/부산광역시 불교연합회, 조계종 제14교구범어사신도회	예	10월	3	2002
483	부산광역시 금정구	정월대보름행사	9	3	금정구	민	2월 23일	1	2002
484	부산광역시 기장군	기장 해변축제			기장군/해변축제추진위원회	관	8월경 (2일간)	2	1996
485	부산광역시 기장군	기장갯마을마당극축제	50	9	기장군	예	7월 말	4	1996
486	부산광역시 기장군	기장멸치축제	120	8	기장멸치축제추진위원회	특	4월	3	1997
487	부산광역시 기장군	기장붕장어축제	100	5	기장붕장어추진위	특	10월	3	2000
488	부산광역시 기장군	연화리붕장어축제			연화리붕장어축제추진위원회/기장군	특	10월 22일-23일	2	2001
489	부산광역시 기장군	차성문화제			기장군/차성문화제추진위원회	예	10월	2	1995
490	부산광역시 기장군	철마한우축제			철마한우축제추진위원회/기장군	특	9.17-9.18	2	2004
491	부산광역시 기장군	해맞이축제	15	5	기장군	관	1월 01일	1	2000
492	부산광역시 남구	오륙도축제	102	8	(사)부산남구문화관광축제조직위원회	자	10월 07일-09일	3	1997
493	부산광역시 남구	이기대 달맞이축제	10	5	남구문화관광축제조직위	민	2월 23일	1	2000
494	부산광역시 동구	동구민의 날 기념축제			동구청	주	5월경 (15일간)	15	1993
495	부산광역시 동구	상해거리축제	165	1	상해거리 축제 추진위원회	조	10월	3	2004
496	부산광역시 동구	좌천동 가구축제	40		좌천동가구축제위	관	10월	10	1992
497	부산광역시 동래구	동래 3.1 독립만세 재현	25	9	동래구/동래문화원	역	3월 01일	1	1996
498	부산광역시 동래구	동래 충렬제	550	10	동래구/동래문화원	역	10월 셋째 수-일요일 (5일간)	5	1995

연번	지역명	축제명	예산(백만)	개최 횟수	주최 및 주관 기관	축제 유형	개최 시기	기간	최초 개최 년도
499	부산광역시 부산광역시	부산국제락페스티발	400	5	부산시/축제조직위	예	8.5-10일경	6	2000
500	부산광역시 부산광역시	부산국제영화제	3,300	9	부산국제영화제조직위원회	예	10월 06일-14일	9	1996
501	부산광역시 부산광역시	부산바다축제	500	9	부산광역시/(사)부산문화관광축제조직위원회	관	8월 1일-4일	4	1996
502	부산광역시 부산광역시	부산비엔날레	4,172	3	부산광역시/(사)부산비엔날레조직위	예	5-10월		1998
503	부산광역시 부산광역시	조선통신사 행렬재현	1,000	4	조선통신사문화사업추진위	역	9월	1	2001
504	부산광역시 부산광역시	해맞이 축제	100	6	부산시/부산문화관광축제조직위원회	관	12월 31일-1월 01일	2	2000
505	부산광역시 부산진구	새해 해맞이 행사	6	5	부산진구	관	1월 01일	1	2000
506	부산광역시 부산진구	서면문화예술추제	99	5	부산진구문화예술인협의회	예	10월	3	2000
507	부산광역시 부산진구	시민 한마당축제			부산진구청	주	10월	3	1990
508	부산광역시 북구	구포장터 3.1만세운동 재현 행사	18	6	낙동문화원	역	3월 01일	1	1999
509	부산광역시 북구	낙동민속달맞이행사	9	15	낙동민속보존회	민	2월 23일	1	1990
510	부산광역시 북구	낙동민속예술제	48	12	낙동문화원	민	10월 중순	7	1993
511	부산광역시 사상구	사상강변축제	82	5	사상문화원	관	5월하순	2	2000
512	부산광역시 사상구	사상전통달집놀이	11	5	사상문화원	민	2월 23일	1	2000
513	부산광역시 사상구	사상팔경축제			사상구청/사상문화원, 사상체육회	관	10월	3	1995
514	부산광역시 사하구	노을속의 문화축제	61	1	장림다대환경문화디딤돌	예	8.14-15	2	2004
515	부산광역시 사하구	다대포 해넘이축제	69	2	부산광역시 사하구	관	12월 31일	1	2003
516	부산광역시 사하구	사하구민대축제			사하구청/사하구청	주	10월 초		1983
517	부산광역시 사하구	을숙도 강변음악회			사하구청년회/사하구청	예	8월-9월 중 (1일간)	1	1994
518	부산광역시 서구	구덕골 문화예술제	35	6	서구문화회	예	10월	2	1999
519	부산광역시 서구	송도바다축제	70	11	서구청	관	8.3-8.4	2	1995
520	부산광역시 서구	송도해상달집축제	13	4	송도달집축제추진위원회	민	2월 23일	1	2001
521	부산광역시 수영구	광안리어방축제(관)	143	4	수영구축제추진위원회	관	4.2-5	4	2001
522	부산광역시 수영구	수영전통달집놀이	7	8	(사)수영고적민속예술보존협회	민	2월 23일	1	1997
523	부산광역시 수영구	수영전통민속예술제	30	33	수영고전민속예술보존협	예	6월		1972

연번	지역명	축제명	예산(백만)	개최횟수	주최 및 주관 기관	축제유형	개최시기	기간	최초개최년도
524	부산광역시 연제구	연제구민축제			연제구청/연제구청	주	10월		1995
525	부산광역시 연제구	온천천 문화축제	80	2	연제구	예	4.2-3	2	2003
526	부산광역시 영도구	신석기 패총축제	미정		부산시 영도구	조	10월		2005
527	부산광역시 영도구	절영축제	15	13	부산광역시 영도구	예	10월		1993
528	부산광역시 영도구	정월대보름 달집태우기	17		동삼1동달집태우기 및 민속축제추진위원회	민	2월 23일	1	1996
529	부산광역시 영도구	청학2동 벚꽃축제	미정		축제추진위원회	자	4월		2005
530	부산광역시 영도구	풍어제	14		풍어제추진위원회	민	4월 11일	1	1962
531	부산광역시 영도구	함지골문화축제	8	7	함지골문화축제추진위원회	예	10월		1998
532	부산광역시 중구	40계단 문화축제	15	6	40계단 문화사업회	조	6월	1	1999
533	부산광역시 중구	광복로 거리패션쇼	10	6	부산광역시 중구청	관	9월	1	1999
534	부산광역시 중구	보수동 문화축제	미정		보수동책방골목번영회	조	미정		2005
535	부산광역시 중구	자갈치문화관광축제(관)	375	13	(사)부산자갈치문화관광 축제위원회	관	10월 12일-16일	5	1992
536	부산광역시 중구	중구민축제			중구청/중구청	주	10월 중순	1	
537	부산광역시 중구	HIP-HOP 댄스 페스티발	12	6	부산광역시 중구청	예	5월	1	1999
538	부산광역시 중구	PIFF광장 여는 마당	10	6	부산광역시 중구청	관	10월	1	1999
539	부산광역시 중구	PIFF광장 열린문화관광이벤트	38	2	부산광역시 중구청	관	3월- 10월		2003
540	부산광역시 해운대구	달맞이 언덕축제	70	7	해운대문화관광협의회	자	8.6-8	3	1998
541	부산광역시 해운대구	달맞이.온천축제	51	23	(사)해운대지구발전협의회	민	2월 22일-23일	2	1982
542	부산광역시 해운대구	북극곰수영대회			부산웨스틴조선호텔	관	1월 30일	1	
543	부산광역시 해운대구	송정미역축제	15		송정축제추진위	특	2월 22일-23일	2	
544	부산광역시 해운대구	송정해변축제	48	9	해운대문화관광협의회	관	8. 1-8. 4	4	1996
545	부산광역시 해운대구	장산제	99		해운대를 사랑하는 모임	관	10월		
546	부산광역시 해운대구	최치원선생추념 헌공다례제	3	10	해운대문화예술원	역	8월 01일	1	1995
547	부산광역시 해운대구	해운대 해맞이 축제			해운대구/(사)해운대문화관광 협의회	관	1월 01일	1	
548	부산광역시 해운대구	해운대 Beach Festival	80	22	해운대문화관광협의회	관	8. 2-8. 4	3	1983

연번	지역명	축제명	예산(백만)	개최횟수	주최 및 주관 기관	축제유형	개최시기	기간	최초개최년도
549	부산광역시 해운대구	해운대구민축제			해운대구/해운대구	주	10월	1	1990
550	서울특별시 강남구	강남문화제			강남구/KMTV	예	5월 말 (3일간)	3	1996
551	서울특별시 강동구	강동선사문화축제	198	9	강동구	조	10월 14일-16일	3	1996
552	서울특별시 강동구	세계통과의례 페스티발			서울특별시/세계통과의례 페스티발	관	6.11-13	3	2000
553	서울특별시 강북구	삼각산 축제	25	8	강북문화원	예	10월 03일	1	1997
554	서울특별시 강서구	강서구민축제			강서구민축제위원회/강서문화원	주	10월 첫째 주 토일(2일간)	2	1993
555	서울특별시 강서구	醫聖 "허준" 축제	62	6	강서구/강서문화원	역	10월 08일-09일	2	1999
556	서울특별시 관악구	관악산철쭉제	147	17	관악구/관악문화원	자	4.29-5.1	3	1988
557	서울특별시 관악구	낙성대 인헌제	58	18	관악구/관악문화원	역	10월 둘째 주 토요일	1	1988
558	서울특별시 광진구	아차산 해맞이 축제	50	6	광진구/광진문화원	관	1월 01일	1	2000
559	서울특별시 구로구	구로문화축제	390	3	구로구/구로구	주	10월 01일-03일	3	2003
560	서울특별시 금천구	금천 열린문화축제	60	11	금천구/금천구	예	10월 11일-15일	5	2003
561	서울특별시 금천구	금천벚꽃축제	40	4	금천구/금천구	자	4월 07일-09일	3	2003
562	서울특별시 금천구	활기찬 금천구민축제			금천구/금천구	주	10월		1995
563	서울특별시 노원구	마들축제	115	10	노원구/노원구	주	10월	2	1996
564	서울특별시 도봉구	가을음악제			도봉구/도봉구	예	10월	1	1996
565	서울특별시 도봉구	도봉산 서원마을축제			도봉문화원/문화.역사마을 만들기 도봉구추진협의회	조	10월 23일	1	2004
566	서울특별시 도봉구	도봉산축제			도봉구/도봉구	주	5월 1일-5일	5	1996
567	서울특별시 도봉구	팝스콘서트			도봉구/도봉구	예	8월경 (5일간)	5	1995
568	서울특별시 동대문구	서울약령시축제	254	10	(사)서울약령시협회	조	5월	5	1995
569	서울특별시 동대문구	선농제향	65	26	동대문구/동대문문화원, 청룡문화제보존위원회	민	4.20일 곡우날	1	1979
570	서울특별시 동대문구	청룡문화제	60	15	동대문구, 동대문문화원/청룡제향 보존위원회	민	10월 24일	1	1991
571	서울특별시 동작구	노들한마당 축제			동작구	주	4월경		1992
572	서울특별시 동작구	사육신 추모제전	26	9	동작문화원	역	10월 08일-09일	2	1996

연번	지역명	축제명	예산(백만)	개최횟수	주최 및 주관 기관	축제유형	개최시기	기간	최초개최년도
573	서울특별시 동작구	사육신 추모제전	10	9	사육신현창회	역	10월 08일-09일	2	1996
574	서울특별시 동작구	장승제		14	노량진2동바르게살기위원회	조	10월 24일	1	1991
575	서울특별시 마포구	서울프린지 페스티발 2004	40	8	서울프린지네트워크/서울프린지네트워크	관	8월 예정		1998
576	서울특별시 마포구	한국실험예술제 2004		5	한국실험예술정신 운영위원회/KoPAS	관	8월 예정		2001
577	서울특별시 마포구	홍대거리미술전	20	13	제12회 홍대거리미술전 기획단/홍익대학교 미술대학	예	10월		1993
578	서울특별시 서대문구	서대문형무소역사관예술제	50	4	서대문구	역	9월 말	4	2001
579	서울특별시 서대문구	신촌문화축제			신촌문화축제위원회/서대문구	관	5월경 (3일간)	3	1992
580	서울특별시 서울특별시	강변카페페스티발	100	1	한강공원시민사업소	관	5월	3	2004
581	서울특별시 서울특별시	고궁축제	200	1	서울시	조	5월		2004
582	서울특별시 서울특별시	서울사랑음식축제	115	3	서울시/한국조리사회	음	5.4-5	2	2002
583	서울특별시 서울특별시	서울시민 예술축제			서울문화재단	예	5.6-11.18	80	2005
584	서울특별시 서울특별시	수공예축제		1	조직위	관	6.23-26	4	2004
585	서울특별시 서울특별시	연등축제			부처님오신날 봉축위원회	민	5.6-8	3	
586	서울특별시 서울특별시	월드컵공원억새축제	120	3	관리사무소	자	10월 07일-08일	2	2002
587	서울특별시 서울특별시	Hi Seoul 페스티발(관)			서울문화재단	관	4.30-5	5	2003
588	서울특별시 서초구	서초문화제			서초구청/강남교육청 서초문화제추진회	예	11월 초	8	1995
589	서울특별시 성동구	봉산탈춤발표회	10	5	성동구/성동문화원	민	9월 24일	1	2001
590	서울특별시 성동구	살곶이벌문화축제			성동구/성동구	예	10월	2	1996
591	서울특별시 성동구	서울새남굿발표회	10	5	성동구/성동문화원	민	10월 01일	1	2001
592	서울특별시 성동구	왕십리가요제	100	8	성동구/성동문화원	예	10월 08일	1	1998
593	서울특별시 성북구	선잠제향			성북구청	예	5월		1993
594	서울특별시 성북구	아리랑축제	295	3	성북구청	주	5월 7일 전후	3	1997
595	서울특별시 송파구	백제고분제	15	13	송파구/송파문화원	조	9월 중순		1988
596	서울특별시 송파구	한성백제문화제	316	6	추진위	예	9.17-20	4	1994
597	서울특별시 양천구	용왕산 해맞이	15	6	양천구 총무과	관	1월 01일	1	1999

연번	지역명	축제명	예산 (백만)	개최 횟수	주최 및 주관 기관	축제 유형	개최 시기	기간	최초 개최 년도
598	서울특별시 영등포구	단오한마당 축제	37	6	영등포문화원	민	6월 19일	1	2000
599	서울특별시 영등포구	정월대보름맞이 쥐불놀이	4	7	영등포구 양평1동사무소/ 양평1동 생활체육회	민	2월 04일	1	1999
600	서울특별시 용산구	남이장군 대제			용산구	역	10월		1994
601	서울특별시 용산구	세계 홈스테이 축제			World HomeStay Center	관		5	1999
602	서울특별시 용산구	이태원축제	200	2	이태원관광특구연합회	관	가을		2003
603	서울특별시 용산구	전쟁기념관 어린이날 문화축제			전쟁기념관	민	5월 5일	1	2005
604	서울특별시 은평구	은평구민 한마음 축제	263	10	은평구/은평구	주	10월		1995
605	서울특별시 종로구	3.1만세의날 거리축제	35	5	종로구	역	3월 01일	1	2000
606	서울특별시 종로구	3.1절행사			종로구/종로구	역	3월 01일	1	
607	서울특별시 종로구	광복절기념 거리예술제			종로문화원/종로구	역	8월 15일 전후	2	
608	서울특별시 종로구	국악로국악문화축제	30	10	(사)국악로문화보존회	예	10월		1994
609	서울특별시 종로구	대학로가을축제			종로구/흥사단	관	10월	2	1994
610	서울특별시 종로구	대학로청소년축제			종로문화원/흥사단	관	5월경 (2일간)	2	
611	서울특별시 종로구	세계 홈스테이 축제			World HomeStay Center	관		5	1999
612	서울특별시 종로구	인사동 포도대장과 그 순라군들	140		종로구청 전통문화재현팀	역	매주 일요일		2003
613	서울특별시 종로구	인사동축제1			종로구/전통문화보존회	조	10월	2	1988
614	서울특별시 종로구	인사전통문화축제	20	17	(사)인사전통문화보존회/ (사)인사전통문화보존회	예	5월경	8	1988
615	서울특별시 중구	동대문패션페스티발	400		동대문관광특구협의회/서울산업진흥재단(서울패션디자인센타)	관	9월-10월 (연 1회)		2002
616	서울특별시 중구	명동축제	200	34	명동상가번영회	관	4월/9월 (연 2회)	2	1984
617	서울특별시 중구	서울 무형문화제 축제			한국문화제보호재단	관	5월 6일-8일		
618	서울특별시 중구	정동문화축제	100	6	정동문화축제조직위원회 (경향신문사)	예	10월 08일-12일	5	1999
619	서울특별시 중랑구	중랑문화예술제	6	7	중랑문화원/중랑문화원	예	10월- 11월		1999
620	울산광역시 남구	울산고래축제	250	10	울산고래축제추진위운회	특	6.18-21	4	1995
621	울산광역시 동구	정월대보름행사	10	8	추진위	민	2월 23일	1	1998
622	울산광역시 동구	해변축제	100	5	동구추진위	관	7.23-28	6	2000

연번	지역명	축제명	예산(백만)	개최횟수	주최 및 주관 기관	축제유형	개최시기	기간	최초개최년도
623	울산광역시 북구	국제클라운마임축제	35		북구	예	10월	3	2005
624	울산광역시 북구	노동문화축제	50	2	추진위, 현대자동차, 북구	예	10월	2	2003
625	울산광역시 북구	쇠부리 문화제	70		북구/북구문화원	예	7.15-17	3	2005
626	울산광역시 북구	울산무룡예술제	50	1	북구	예	9월	6	2004
627	울산광역시 북구	정자해변영화축제	50	2	북구문화원	예	7-8월	2	2003
628	울산광역시 울산광역시	정자해변 해맞이축제			울산광역시 북구/울산MBC	관	1월 01일	1	1998
629	울산광역시 울산광역시	처용문화제	600	38	처용문화제추진위원회	역	10월 15일-19일	5	1967
630	울산광역시 울주군	간절곶 해맞이축제	150	5	울주군	관	12월 31일-1월 01일	2	1999
631	울산광역시 울주군	봉계황우쌀 축제	20	8	두북농협/두북농협 황우쌀 작목회	특	10월	1	1996
632	울산광역시 울주군	언양·봉계한우불고기 축제	65	5	울산광역시 울주군/언양·봉계 한우불고기축제추진위원회	음	10월	3	1999
633	울산광역시 울주군	온양옹기축제(관)	50	5	울주군/추진위	특	10월	2	2000
634	울산광역시 울주군	진하바다축제	50	7	울주군/번영회	관	8월 초		1998
635	울산광역시 중구	차없는 거리 문화축제	55	4	중구상가번영회	관	10월 14일-16일	3	2001
636	인천광역시 강화군	강도문화제			강화군청	예	10월 초		1971
637	인천광역시 강화군	강화고인돌문화축제(관)	350	7	강화군/강화고인돌문화축제	조	10월 초	4	1998
638	인천광역시 강화군	강화도 새우젓 축제	60	1	축제위원회	특	10월 초	3	2004
639	인천광역시 강화군	고려산진달래축제	40	2	축제추진위원회	자	4월 중순	2	2003
640	인천광역시 강화군	삼랑성 역사문화축제	155	4	전등사/추진위	역	10월 중순	4	2001
641	인천광역시 강화군	선원산논두렁연꽃축제	12	2	축제추진위원회	자	7월 말	8	2003
642	인천광역시 강화군	참성단축제			강화군청	조	10월 초		1998
643	인천광역시 계양구	계양산 축제	110	2	계양구/추진위	주	10월	7	2003
644	인천광역시 계양구	구민의날 기념행사			계양구청/계양구청	주	10월		1995
645	인천광역시 남구	정월대보름맞이 민속놀이			남구청/남구청	민	2월 23일	1	1992
646	인천광역시 남구	주안 미디어문화축제	250	1	남구	관	10월	3	2004
647	인천광역시 남구	함세덕 연극제	50		남구/학산문화원	예	9월	30	2005

연번	지역명	축제명	예산(백만)	개최횟수	주최 및 주관 기관	축제유형	개최시기	기간	최초개최년도
648	인천광역시 남동구	구민의 날 행사			남동구청/남동구청	주	4월경		1991
649	인천광역시 남동구	인천소래포구축제	265	4	인천소래포구축제 추진위원회/인천광역시 남동구	관	10월 초	4	2001
650	인천광역시 동구	화도진축제	120	15	인천광역시 동구	관	5월경	5	1990
651	인천광역시 부평구	구민의날 행사			부평구청/부평구청	주	10월		1994
652	인천광역시 부평구	부평풍물대축제	450	8	인천광역시 부평구/부평구축제위원회	민	5월	4	1997
653	인천광역시 서구	랑랑축제	100	2	인천광역시 서구/인천광역시 서구축제위원회	주	10월	1	2003
654	인천광역시 서구	서곶 문화예술제			서구청/서구청	예	9.8	1	1996
655	인천광역시 연수구	구민한마당잔치			연수구청/연수구청	주	2월 23일	1	1995
656	인천광역시 연수구	능허대축제	190	1	인천광역시연수구/연수구축제추진위원회	주	9월 중순	3	2004
657	인천광역시 옹진군	군민노래자랑			옹진군/옹진군	예	9월 중순		1989
658	인천광역시 인천광역시	시민의날 축제			인천광역시/인천광역시	주	10월 15일	1	1965
659	인천광역시 인천광역시	아름다운 인천찾기대회	45	3	공원사업소/기호일보	주	10월	1	2002
660	인천광역시 인천광역시	월미공원벚꽃축제	15	2	공원사업소/이벤트대행	자	4월 17일	1	2003
661	인천광역시 인천광역시	인천 국제 클라운 마임축제			극단마임/인천국제클라운마임 축제준비위원회	예	9월경 (7일간)	7	1995
662	인천광역시 인천광역시	인천대공원 봄꽃축제	20	10	동부공원사업	자	4월	10	1994
663	인천광역시 인천광역시	인천음식축제	260	3	인천광역시	음	9월	4	2002
664	인천광역시 인천광역시	인천-중국의 날 축제	300	3	인천광역시	관	10월		2002
665	인천광역시 인천광역시	인천하늘축제	600	1	인천시/인천국제공항공사	관	9월 초	2	2004
666	인천광역시 인천광역시	인천해양축제	300	2	인천광역시	관	8월 초	3	2003
667	인천광역시 중구	신포 젊음의 거리축제			신포상우회/코리아방송이벤트	관	4월-5월경 (2일간)	2	1996
668	인천광역시 중구	연안어시장축제	30	4	중구/추진위	관	10월 초	1	1998
669	인천광역시 중구	용동 큰우물잔치			중구청/인현.내경 큰우물 잔치위원회	조	10월	1	1996
670	인천광역시 중구	용유해변축제	30	7	중구	관	7월 말	2	1997
671	인천광역시 중구	월미관광특구문화축제	100	2	인천광역시 중구	예	10월	3	2003
672	인천광역시 중구	자장면축제	20	3	중구	음	10월 초	2	2002

연번	지역명	축제명	예산(백만)	개최 횟수	주최 및 주관 기관	축제 유형	개최 시기	기간	최초 개최 년도
673	인천광역시 중구	한마음벚꽃축제	80	7	중구	자	4월 중순	2	1997
674	전라남도 강진군	강진청자문화제(관)	725	9	강진군/강진향토축제 추진위원회	특	7.30-8.7	9	1996
675	전라남도 고흥군	고흥우주항공축제	600	1	고흥군/추진위	관	5.1-5	5	2004
676	전라남도 고흥군	군민의날			고흥군/군민의날행사 집행위원회	주	10월 16일	1	1974
677	전라남도 고흥군	나로도수산물축제	70	1	번영회/추진위	관	10월		2004
678	전라남도 고흥군	녹동바다불꽃축제	120	5	청년회의소	자	5월		2000
679	전라남도 고흥군	흥양문화제			고흥문화원	예	10월 15일	1	1984
680	전라남도 곡성군	가을밤 코스모스음악회	40	4	석곡면/추진위	예	9.10-11	2	2001
681	전라남도 곡성군	겸면명장목화축제	40	3	명장목화축제추진위원회/ 겸면청년회	특	8.14-15	2	2002
682	전라남도 곡성군	곡성군민의날			곡성군	주	10월 14일-15일	2	1981
683	전라남도 곡성군	곡성심청축제 2005	410	4	곡성군/곡성심청축제 추진위원회	역	10월 01일-09일	9	2001
684	전라남도 광양시	광양매화문화축제	150	8	광양시/광양매화축제 추진위원회	자	3월 12일-20일	9	1997
685	전라남도 광양시	광양백운산고로쇠약수제	50	24	광양시/백운산약수제 추진위원회	특	2월 26일	1	1981
686	전라남도 광양시	광양전어축제	60	7	광양시/광양전어축제 추진위원회	특	9월	2	1998
687	전라남도 광양시	광양전통숯불구이축제	60	6	광양시/광양숯불구이축제 추진위원회	음	10월 중순	2	1999
688	전라남도 구례군	산수유꽃축제	250	6	구례군/ 산수유꽃축제추진위원회	자	3월 19일-28일	10	1999
689	전라남도 구례군	지리산 남악제	250	41	구례군/추진위	예	4.19-23	5	1964
690	전라남도 구례군	지리산 피아골단풍제	150	28	구례군/지리산피아골단풍제 추진위원회	자	10월 29일-31일	3	1977
691	전라남도 구례군	지리산약수제			구례군	특	4월경		1984
692	전라남도 나주시	나주시민의날			나주시	주	4월 15일 (1일간)	1	1995
693	전라남도 나주시	삼색유산놀이 한마당잔치			나주시문화원	민	5월 7일 (1일간)	1	1995
694	전라남도 나주시	세시풍속놀이 한마당잔치			나주시문화원	민	2월 23일	1	1989
695	전라남도 나주시	영산강 문화축제	350	2	나주시, 나주시의회/ 나주시축제추진위원회	예	10월 중순	5	2003
696	전라남도 담양군	담양군민의 날 행사			담양군	주	5월 초 (2일간)	2	1980
697	전라남도 담양군	대나무축제(관)	260	1	담양군/대나무축제추진위원회	특	4.30-5.5	6	1999

연번	지역명	축제명	예산(백만)	개최횟수	주최 및 주관 기관	축제유형	개최시기	기간	최초개최년도
698	전라남도 목포시	목포도자기축제			목포도자기축제위원회/목포시	특	10월	6	1996
699	전라남도 목포시	유달산 꽃축제	150	9	목포시/유달산꽃축제 추진위원회	자	5월 초	5	1996
700	전라남도 목포시	하당 신도심축제			목포시	주	5월 초 (5일간)	5	1996
701	전라남도 무안군	군민 한마음 풍년 대잔치			무안군/ 무안군문화원	주	9월 28일 (1일간)	1	1996
702	전라남도 무안군	군민의날			무안군/무안군번영회	주	5월 7일 (1일간)	1	1969
703	전라남도 무안군	무안 백련대축제(관)	400	8	무안군/무안백련대축제 추진위원회	자	8월	4	1997
704	전라남도 무안군	무안연꽃축제			.	자			
705	전라남도 보성군	보성다향제(관)	540	30	보성군/보성다향제추진위원회	특	5.4-5.8	5	1975
706	전라남도 보성군	보성소리축제	250	7	보성군/보성소리축제 추진위원회	예	10월 초	2	1998
707	전라남도 순천시	낙안 민속축제	200	11	순천시/제전위	민	5.4-8	5	1994
708	전라남도 순천시	남도음식대축제(관)			전라남도/순천시	음	10월	5	1994
709	전라남도 순천시	순천만 생태축제	150	1	순천시/축제위	특	9-11월		2004
710	전라남도 순천시	순천명품월등복숭아축제	60	2	축제추진위	특	7월 말	2	2003
711	전라남도 순천시	시민의날 및 팔마문화제	150	23	순천시/팔마문화제위원회	주	10월	31	1983
712	전라남도 신안군	병어축제	70		어업인단체	특	6월 중순		2005
713	전라남도 신안군	신안군민의 날			신안군/문화공보실	주	4월 중순 (2일간)	2	1980
714	전라남도 신안군	해변모래축제	77	4	축제추진위	자	7.31-8.2	3	2001
715	전라남도 여수시	검은모래눈뜨는날행사			여수시/검은모래눈뜨는날행사 추진위원회	자	6월	1	1996
716	전라남도 여수시	여수 진남제 (민)			(사)진남제전보존회/ 진남제전위원회	민	5월 초 (6일간)	6	1967
717	전라남도 여수시	여수거북선축제	452	38	진남제전보존회/추진위	역	5.3-6	4	1967
718	전라남도 여수시	여수생선요리축제	53	9	남해안생선요리추진위원회	음	10월	4	1996
719	전라남도 여수시	영취산진달래축제			영취산진달래축제보존회	자	4월 초순		1993
720	전라남도 여수시	향일암일출제	54	9	향일암일출제추진위원회/ 향일암일출제추진위원회	관	12월 31일-1월 01일	2	1996
721	전라남도 영광군	법성포단오제	250	18	법성포단오보존회	민	6.10-12	3	1986
722	전라남도 영암군	가야금산조축제	60	4	추진위	예	10월		2001

연번	지역명	축제명	예산(백만)	개최횟수	주최 및 주관 기관	축제유형	개최시기	기간	최초개최년도
723	전라남도 영암군	군민의날			영암군/영암군향토축제 추진위원회	주	4월 01일	1	1975
724	전라남도 영암군	영보풍향제			영암군/영보애향회	주	5월 5일	1	1978
725	전라남도 영암군	영암 왕인문화축제	500	8	축제추진의	역	4.2-5	4	1997
726	전라남도 완도군	완도 장보고축제 (민)	415	9	완도군/장보고축제추진위원회	역	5월		1996
727	전라남도 장성군	군민의날			장성군/장성군	주	10월 01일	1	1977
728	전라남도 장성군	농업인의날			장성군/장성군	주	10월 26일	1	1996
729	전라남도 장성군	장성 백양단풍축제	200	9	장성군/장성백양단풍축제 추진위원회	자	10월 28일-30일	3	1996
730	전라남도 장성군	장성 홍길동 축제	300	6	장성군/장성홍길동축제 추진위원회	역	5.5-5.7	3	1999
731	전라남도 장흥군	개매기 체험			장흥군/신리어촌계	특	5-10월		2003
732	전라남도 장흥군	갯장어 음식축제	20	6	장흥군/추진위	특	7월 말-8월 초	3	1999
733	전라남도 장흥군	군민의 날 보림문화제			보림문화제추진위원회/장흥군	주	4월 말 (2일간)	2	1971
734	전라남도 장흥군	보림문화제	200	33	장흥군/집행위	예	4.30-5.1	2	1970
735	전라남도 장흥군	제암 철쭉제	20	14	장흥군/제암산악회	자	5월 초	2	1992
736	전라남도 장흥군	천관산 억새제	34	11	장흥군/장흥산악회	자	10월 중순	2	1994
737	전라남도 장흥군	키조개축제	30	2	장흥군/키조개축제위원회	특	5월 초	5	2003
738	전라남도 전라남도	남도문화제	124	31	전라남도/추진위	예	10월 말-11월 초	2	1966
739	전라남도 전라남도	남도음식축제	585	11	전라남도/22개시군	음	10월		1994
740	전라남도 진도군	군민의날			군민의날 행사 추진위원회/ 진도군, 사회단체	주	10월 중순	3	1975
741	전라남도 진도군	진도 신비의 바닷길축제	400	27	진도군/추진위	관	7.22-24	3	1978
742	전라남도 진도군	진도신비의바닷길 수시행사	74		진도군/사회단체	자	3월 10일-11일/5월 24일-25일	4	2005
743	전라남도 진도군	진도여름축제			영등축제위원회/진도군	관	7월 말 (6일간)	6	1996
744	전라남도 진도군	진도참전복축제	60		진도군/전복생산자협의회	특	9.2-3	2	2005
745	전라남도 함평군	기산제			함평군/기산영수보존회	민	4월 중순 (1일간)	1	1984
746	전라남도 함평군	꽃무릇축제	300	5	함평군/운영위	자	9.17-19		
747	전라남도 함평군	함평나비대축제(관)	700	6	함평군/함평군나비대 축제위원회	자	4.30-5.8	9	1999

연번	지역명	축제명	예산(백만)	개최횟수	주최 및 주관 기관	축제유형	개최시기	기간	최초개최년도
748	전라남도 함평군	함평천지한우축제			함평군/함평군	특	4월 중순 (1일간)	1	1996
749	전라남도 함평군	함평춘란대축제			함평군/함평난우회	자	3월 초	2	1988
750	전라남도 함평군	향토음식대축제			함평군/함평문화원	음	4월 중순 (1일간)	1	1995
751	전라남도 해남군	강강술래 향토축제			해남문화원	민	9월	9	1983
752	전라남도 해남군	고천안 갈대축제			고천암생태공원추진본부/고천암길대축제조직위원회	관	11월		2001
753	전라남도 해남군	군민의날			해남군	주	10월 25일	1	1974
754	전라남도 해남군	대홍사 단풍축제	70	2	삼산면,대홍사상가번영회/홍사 단풍축제위원회	자	11월	4	2003
755	전라남도 해남군	땅끝해넘이해맞이축제	50	10	해남군/땅끝해맞이축제위원회	관	12월 31일-1월 01일	2	1995
756	전라남도 해남군	민속 연날리기 대회			해남문화원	민	2월 23일	1	1991
757	전라남도 해남군	초의문화제	36	13	초의문화제 집행위원회	예	10월 25일 전후	2	1992
758	전라남도 해남군	해남예술제	25	19	예총/연예협회	예	5월	4	1986
759	전라남도 해남군	흑석산철쭉제	12	9	계곡면청년회	자	5월 중순 (2일간)	2	1995
760	전라남도 화순군	화순 운주축제	70	9	도암번영회/추진위	관	10월 말	3	1996
761	전라남도 화순군	화순고인돌축제	295	2	화순군축제추진위원회/화순군	조	4.21-24	4	2003
762	전라북도 고창군	고창 청보리밭 축제	50	1	축제위원회	자	4.9-5.8	30	2004
763	전라북도 고창군	고창수박축제			고창군/수박축제위원회	특	7월 말 (2일간)	2	1991
764	전라북도 고창군	모양성제(관)	110	31	(사)모양성제전위원회/각 사회단체	민	10월	4	1973
765	전라북도 고창군	수산물축제		9	수산물축제위/(사)한국수산업경영인연합회등	관	9월 예정		1996
766	전라북도 군산시	군산세계철새관광페스티발		1		자	12.1-5	5	2004
767	전라북도 군산시	벚꽃축제	124	9	군산시/예총군산지부	자	4월경 (13일간)	13	1997
768	전라북도 군산시	오성문화제			군산시/오성문화제전위원회	역	10월 초	2	1991
769	전라북도 군산시	진포예술제(종합예술제)	80	37	군산시/예총군산지부	예	10월 01일-15일	15	1969
770	전라북도 김제시	김제지평선축제(관)	800	6	김제시/김제지평선축제추진위원회	조	9.29-10.2	4	1999
771	전라북도 김제시	하소백련축제			청운사/하소백련축제제전위원회	자	6월 말경		2002
772	전라북도 남원시	고로쇠약수제			산내면번영회	특	3월 초		1989

연번	지역명	축제명	예산(백만)	개최횟수	주최 및 주관 기관	축제유형	개최시기	기간	최초개최년도
773	전라북도 남원시	바래봉 철쭉제			운봉애향회	자	4월 말경-5월 중순		1995
774	전라북도 남원시	삼동굿놀이 (민)	40	22	삼동굿보존위원회	민	8월 19일	1	1981
775	전라북도 남원시	춘향제(관)	700	74	(사)춘향문화선양회/춘향제전위원회	역	5.4-5.8 (5일간)	5	1931
776	전라북도 남원시	흥부제	120	12	흥부제전위원회	역	10월 10일-11일	2	1993
777	전라북도 무주군	무주 구천동 철쭉제			설천면발전회/설천면발전회	자	5월 중순 (1일간)	1	1996
778	전라북도 무주군	무주 반딧불 축제(관)	393	8	무주군/(사)무주반딧불 축제제전위원회	자	6.4-11	8	1997
779	전라북도 부안군	부안예술제	70	1	한국예총 부안지부/부안군	예	10월 말		2002
780	전라북도 부안군	위도 띠뱃놀이			위도띠뱃놀이보존회/부안군	민	2월	1	1970
781	전라북도 부안군	줄포연날리기			줄포청년회의소/부안군	민	2월 23일	1	1978
782	전라북도 순창군	순창군민의 날 행사			순창군/순창군민의날위원회	주	4월		1958
783	전라북도 순창군	순창민속예술제	40	16	순창군/순창문화원	예	10월 26일	1	1988
784	전라북도 순창군	추령 장승축제			추령장승제 제전위원회	조	10월 17일-11월 17일	32	1995
785	전라북도 완주군	비봉수박축제			농민후계자비봉협의회/농민후계자비봉협의회	특	7월경 (3일간)	3	1996
786	전라북도 완주군	완주 농산물홍보 판매축제			완주군/완주군농촌지도소	관	11월	3	1995
787	전라북도 완주군	완주 대둔산축제	150	9	완주군/대둔산축제제전위원회	민	10월 27일-29일	3	1996
788	전라북도 익산시	마한민속예술제			익산시/마한민속예술제전위원회	예	10월 10일 전후		
7891 969	전라북도 익산시	익산보석문화축제			이리귀금속보석가공업 협동조합	관	10월 12일-11월 01일	21	1999
790	전라북도 익산시	익산서동축제	510	23	익산시/마한민속제제전위	역	10월 05일-08일	4	1968
791	전라북도 익산시	전국돌문화축제	60	7	전국돌문화축제위원회	관	10월		1998
792	전라북도 임실군	소충사선문화제	372	42	임실군.소충사선문화제전위/소충사선문화제전위, 참여단체	예	10월 02일-04일	4	1963
793	전라북도 임실군	오수의견문화제	290	20	임실군/의견문화전승회	관	4.28-5.1	4	1984
794	전라북도 장수군	의암주논개 대축제	330	38	(사)의암주논개정신선양회, 장수군	역	10월	3	1967
795	전라북도 장수군	장안산 도깨비 축제(민)	30	3	장안문화예술촌	민	8월 02일		2002
796	전라북도 전라북도	전주세계소리축제	1,500	5	전라북도/전주세계소리축제조직위원회	예	9.27-10.3	7	2000
797	전라북도 전주시	전주 풍남제	500	46	풍남제전위원회/전주시	예	4.30-5.5	6	1959

연번	지역명	축제명	예산(백만)	개최횟수	주최 및 주관 기관	축제유형	개최시기	기간	최초개최년도
799	전라북도 전주시	전주대사습놀이전국대회			전주시, 전주문화방송/전주대사습놀이보존회	예	5.3-4 (2일간)	2	1975
800	전라북도 전주시	전주약령시제전행사			(사)전주약령시제전위원회, 전주시	조	10월		1999
801	전라북도 전주시	전주종이문화축제	150	6	전주종이문화축제 조직위원회/전주시	관	5.1-5.9	9	1999
802	전라북도 정읍시	내장산 겨울축제	50	1	정읍시	자	1월 08일-09일	2	2004
803	전라북도 정읍시	내장산단풍축제			정읍시,KBS전주방송/예총정읍지부	자	11월 초	1	1996
804	전라북도 정읍시	동학농민혁명 기념제			(사)갑오농민혁명계승사업회	역	5월 11일 전후		1968
805	전라북도 정읍시	벚꽃축제			예총정읍지부/산하단체	자	4월 초 (10일간)	10	1991
806	전라북도 정읍시	정읍민속투우축제			(사)전국민속투우협회	관	5월 초		1996
807	전라북도 정읍시	정읍사부부사랑축제	150	15	(사)정읍사문화제전위원회	민	10월 초	3	1990
808	전라북도 진안군	마이문화제	40	11	진안군/진안문화원	예	10월 11일-15일	5	1995
809	전라북도 진안군	마이산 벚꽃축제	100	10	진안군/진안문화원	자	4월 중순 (7일)	7	1995
810	제주도 남제주군	고사리꺾기 대회		11	남제주군/추진위	관	4월 24일	1	1995
811	제주도 남제주군	대정고을추사문화예술제			남제주군/보존회	예	10월 02일-03일	2	2001
812	제주도 남제주군	덕수리 전통민속축제		14	덕수리마을회/덕수리민속보존회	민	10월	1	1991
813	제주도 남제주군	성산일출제		13	성산일출제축제위원회	관	12월 31일-1월 01일	2	1994
814	제주도 남제주군	정의골 민속한마당 축제			성읍1리 마을회	민	10월	1	1993
815	제주도 남제주군	최남단감귤농장체험축제			남제주군/제주MBC	특	12월 말		
816	제주도 남제주군	최남단모슬포방어축제		5	추진위	특	11월 말		
817	제주도 남제주군	표선백사대축제		10	표선마을회/표선청년회	주	8월 초		
818	제주도 북제주군	수월노을축제			고산리/수월노을축제 추진위원회	자	8월 하순	1	2000
819	제주도 북제주군	정월대보름 들불축제(관)			북제주군청	민	2월 17일-19일	3	1997
820	제주도 북제주군	함덕 서우봉 일출제			함덕마을회/연합청년회	관	1월 01일	1	
821	제주도 북제주군	함덕바당모살축제			함덕마을회/연합청년회	관	8월 초		
822	제주도 서귀포시	강정천울림은어축제		4	추진위/어촌계	특	5월		
823	제주도 서귀포시	겨울바다 펭귄수영대회		6	서귀포시/관광협의회	관	1월 02일	1	

연번	지역명	축제명	예산(백만)	개최횟수	주최 및 주관 기관	축제유형	개최시기	기간	최초개최년도
825	제주도 서귀포시	보목일품자리돔축제		6	추진위/보목어촌계	특	6월		
826	제주도 서귀포시	서귀포 별의축제			서귀포시, 한국천문연구원	자	1월	1	2003
827	제주도 서귀포시	서귀포삼성하우젠배 겨울마라톤대회			관서귀포시/국제자유도시포럼		12월		
828	제주도 서귀포시	서귀포여름 음악축제			한국음악협회 서귀포지부	예	8.11-8.21	11	2003
829	제주도 서귀포시	서귀포칠선녀제		11	서귀포시/추진위	민	4월	5	1995
830	제주도 서귀포시	서귀포칠십리국제걷기 축제			서귀포시/체육진흥협의회7	관	3월 26일-27일	6	1995
831	제주도 서귀포시	세계일보서귀포 국제마라톤축제			서귀포시/세계일보사2	관	2월 27일	1	
832	제주도 서귀포시	스포츠서울서귀포 마라톤대회			서귀포시/스포츠서울	관	10월		
833	제주도 서귀포시	이중섭 예술제			서귀포시/예총	예	9월 중순	3	1998
834	제주도 서귀포시	중문해변영화제		2	서귀포시	예	7월 말-8월 초		
835	제주도 서귀포시	칠십리 축제(관)		11	서귀포시/추진위	관	9.9-13	4	1995
836	제주도 서귀포시	한여름예래논짓물 해변축제		5	예래동자치위	관	7월 말		
837	제주도 제주시	제주감귤축제			제주도/감귤협동조합	특	12월 초	2	1981
838	제주도 제주시	제주도새기축제		3	축협/JIBS제주방송	특	5.14-15	2	
839	제주도 제주시	제주마라톤축제		10	제주도/관광협의회	관	6월 05일	1	
840	제주도 제주시	제주억새꽃축제		12	제주도/제주도 관광협회	자	10월 08일-09일	2	1992
841	제주도 제주시	제주유채꽃 큰잔치		23	북제주군/KBS제주방송총국	자	4.9-10	2	1983
842	제주도 제주시	철쭉제		39	제주산악연맹	자	5월 22일	1	
843	제주도 제주시	탐라문화제(민)		44	제주도/한국예총	민	10월 첫째 주		
844	제주도 제주시	한라문화제			한국예총 제주도지회	예	10월 초	7	1962
845	제주도 제주시	한라산눈꽃축제			제주도/축제문화연구소	자	자료 없음		
846	제주도 제주시	도두동오래물수산물 대축제			도두동연합청년회	관	8월 하순	3	
847	제주도 제주시	삼양검은모래축제			삼양동연합청년회	자	8월 초		
848	제주도 제주시	아태관악제			제주시/아태관악제추진위원회	예	개최 확정 국가에서 결정		1978
849	제주도 제주시	용연야범 재현 축제			제주시/용연야범재현 축제추진위원회	민	5.22(음력4월 보름)	1	1999

연번	지역명	축제명	예산(백만)	개최횟수	주최 및 주관 기관	축제유형	개최시기	기간	최초개최년도
850	제주도 제주시	제주국제관악제		10	제주시/제주국제관악제 조직위원회	예	8.12-8.20	9	1995
851	제주도 제주시	제주레저스포츠축제		6	제주시/조직위	관	7.17-9.11		
852	제주도 제주시	제주마축제		3	제주마생산자협회	특	10월 중순		
853	제주도 제주시	제주왕벚꽃축제			제주시/KBS제주방송	자	3월 26일-27일	2	
854	제주도 세주시	탐라국 입춘굿놀이 (민)			제주시/탐라국입춘굿놀이 전승보존위원회	민	2월 03일-04일	2	1999
855	제주도 제주시	한여름밤의 해변축제			제주시청/제주시청	관	7.20-8.9	20	1994
856	제주도 제주시	한여름해변축제			한림청년회의소	관	8월 초		
857	충청남도 계룡출장소	계룡화합의날			계룡출장소/계룡출장소	주	9월경 (1일간)	1	1992
858	충청남도 공주시	계룡산 본청사기 축제	35	2	공주시/추진위	특	4월	5	2004
859	충청남도 공주시	계룡산 산신세	48	8	계룡산산신제보존회	민	4/5월	4	1998
860	충청남도 공주시	고마나루 축제			계룡문화회	주	7.1-8.31	62	1995
861	충청남도 공주시	공주 알밤축제	70	5	공주시/추진위	특			
862	충청남도 공주시	동학사 벚꽃축제	23	2	축제추진위원회	자	4월	5	2004
863	충청남도 공주시	마곡사 선록축제	15	2	축제추진위원회	자	4월	3	2004
864	충청남도 공주시	백제문화제 (민)	755	50	공주시/공주백제문화선양 위원회	조	10월 09일-12일	4	1954
865	충청남도 공주시	웅진수문병 근무교대식			계룡문화회	관	3월 31일-10월 31일	215	1999
866	충청남도 금산군	금강민속축제	20	12	금산문화원/물폐기농요보존회	민	7월 말-8월 초	2	1993
867	충청남도 금산군	비단고을산꽃축제	15	5	금산문화원/송계지게놀이 보존회	자	4월	40	2000
868	충청남도 금산군	산악벚꽃축제			금산문화원	자	4월 중순경		2000
869	충청남도 금산군	인삼축제(관)	823	24	금산인삼축제집행위원회	특	9.2-11	10	1981
870	충청남도 금산군	장동달맞이축제	15	12	금산문화원/보존회	민	2월 22일-23일	2	1993
871	충청남도 논산시	강경 젓갈축제(관)	470	8	논산시/강경젓갈축제 추진위원회	특	10월 20일-24일	5	1997
872	충청남도 논산시	딸기축제	300	7	논산시/추진위	특	3/4월	3	1997
873	충청남도 논산시	양촌곶감축제	20	2	양촌곶감축제 추진위원회/곶감작목반	특	11월	2	2003
874	충청남도 논산시	연산대추축제	20	2	연산대추축제 추진위원회/대추상우회	특	11월	1	2002

연번	지역명	축제명	예산(백만)	개최횟수	주최 및 주관 기관	축제유형	개최시기	기간	최초개최년도
875	충청남도 논산시	연산백중놀이			백중놀이전승보존위원회/백중놀이전승보존위원회	민	8/9월	1	1992
876	충청남도 당진군	기지시 줄다리기			기지시줄다리기집행위원회/당진군	민	4월 1일	1	미상
877	충청남도 당진군	상록문화제	60	28	상록문화제집행위원회	예	10월 초	3	1977
878	충청남도 당진군	안섬풍어당굿			안섬풍어당굿보존회/당진군	민	2월 23일		미상
879	충청남도 보령시	보령머드축제(관)	440	7	보령시/보령머드축제 추진위원회	특	7.16-22 (7일간)	7	1998
880	충청남도 보령시	카약낚시 및 레프팅축제		1	웨이브스키 코리아	관	5월 7일-8일	2	2005
881	충청남도 부여군	궁남지연꽃문화축제	130	2	부여군/부여문화원	자	7월	5	2003
882	충청남도 부여군	백마강 수박축제	15	10	농협부여군지부	특	5월 말-6월 초		
8831 995	충청남도 부여군	백제문화제	40	50	부여군/부여문화원	조	10월 초	3	1955
884	충청남도 부여군	세도토마토축제	42		축제추진위/세도농협	특	4월 초		2005
885	충청남도 부여군	유왕산추모제	5	8	추진위	역	9월	2	1997
886	충청남도 부여군	은산별신제	26	미상	은산별신제보존회	민	3월 말	5	미상
887	충청남도 부여군	임천충혼제			임천면 번영회	역	4월	2	1978
888	충청남도 서산시	서산천수만세계 철새기행전			서산시	자	10.22-11.20	30	
889	충청남도 서산시	서산해미읍성병영체험 축제 (민)	450	5	서산시/서산문화원	관	4.29-5.1	3	2000
890	충청남도 서산시	안견예술제			서산시	역			
891	충청남도 서천군	동백꽃 주꾸미축제	2	5	서면개발위원회	특	3월 26일-4월 08일	14	2000
892	충청남도 서천군	마량포 해맞이 축제			충남서천군	관	12.31-1.1	2	
893	충청남도 서천군	한산모시문화제(관)	420	15	서천군/한산모시문화제 추진위원회	특	5.1-5.5	5	1989
894	충청남도 서천군	홍원항 전어축제	2	5	축제추진위	특	9.24-10.7	14	2000
895	충청남도 아산시	설화예술제			예총아산지부/산하단체	예	10월	10	1989
896	충청남도 아산시	아산 성웅 이순신 축제(관)	823	43	아산시/아산성웅이순신 축제위원회	역	4.27-5.1	5	1961
897	충청남도 아산시	외암민속마을짚풀문화제	400	5	아산시/추진위	민	10월		2000
898	충청남도 아산시	청백리 맹사성 축제			온양문화원	역	10월 중순		1998
899	충청남도 연기군	도원문화제	105	20	도원문화제추진위원회	예	4월 중 (3일간)	3	1985

연번	지역명	축제명	예산(백만)	개최횟수	주최 및 주관 기관	축제유형	개최시기	기간	최초개최년도
900	충청남도 연기군	조치원복숭아축제	180	2	복숭아축제추진위원회	특	8월	2	2003
901	충청남도 예산군	매헌문화제	100	31	월진회/덕산지역번영회외 45개 기관 단체	예	4.28-29	2	1972
902	충청남도 예산군	예산사과축제			예산군/예산능금농협	특	10월 말- 11월 초	1	1983
903	충청남도 예산군	추사문화제	80	8	예산문화원	역	10월 10일에 가까운 일요일 포함하여 2일간	2	1996
904	충청남도 천안시	3.1절 기념 봉화제	140	26	축제추진위/병천 청년회의소	역	2월 28일	1	1978
905	충청남도 천안시	성환 배축제			성환청년회의소/성환청년회의소	특	10월	4	1995
906	충청남도 천안시	아우내 단오축제			아우내문화원	민	6.24-6.25 (2일간)	2	1981
907	충청남도 천안시	입장 거봉 포도축제			입장청년회의소/입장청년회의소	특	9월경(2일간)	2	1993
908	충청남도 천안시	천안농산물 종합축제			한국농업경영인 천안시연합회	관	10월 10일- 16일	7	2000
909	충청남도 천안시	천안삼거리 문화제			천안시문화예술선양위원회/천안시문화예술선양위원회	조	10월 초	5	1987
910	충청남도 천안시	천안흥타령축제	1,020	2	천안시문화예술선양위원회/천안문화원	민	9월 말	4	2003
911	충청남도 청양군	고추구기자축제	130	5	청양군/추진위	특	9월	2	2000
912	충청남도 청양군	칠갑문화제			청양군	예	9.28-10.1(3일간)	3	1984
913	충청남도 청양군	칠갑산장승문화축제	42	6	축제추진위/청양문화원	조	4월 중순 (1일간)	1	1999
914	충청남도 태안군	백사장대하축제	15	5	안면도백사장대하축제 추진위원회	특	10월	15	2000
915	충청남도 태안군	수산물 축제 및 바다낚시대회			수산물축제및바다낚시대회 추진위원회	관	5월 중(5일간)	5	2000
916	충청남도 태안군	안면도 국제공연예술축제		8	안면도 축제발전연구소	예	3.29-5.15	47	1998
917	충청남도 태안군	안면도현대예술축제	20	7	소리짓발전소	예	7월 말		1998
918	충청남도 태안군	자염축제	20		태안문화원	특	10월		2000
919	충청남도 태안군	태안 나오리축제			나오리	특	3.4-4.17	35	2002
920	충청남도 태안군	황도붕기풍어제			황도붕기풍어제보존회	민	2월	2	미상
921	충청남도 홍성군	광천토굴새우젓 및 조선김 대축제	100	10	광천토굴새우젓 축제추진위원회/홍성군	특	10월	10	1996
922	충청남도 홍성군	남당 대하축제	90	10	남당대하축제추진위원회/홍성군	특	9월-10월	40	1996
923	충청남도 홍성군	만해제	65	11	추진위/홍성문화원	역	10월	2	1995
924	충청남도 홍성군	홍성내포사랑큰축제	250		추진위/홍성군	주	10월	3	2005

연번	지역명	축제명	예산(백만)	개최횟수	주최 및 주관 기관	축제유형	개최시기	기간	최초개최년도
925	충청북도 괴산군	괴산문화제	1,350	21	괴산문화원/괴산문화제행사추진위원회	예	10월 중순	3	1980
926	충청북도 괴산군	괴산청결고추축제	200	4	추진위/단체협의회	특	8월 하순	3	2001
927	충청북도 괴산군	도원성탑돌이축제 및 남북통일기원제	23	13	도원성미술관	예			
928	충청북도 괴산군	목도백중놀이	25	7	번영회/괴산군	민	8월	2	1996
929	충청북도 괴산군	살구축제 및 면민화합행사	15	2	번영회	특	7월	1	2003
930	충청북도 괴산군	전국가족등산대회	20	8	괴산군 생활체육협의회	관	10월 중순	1	1997
931	충청북도 괴산군	조령제	27	23	연풍청년회	예	8.14-15	2	1982
932	충청북도 괴산군	청안수박축제	15	4	축제추진위/수박작목반	특	7월	1	2001
933	충청북도 괴산군	청천면환경문화축제	29	1	청천면번영회	관			
934	충청북도 단양군	고운골두산감사축제			축제추진위원회	관	9월 중순 (2일간)	2	1999
935	충청북도 단양군	금수산감골단풍축제	20	6	추진위원회/적성면청년회	자	10월 15일-16일	2	1999
936	충청북도 단양군	단양마늘5일장한마당	60	6	단양마늘축제추진위원회/농협단양군지부	특	7.6-10	5	1999
937	충청북도 단양군	방곡장작가마예술제	40	4	추진위/방곡도예인협의회	관	8.5-8.7	3	2001
938	충청북도 단양군	삼봉문화제	20	2	추진위/매포청년회	예	4.16-17	2	2003
939	충청북도 단양군	소백산철쭉제	400	23	단양문화원/소백산철쭉제추진위원회	자	5.14-5.29	16	1983
940	충청북도 단양군	어선천 수박축제	20	8	수박축제추진위원회/어상천수박작목반	특	8월 08일	1	1997
941	충청북도 단양군	온달문화축제(민)	200	9	단양문화원/온달문화축제추진위원회	민	10월 21일-23일	3	1996
942	충청북도 보은군	보은동학제	40	2	보은문화원/추진위	역	9월 말-10월 초	2	2003
943	충청북도 보은군	속리산 가을한마당축제	60	8	보은군/속리산관광협의회	자	10월 중순	2	1997
944	충청북도 보은군	속리산 단풍가요제	100	9	보은군/청주MBC	자	10월 중순	1	1996
945	충청북도 보은군	속리축전	105	27	보은문화원/문화예술단체	예	5월경(2일)	2	1978
946	충청북도 보은군	오장환문학제	20	9	보은문화원/보은문학회	예	5월	1	1996
947	충청북도 보은군	전국동학마라톤대회	25	3	보은문화원/추진위	관	9월 말	1	2003
948	충청북도 영동군	난계국악축제(관)	360	37	영동군/(사)난계기념사업회	예	10월 01일-04일	4	1965
949	충청북도 영동군	영동곶감페스티발	150	1	영동군,추진위/연구회	특	12월	2.5	2003

연번	지역명	축제명	예산(백만)	개최횟수	주최 및 주관 기관	축제유형	개최시기	기간	최초개최년도
950	충청북도 영동군	영동포도페스티발			영동군	특	8.28-29		
951	충청북도 옥천군	이원묘목축제	23	6	옥천군/이원청년회	관	3월 초	3	1999
952	충청북도 옥천군	중봉충렬제	50	29	옥천군/문화원	역	10월	2	1975
953	충청북도 옥천군	지용문학축제	93	17	옥천군/문화원	예	5월 중 (3일간)	3	1988
954	충청북도 음성군	무영제			음성문화원/문인협회음성지부	예	4월경 (2일간)	2	1994
955	충청북도 음성군	설성문화제	180	23	음성문화원	예	9월	4	1982
956	충청북도 음성군	음성청결고추축제	150	9	음성문화원	특	9월	3	1996
957	충청북도 음성군	전국품바축제	100	5	한국예총음성지부	예	4.22-24	3	2000
958	충청북도 제천시	의림지겨울페스티발	100	1	제천시/추진위	관			
959	충청북도 제천시	제천 의병제	272	10	제천시/제천의병제추진위원회	역	10월 초	6	1995
960	충청북도 제천시	제천약초건강축제	50	1	제천시/추진위	특			
961	충청북도 제천시	청소년도전축제	40		제천시/추진위	관			
962	충청북도 제천시	청풍명월제			제천시/제천문화원	자	4월 중 (8일간)	8	1997
963	충청북도 제천시	청풍호반벚꽃축제	40	8	제천시/추진위	자	4월 초	3	1997
964	충청북도 제천시	환경잔치			제천환경운동연합, 민예총제천단양지부/환경잔치추진위원회	자	5월경 (6일간)	6	1996
965	충청북도 증평군	증평문화제 및 인삼,항공우주축제	270	13	증평군/추진위	특	10월	3	1992
966	충청북도 진천군	생거진천농다리축제	50	5	진천군/농다리축제추진위원회	조	7월	3	2000
967	충청북도 진천군	생거진천쌀축제	50	6	진천군/진천군농업인단체협의회	특	10월	1	1999
968	충청북도 진천군	생거진천화랑제	70	26	진천군/진천문화원	예	10월	3	1979
969	충청북도 진천군	세계태권도화랑문화축제	100	3	진천군/세계태권도화랑문화축제조직위원회	관	6월 중	7	2002
970	충청북도 청원군	군민의 날과 청원문화제	174	16	군민의날및청원문화제추진위/청원문화원, 청원군체육회	주	9월 말-10월 초	3	1988
971	충청북도 청원군	삼일문화축제			청원군/청원문화원	역	3월 말		2003
972	충청북도 청원군	세종대왕과 초정약수축제	315	2	추진위/청원문화원	특	5월 초		2003
973	충청북도 청원군	청원생명쌀유채꽃축제	250	1	새마을/대일기획	자	4.23-5.15	23	2004
974	충청북도 청원군	청원생명쌀축제	100	2	청원군/협의회	특	10월 01일-04일	4	2003

연번	지역명	축제명	예산(백만)	개최 횟수	주최 및 주관 기관	축제 유형	개최 시기	기간	최초 개최 년도
975	충청북도 청원군	해맞이축제	10	3	청원군/청원문화원	관	1월 01일	1	2002
976	충청북도 청주시	청주국제공예비엔날레	5,000	3	청주시/조직위	관	9.30-10.23	24	1999
977	충청북도 청주시	청주예술제	130	1	청주시/예총	예	4.29-5.5	7	2004
978	충청북도 청주시	청주직지축제	500	2	청주시/추진위	특	9.4 전후	4	2003
979	충청북도 충주시	수안보 온천제	60	20	충주시/수안보온천관광협의회	조	4월	3	1985
980	충청북도 충주시	양성온천관광축제			앙성온천관광협의회/ 양성온천축제추진위원회	조	10월	3	1998
981	충청북도 충주시	우륵문화제	170	34	충주시/예총	역	9월-10월 초	7	1971
982	충청북도 충주시	충주밤축제	30	5	충주시/밤생산자협회	특	10월	1	2000
983	충청북도 충주시	충주복숭아축제	30	5	충주시/복숭아발전회	특	8월	1	2000
984	충청북도 충주시	충주사과축제	65	8	충주시/사과발전회	특	10월	1	1997
985	충청북도 충주시	충주세계무술축제(관)	1,800	7	충주시/충주세계무술축제 추진위원회	관	10월 01일-08일	8	1998
986	충청북도 충주시	충주호수축제	195	3	충주시/민	자	8월	5	2002
987	충청북도 충청북도	충북예술제			예총충북지회/산하단체	예	10월 초	9	1959